교육 대전환 시대의
미래교육

이 도서는 한국출판문화산업진흥원의 '2022년 중소출판사 출판콘텐츠 창작 지원 사업'의 일환으로 국민체육진흥기금을 지원받아 제작되었습니다.

공정교육, 능력주의와 평등을 넘어 **공동선**으로

교육 대전환 시대의 미래교육

발행일 2022년 10월 24일 초판 1쇄 발행
지은이 송영범
발행인 방득일
편 집 박현주, 허현정, 한해원
디자인 강수경
마케팅 김지훈

발행처 맘에드림
주 소 서울시 도봉구 노해로 379 대성빌딩 902호
전 화 02-2269-0425
팩 스 02-2269-0426
e-mail momdreampub@naver.com

ISBN 979-11-89404-73-4 93370

※ 책값은 뒤표지에 있습니다.
※ 잘못된 책은 구입처에서 교환하여 드립니다.
※ 작가의 일러스트 외 책에 사용된 이미지들은 퍼블릭도메인의 도판임을 밝힙니다.

공정교육, 능력주의와 평등을 넘어 **공동선**으로

교육 대전환 시대의 미래교육

송영범 지음

맘에드림

| 저자의 글 |

공정의 진화 관점에서 전망하는 대전환 시대의 미래교육

세대와 성별을 막론하고, 사회 전반에 걸쳐 공정에 대한 논쟁이 끊이지 않고 있다. 특히 우리나라에서 교육은 국민 모두와 깊은 이해관계로 얽힌 만큼 교육의 공정은 대중에게 늘 민감한 주제이다. 혹시 티끌만 한 불공정이라도 감지되는 순간 대중의 분노는 들불처럼 일어난다. 우리나라에서 교육의 공정 훼손은 일종의 역린 같은 것이며, 국민 대다수의 공정교육에 대한 갈망 또한 뜨겁다. 그렇다면 공정한 교육이란 대체 무엇일까?

_공정에 대한 인류의 끊임없는 갈망과 진화

공정에 대한 대중의 갈망은 무소불위한 왕의 절대권력을 무너뜨렸고, 소수 귀족이나 특권층이 독점해온 기회와 혜택을 대중과 함께 공유하게 만들었다. 특히 근대 사회로 접어들면서 세계 곳곳에서 일어난 시민혁명은 봉건제의 모순을 극복하고, 권력의 중심에 시민이 자리하게 함으로써 시민을 국가의 중심에 서게 하였다. 시민은 정치적 자유와 법 앞의 평등을 얻을 수 있었고, 이는 현대 사회의 정의를 실현하는 초석이 되었다. 그와 함께 자유로운 경제활동과 사유재산이 보장되면서 개인주의와 자유주의의 확산도 가져오게 되었다. 이러한 성과들은 모두 수많은 사람들의 공정에 대한 갈망과 고귀한 희생이 있었기에 가능한 일이었다.

표면적으로는 누구에게나 기회가 열린 것 같은 현대사회에서 왜 공정에 대한 갈망은 사그라지지 않고, 더 강렬해지는 걸까? 오늘날 우리 사회에서 등장하는 양극화와 불평등 심화 등 공정 이슈들을 살펴보면, 대중이 생각하는 공정의 가치에 대한 인식과 수준은 한 자리에 멈춰 있지 않고 계속해서 변화하고 있음을 알 수 있다. 즉 공정은 고정불변의 가치가 아니라 대중들의 의식 수준과 추구하는 가치에 따라 지속적으로 진화해가는 개념으로 보는 것이 타당할 것이다.

필자는 이 책에서 교육에 초점을 맞추어 5가지 관점에서 교육의 공정성이 어떻게 변화했는지 탐색하는 한편, 미래의 공정교육은 어떤 모습으로 진화해가야 할지 함께 생각해보고 싶었다.

_공정교육을 성찰하는 다섯 가지 키워드

공정교육이 무엇인가에 대해서는 주목하는 가치에 따라 다양한 개념 정의가 가능하겠지만, 필자는 공정교육의 진화에 관심을 둔 만큼 5가지 키워드를 중심으로 서술하고자 하였다.

첫 번째로 **보편적 공정성**이다. 특권층이 독점해온 교육의 기회가 일반 대중에게 확대된 것을 교육 공정성 차원에서 보편성의 진화로 보았다. 두 번째로 **본질적 공정성**이다. 교육 기회의 확대라는 교육 보편성의 형식적 공정과 함께 실질적 공정으로서의 교육의 본질은 어떻게 진화해야 하는가에 대해 생각하였다. 세 번째 키워드는 **정치적 공정성**이다. 정부의 정치이념에 따라 좌우를 오가는 교육정책과 입시제도에 대한 분석을 통해 정치적 공정성을 확보하기 위한 교육의 진화 방향을 제안해보았다. 네 번째로 **생태적 공정성**이다. 코로나19와 기후변화 등 인류의 생존을 위협하는 글로벌 위기 속에서 인간 중심이 아닌 지구생태계 중심의 입장에서 접근하는 교육이 인류를 포함한 지구생태계를 지속가능하게 한다는 지구생태적 공정교육의 방향으로 보았다. 다섯 번째로 **세대적 공정성**이다. 대한민국이 몇 번의 세대 교체를 거치며 세대별 중심 가치와 교육이 어떻게 변화해왔는지를 들여다보고, 다음 세대가 요구하는 공정의 가치와 우리 교육이 나아가야 할 공정교육의 방향에 대해서도 제시해보았다.

_이 책의 구성은?

공정교육을 바라보는 5가지 키워드를 중심으로 더 나은 사회를 위한 공정교육의 방향을 다음과 같이 5가지로 정리하였다.

1장 **보편적 공정교육**에서는 교육이 역사적으로 보편성을 갖게 된 사건으로 르네상스와 종교개혁에 대해 살펴보았다. 르네상스의 보통교육과 종교개혁의 의무교육에 이어서 오늘날 코로나19로 새롭게 부각된 젠더교육에 대해 보편적 공정교육의 관점에서 다루었다.

2장 **본질적 공정교육**에서는 교육이 교육의 본질에 보다 가깝게 다가서게 된 교육사적 흐름인 진보주의와 포스트모더니즘에 주목하였다. 진보주의의 아동 중심 교육과 포스트모더니즘의 개별화 중심 교육에 이어 등장하게 될 본질적 공정교육의 진화 방향으로는, 제4차 산업혁명의 AI 논쟁과 저출산 고령화 문제에서 도출된 인간 본연의 가치를 바라보는 개체중심교육을 제시하였다.

3장 **정치적 공정교육**에서는 교육이 정부의 정치경제적 이념에 따라 달라지는 교육의 모습으로 수월성 교육과 형평성 교육에 대해 각각 살펴보았다. 정시 수능 중심의 자유주의적 수월성 교육과 수시 학종 중심의 평등주의적 형평성 교육의 현실과 한계에 대해 분석하고 정치적 공정교육의 진화 방향으로서의 입시제도 개선안을 제안해보았다.

4장 **생태적 공정교육**에서는 교육이 코로나19와 기후위기 등 인류의 문제해결을 위해 국제적 연대와 공조의 모습으로 나아가야 함은 물론, 현재의 생태전환교육에서 진일보한 지구생태환경을 사고의 중심에 두는 교육적 패러다임의 전환을 통해 인류와 지구생태계가 모두 지속가능할 수 있는 교육의 진화 방향으로 지구생태환경교육을 제시하였다.

5장 **세대적 공정교육**에서는 사회 구성원들의 의식과 가치 추구에 따라 달라지는 공정교육의 관점으로 자유주의와 공동체주의에 대해 살펴보았다. 특히 자유지상주의적 산업화 세대, 자유평등주의적 민주화 세대, 공동체주의적 코로나 세대로 한국의 교육적 흐름을 세대별로 구분하여 분석하고, 더 나은 미래 사회로 나아가기 위한 공정교육의 방향을 공동선 교육으로 제시해보았다.

공정이라는 개념은 바라보는 관점에 따라, 그리고 추구하는 가치에 따라 입체적으로 해석될 수 있다는 점에서 교육의 공정성을 논의함에 있어서도 다양한 시각을 기반으로 접근하려 노력했다. 이 책에 담긴 공정에 관한 교육적 담론이 앞으로의 더 나은 사회를 만들어가기 위한 미래교육의 방향을 논의하는 데 있어 유용한 참고가 될 수 있기를 바란다.

송영범

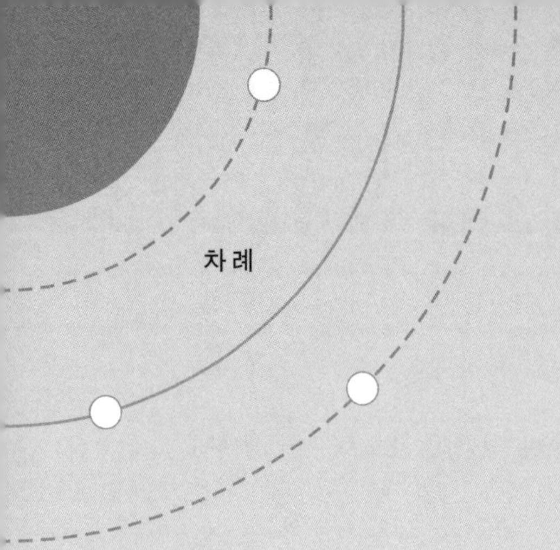

차 례

보편적 공정교육

"교육 기회의 확대와 진정한 젠더교육"

2장 본질적 공정교육

"학습자의 위상 변화와 개체중심교육"

정치적 공정교육

"성장과 분배의 조화와 입시제도의 개선"

생태적 공정교육

"인류와 지구생태계의 공존을 위한 지구생태환경교육"

5장 세대적 공정교육

"공정한 불평등과 공동선 교육"

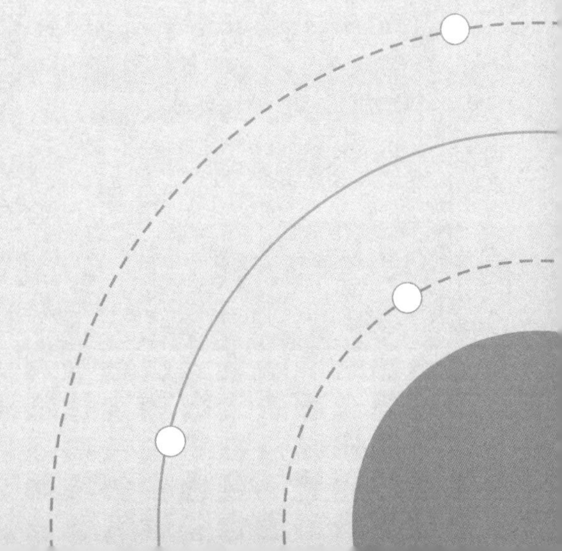

“교육 기회의 확대와 진정한 젠더교육”

호모 사피엔스인 우리 인류의 내면에는 까마득한 시절부터 ‘공정’에 대한 깊은 갈망이 존재해왔다. 인류가 정치를 시작한 배경에는 사냥감이나 먹거리 같은 것들을 나눠야 하는 등 다툼이 일어났을 때, 어느 한쪽에 치우치지 않도록 공정한 중재가 필요한 상황을 해결하고자 했기 때문이다. 교육에 관한 공정의 문제도 마찬가지로 생각해볼 수 있다. 비록 절박한 본능 충족의 문제에 오랜 시간 우선순위를 빼앗겨 왔지만, 배움에 대한 인류의 갈증은 늘 존재해왔다. 특히 대중의 의식 수준이 높아질수록 더 높은 수준의 배움에 이르기 위해 교육에 대한 갈망도 깊어졌고, 이는 공정교육의 싹을 틔우는 데 영향을 주었다. 아무에게나 교육의 기회가 주어지지 않고 소수 특권층만 독점했던 시절, 원하는 사람은 누구나 교육을 받을 수 있는 세상을 꿈꿨을 것이다. 이에 공정교육에 관한 첫 장은 교육이 소수 특권층의 전유물에서 벗어나 보편성을 갖게 된 역사적 사건과 배경을 살펴보고, 이러한 교육의 보편성이 현대에 이르러 어떻게 진화하고 있는지를 살펴보고자 한다.

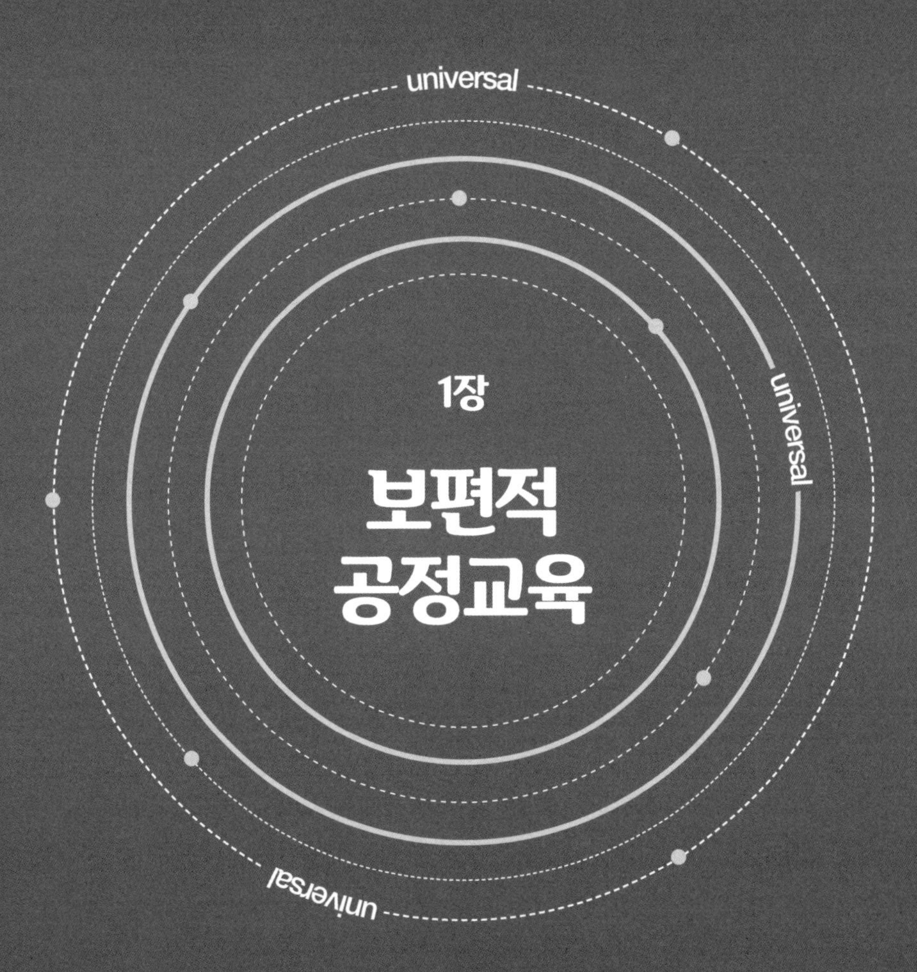

1장

보편적 공정교육

01

르네상스,
인간다운 자유로운 생각과
양심을 깨우다!

고대 노예제사회나 중세 봉건사회의 공통점은 강력한 신분제에 있다고 할 수 있다. 귀족은 귀족을 낳고, 노예는 노예를 낳았으며, 심지어 죽어서도 대물림되었다. 이런 폐쇄적인 사회에서는 교육도 극소수의 특권계층, 그중에서도 남성이 독점하다시피 했다. 자신이 속한 신분 계급에 따라서 교육의 기회는 생업에 관련된 기술의 전수 같은 특정 분야를 중심으로 극히 제한적으로 주어진다거나, 심지어 보통 사람은 아예 접근할 수 없도록 교육 기회가 차단되기도 했다. 신분제가 당연시되던 사회에서는 동서양을 막론하고 지배계급은 대중이 지나치게 똑똑해지고 자기주장이 강해지는 것을 항상 경계해왔던 이유도 있을 것이다. 스스로 생각하고 판단하기보다는 다소 기계적인 순종을 기대했기 때문이다. 참으로 오랫동안 평범한 대다수에게 교육 기회는 거의 박탈당했던 것이나 마찬가지였다.

현대에는 우리나라뿐만 아니라 대부분의 국가에서 사회적 신분이나 경제적 지위에 따른 차별 없이 누구나 교육받을 권리를 인정하고 보호함으로써 보편적 교육 기회를 제공한다. 우리나라 헌법 제31조 1항에는 "모든 국민은 능력에 따라 교육을 받을 권리를 가진다."고 명시한다. 또 교육기본법 제8조 '의무교육'에 다음과 같이 규정하고 있다.

> ① 의무교육은 6년의 초등교육 및 3년의 중등교육으로 한다.
>
> ② 모든 국민은 제1항의 규정에 의한 의무교육을 받을 권리를 가진다.

교육에서 공정이 실현된 첫 단계로 교육 기회의 확대 및 대중화와 관련된 **보편적 공정교육**을 빼놓을 수 없을 것이다. 타고난 신분계급에 관계없이 누구에게나 교육 기회가 열리며 보편성을 갖게 된 것이야말로 공정교육이 최초로 실현된 것으로 볼 수 있지 않을까? 교육이 보편성을 갖게 된 역사적 사건으로는 르네상스와 종교개혁을 들 수 있다. 먼저 르네상스와 인문학자인 에라스무스를 중심으로 보통교육의 등장과 역사적 의의를 살펴보려 한다.

억압된 인간성을 회복한
르네상스 시대의 개막

중세 유럽은 "철학은 신학의 시녀"라는 말이 공공연할 만큼 모든 학문 중 오직 신학만이 으뜸이었다. 인간의 이성과 감성, 스스로 생각하고 느끼고 판단하는 힘이 아니라 성직자들을 통해서 전달되는 신의 뜻만이 진리로 통했던 것이다. 평범한 인간이 느끼는 자연스러운 욕망마저 죄악처럼 금기시되었고, 신의 뜻에 따른 금욕적 생활을 미덕으로 강조하였다. 십자군 전쟁 이후 이슬람의 수학, 과학 등이 전래됨으로써 조금씩 학문적 다양성을 갖게 되기는 했지만, 학문 연구 자체가 주로 교회와 수도원을 중심으로 이루어진 만큼 교육과 연구 분야에 있어 한계가 명확했다. 이러한 시기의 종말을 고한 것이 바로 **르네상스**이다. 르네상스는 인간적이고 자유분방한 고대 그리스 · 로마의 문화를 부흥시킴으로써 새로운 문화를 창출하려는 운동이다. 르네상스는 "재생, 부활"의 의미를 가진다. 고대 문화의 부흥을 통해 신권의 강조로 억눌리고 말살되다시피 한 인간성을 회복하고, 야만을 극복하려는 시도로 해석된다.

흑사병의 대유행, 중세의 몰락을 부르다

21세기의 코로나19 팬데믹이 오랜 시간 세계를 지배해온 주요 가치들에 대한 재고와 함께 정치, 경제, 사회, 문화 전반의 패러다임

중세시대의 플레이그 닥터

플레이그 닥터는 페스트에 감염이 확산되면서 감염자를 치료하는 일보다는 감염된 사람들의 수를 기록하거나 부검을 하는 일을 주로 담당했다고 한다. 감염자와 접촉이 불가피하다 보니 이처럼 괴이하게 무장했다고 전해진다. 이렇게 무장했음에도 불구하고 1348년 베네치아의 한 기록에 따르면 플레이그 닥터 대부분이 사망한 것으로 전해진다. 최신 방호복으로 무장한 오늘날의 의료진과는 사뭇 대조적이다.

에 급속한 변화를 이끌어내며 대전환의 시대를 열었다. 아이러니하게도 중세시대의 대전환 역시 페스트의 대유행과 무관하지 않다. 21세기에는 세계화라는 거대한 네트워크 안에서 전 세계 국경을 자유롭게 넘나들며 코로나19(2020~현재)가 전염병의 대유행을 일으켰다면, 14세기에는 페스트(1346~1353)가 창궐하여 대유행하였다. 다만 페스트는 바이러스인 코로나19와 달리 세균이다. 즉 쥐벼룩의 페스트균이 일으키는 병으로 쥐와 접촉하면 감염되는 전염병인 것이다. 당시만 해도 생활환경에서 전반적인 위생 수준이 낙후됐던 데다가, 무엇보다 지금처럼 항생제도 없던 시절이다 보니 페스트균이 유럽 전역에 빠르게 퍼져나가며 환자가 급증했다.

중세 유럽을 덮친 페스트는 감염으로 사망한 시체가 검붉은색을 띤다고 해서 흑사병으로도 불렸다. 흑사병에 걸리면 고열이 나고 피를 토하며 숨이 막히는 증상을 보이다가 4~5일 안에 사망했다. 흑사병이 이처럼 빠른 시일 안에 널리 퍼진 것은 당시 도시인구의 증가로 밀집된 생활환경이 만들어졌기 때문이다. 또한 인구가 크게 늘어난 만큼 배설물과 쓰레기가 폭증했지만, 하수도 등의 보건위생 기반시설은 제대로 마련되지 않다 보니 세균의 번식에 유리했기 때문이다. 즉 사람들이 세균성 감염에 쉽게 노출되고 상호 감염 또한 쉽게 일어날 수 있는 환경이었던 것이다.

흑사병의 위력은 실로 어마어마했다. 유럽 인구의 3분의 1이 흑사병으로 인해 사망하여 줄어들었다. 중세와 비교할 수 없을 만큼 과학과 의학이 크게 발달한 오늘날의 코로나19 대유행 속에서도 확진자 수의 폭증은 사람들에게 엄청난 불안감과 공포감을 안겨주었던 것을 생각해볼 때, 변변한 약조차 없던 시절에 가장 가까운 가족, 친지, 이웃들의 죽음을 거의 매일 속수무책으로 지켜봐야 했던 중세 사람들은 감당할 수 없는 절망과 두려움에 휩싸였을 것이다. 언제 끝날지 모르게 계속된 죽음에 대한 공포와 불안에 시달리던 사람들의 삶은 점점 더 피폐해졌고, 이러한 강력한 공포와 불안은 중세시대를 떠받쳐온 기둥이라 할 수 있는 신에 대한 강한 믿음, 즉 종교적 신앙심마저 뒤흔들고 말았다. 신앙심이 흔들린 틈으로 수많은 미신과 이단이 발생했고, 이런 것들이 나약해진 대중의 심리를 교묘하게 파고들며 독버섯처럼 퍼져나간 것이다. 그런데 이러한 혼란 속에서 영주들은 그나마 살아남은 사람들에게 또다시 무거운 세금을 징수하려 했고, 흑사병으로부터 겨우 목숨을 건지다시피 한 사람들은 영주들의 가혹한 처사에 더 이상 순종하지 않고 반발하게 되었다. 이에 영주들은 세금을 거둬들이지 못해 재정적 어려움에 빠졌고, 급기야 봉건제가 붕괴 위기에 처했으며, 결국 신 중심의 중세유럽은 몰락을 맞이했다.

신이 아닌 인간 중심의 새로운 문화

476년 서로마제국이 멸망하고 1,000여 년 동안을 '중세'라고 부른다. 중세란 말 그대로 '중간 시대'라는 뜻이다. 이 시기에는 교회가 너무 막강한 권력을 가지고 있어 '교리'에 반하는 그 어떤 것도 신에 대한 도전으로 간주되어 용납되지 않았다. 그 결과 상대적으로 과학과 예술이 제대로 꽃피우지 못했기에 중세를 '암흑시대'라고 부르기도 한다.

하지만 영원히 계속될 것만 같았던 중세는 십자군 전쟁, 몽골의 유럽원정, 페스트의 확산과 함께 크게 흔들렸다. 특히 14세기 이탈리아에서 문학과 예술 분야를 중심으로 커다란 변화의 움직임이 일어났는데, 중세 1,000년으로부터 이어진 기나긴 잠에서 깨어난 듯한 이 시대의 문화운동이 **르네상스**다. 앞서 잠깐 언급한 것처럼 '르네상스'는 부활, 즉 "다시 살아나다."라는 뜻인데, 실제로 고대 그리스 · 로마 시대의 문화와 예술이 다시 살아남을 의미하였다. 고대 그리스 · 로마의 문화에서는 신이 중심이 아니라 인간이 중심에 있는 문화였기 때문이다. 그래서 르네상스의 중심에는 인간에 대한 관심이 다시 살아난다는 **휴머니즘(Humanism)**의 의미가 자리하고 있다.

14세기 중반에 시작된 이탈리아의 초기 르네상스가 억눌려온 인간의 감각을 깨우는 화려한 예술 중심이었다면, 16세기 시작된 알프스 이북의 르네상스는 종교와 사회문제에 대해 인간 스스로 깊이 생각하고 성찰하는 사상과 철학이 중심이었다. 당시 네덜란드의 인문학자 에라스무스(Desiderius Erasmus, 1466~1536)는 《우신예찬》이라는 책에서 가톨릭교회의 타락을 날카롭게 비판했으며, 영국의 정치학자인 토마스 모어(Thomas More, 1478~1535)는 《유토피아》라는 책을 통해 당시 사회의 문제점을 통렬히 지적하였다. 이러한 기성 사회에 대한 비판적 시각을 드러낸 알프스 이북 지역의 르네상스는 16세기에 시작된 종교개혁에도 큰 영향을 미치게 된다.

르네상스는 유럽의 역사에서 중세와 근대를 이어주는 다리 역할을 하였다. 사람들은 교회의 가르침에 무조건 순종하는 것이 아니라 이성적 판단하에 자신의 눈으로 세상을 바라보고, 스스로 자유롭게 생각하기 시작하였다. 이처럼 개인의 양심과 자유로운 생각이 중요해지면서 기존 가톨릭교회의 뜻에 일방적으로 맞추기보다는 교회의 권위에 맞서고 성직자의 부패에 분노하는 종교개혁의 움직임도 일어나기 시작했다. 그리고 이는 시민이 중심이 된 근대국가 탄생의 밑거름이 되었다. 이러한 종교개혁의 움직임은 나아가 모든 것을 신의 뜻으로 여기며 거부할 수 없는 운명처럼 받아들이는 수동적 태도에서 벗어나 개개인의 합리적인 생각과 통찰이 존중받으면서 과학의 발전으로도 이어졌다.

부패한 가톨릭교회와 성직자의 위선을 비판한 **인문학자 에라스무스**

르네상스는 중세 신 중심 사회에서 오직 신에 대한 순종만이 길이라고 여겨온 사람들이 이성적이고 합리적인 판단을 통해 '공정'에 대한 인식과 '교육'의 필요성에 대해 인식하게 되었다는 점에서 교육의 보편성을 이야기하는 데 있어 매우 중대한 사건이다. 르네상스 시대 교육의 진화에 기여한 학자들 중 빼놓을 수 없는 인물은 앞에서도 언급한 인문학자인 에라스무스이다.

유럽 전역을 누비며 활약한 대표적 인문학자

네덜란드의 로테르담에서 태어난 에라스무스(Desiderius Erasmus, 1466~1536)는 인문주의자인 동시에 신학자였다. 그는 어느 특정한 나라의 사상가라기보다는 유럽 전역을 돌아다니며 범유럽의 지식인으로 활동하는 르네상스의 대표적인 인문학자로 꼽힌다. 유럽 무대를 종횡무진 누비며 강의, 토론, 집필 등을 한 유명 인사였던 그는 요즘 세상으로 치면 스타 인문학자였던 셈이다. 사실 그도 20대에는 수도원에서 신학을 공부하고 사제서품을 받기도 했다. 하지만 에라스무스는 신부가 되지 않고 교회 밖에서 독립적인 학자의 길을 걸었다. 특히 라틴어와 그리스어로 쓰인 고전을 깊이 연구한 결과를 토대로 1500년에 《에라스무스 격언집》을 편찬해 명성을 얻었고, 1509년 영국 토머스 모어의 집에서 《우신예찬》을 집필하였다.

그는 《우신예찬》에서 부패한 가톨릭교회와 성직자의 위선을 풍자적으로 비판하였다. 1516년에는 라틴어와 그리스어로 된 《신약성서》도 출간하며 기존에 가톨릭 성직자가 성경 해독을 독점함으로써 이와 다른 해석이나 생각에 대해 인정하지 않았던 현상을 타파하고자 한 것이다. 그 외에도 에라스무스는 《자유의지론》(1524), 《아동교육론》(1529) 등의 수많은 책을 출판했다. 그는 이러한 저술 활동을 통해 가톨릭 신앙의 본질을 규명하는 한편, 불필요한 격식과 위선으로 똘똘 뭉친 기존 교회 조직을 날카롭게 꼬집고 비판하였다. 하지만 에라스무스는 기존 교회에 대한 비판적 시각과 별개로 루터가 종교개혁에 함께 참여하기를 여러 번 요청하였으나 거부한 것으로 알려진다. 에라스무스는 인간의 자유의지에 대한 존중과 종교적 관용을 주장하면서도 루터의 종교개혁에 대해서는 종교적 중립의 입장을 고수했던 것이다. 이는 가톨릭교회를 비판할 뿐 기존 체제 자체에 대해 근본적으로 반기를 들고 싶어하

에라스무스와 우신예찬

르네상스 시대를 대표하는 인문학자인 에라스무스는 다양한 저술활동을 펼쳤지만, 그를 대표하는 책은 뭐니 뭐니 해도 '어리석은 신에 대한 찬양이라는 뜻이 담긴' 《우신예찬》이다.

지 않았던 에라스무스의 성향에 따른 것으로 볼 수 있다. 하지만 이러한 애매한 태도로 인해 에라스무스는 종교개혁 진영과 가톨릭교회 진영 양쪽으로부터 비난을 받기도 했다.

에라스무스의 《우신예찬》

다양한 저술활동을 펼쳤지만, 에라스무스를 대표하는 책은 뭐니 뭐니 해도 《우신예찬(愚神禮讚, Moriae encomium)》일 것이다. '어리석은 신에 대한 찬양'이라는 뜻이 담긴 독특한 제목의 이 책에서 그는 가톨릭교회의 부패한 관행을 희화화하고, 자신을 비롯한 당대 지식인들의 어리석음을 풍자의 형식으로 위트 넘치게 비판하였다. 책 내용을 간단히 소개하면 다음과 같다.

'우신(愚神)'인 모리아(Moriae)는 바보의 신이다. 이 바보의 신은 '부유의 신'을 아버지로, '청춘의 신'을 어머니로, 그리고 '도취'와 '무지'라는 두 유모의 젖을 먹고 자랐다. 바보의 신 모리아와 어울리는 친구들은 추종의 신, 게으름의 신, 향락의 신, 무분별의 신, 방탕의 신 등이다. 에라스무스는 이 어리석은 신들의 모습에 당시 가톨릭교회와 학자들을 투영함으로써 그들의 폐단과 아집, 어리석음을 비판한다.

바보의 신 모리아는 세상에 어리석음이 충만하지만, 그러한 어리석음으로 인해 사람들은 오히려 행복해진다며 스스로를 찬양, 즉 자기예찬을 한다. 모리아의 주장에 따르면 어리석음은 생명의 근원이며 청춘과 쾌락을 가져다주는 반면, 학문적 지식은 노화의 상징이다. 즉 학문적 지식을 쌓은 학자나 현인은 책 속에 갇혀 책 이외의 진정한 인생에는 무능하기 짝이 없는 반면, 학문적 지식이 없는 어리석은 자는 다양한 현실 경험을 통해 오히려 진정한 사리 분별을 갖는다고 이야기한다. 그래서 당시 소위 교육받은 계층인 귀족, 학자, 성직자 등 스스로를 현명하다고 자찬하는 자들은 사실 진짜 바보에 불과하다며 바보의 신 모리아로부터 조소를 받는 내용이다.

《우신예찬》은 주인공인 바보의 신 모리아가 마치 가볍게 농담을 던지듯 가톨릭교회와 학자들이 지니고 있는 모순과 어리석음을 비웃는 모습으로 오랜 시간 교회의 권위와 극소수 지식인들에게 억눌려온 사람들의 불만을 대변하면서 독자들에게 희열과 자유를 느끼게 해주는 책으로 평가받는다.

탈계층과 탈계급의 개념으로 등장한 **보통교육**

소수 특권층의 전유물이 아니라 만인을 위한 보편적 공정교육의 출발점은 보통교육과 의무교육일 것이다. 보통교육은 모든 사람에게 공통으로 실시하는 일반적이며 기초적인 내용을 가르치는 교육으로, 관심을 공유하게 하고 상호 간 이해를 높이는 기능을 한다. 보통교육이 교육의 형식적 측면이라면 의무교육은 제도적 측면에 가깝다. 여기에서는 먼저 에라스무스의 아동교육론에 기반한 보통교육을 살펴보고, 의무교육에 관해서는 다음 내용에서 이어서 이야기하도록 하겠다.

에라스무스의 《아동교육론》

에라스무스의 《아동교육론(兒童教育論, A declamation on the subjecr of early liberal education for children)》(1529)은 아이들의 바

른 교육을 위한 지침과 부모들의 자녀교육에 대한 책임을 강조한 내용으로, 고대 자유교육을 기독교적 인문주의에 입각하여 재구성한 책이다.

에라스무스는 교육을 통해서 비로소 참된 의미에서 인간이 되고 행복해진다고 본 것이다. 다시 말해 인간의 선천적인 본성이 어떻든 간에 후천적인 학습, 즉 교육을 통해 얼마든지 긍정적으로 변화될 수 있다고 보았다. 그는 시행착오의 뼈아픈 경험을 굳이 직접 반복하기보다 학습이라는 안전한 방법을 통해 학문적 이해와 지혜에 도달할 것을 강조하였다. 특히 아이들은 개인별로 저마다 고유한 본성을 지니고 있으며, 본성에 반하는 그 어떤 것도 강제해서는 안 된다고 하였다. 또 이러한 본성은 아이가 수용할 수 있는 학습의 양과 수준별 가르침 그리고 충분한 연습을 거친다면 어떤 내용이든 받아들일 수 있다고 주장했다.

또한 에라스무스는 교사의 역량과 선택을 중요시하였다. 이에 자질이 부족한 교사에게 자녀의 교육을 맡기는 부모를 크게 비판하였다. 부모들이 자녀교육 자체를 등한시하거나, 자녀의 교육을 너무 늦게 시작하는 것도 큰 잘못이지만, 실력 없는 사람에게 자녀교육을 함부로 맡김으로써 뒤늦게 이런저런 고쳐야 하는 상황을 만들지 않도록 하는 것이 무엇보다 중요하다고 본 것이다. 능력이 부족한 사람에게 자신의 자산관리를 맡기지 않으면서, 부모에게 가장 소중한 자녀를 실력 없는 사람에게 맡긴다는 것은 참으로 이상한 일일 뿐만 아니라 심지어 부끄러운 일이라고 이야기한다. 만약 돈을 좀 아끼겠다는 이유로 유능한 교사를 꺼린다면 그야말로 어리석기 짝이 없는 부족한 부모라는 것이다. 그는 교육에 들어가는 돈이야말로 다른 비용을 줄여야 하는 가장 정당한 이유가 될 수 있으며, 자녀가 앞으로 헤쳐 나갈 인생 항해를 준비하는 데 있어 최고의 키잡이가 되어줄 충분한 능력을 갖춘 사람에게 교육을 맡겨야 한다고 강조했다. 이와 같은 에라스무스의 교육론은 아동 중심의 심리적 기초와 인문주의 사상에 바탕을 둔 보편적 공정교육으로서 보통교육의 등장 배경이 되었다.

보통교육의 교육적 의의

르네상스 운동은 문화예술로부터 시작하였으나, 곧 모든 학문영역과 사회생활 전반에 영향을 미치게 되었다. 인문주의에 기반한 르네상스 운동이 성행하게 됨으로써 자유로운 사색과 탐구가 확산되며 인류 발전의 새로운 장이 열리게 된 것이다. 그러한 시기에 기독교적 인문주의자인 에라스무스는 《아동교육론》을 통해 모든 교육은 빈부, 귀천의 차별 없이 이루어져야 한다는 보통교육의 개념을 가져왔다.

인문주의에서의 교육은 사고의 자유, 자기표현, 창작 활동의 자유 보장 및 지덕체의 조화로운 발달을 추구한다. 이러한 인문주의 교육은 인간교육과 전인교육이라는 보편적 공정교육의 기틀을 마련해주었다. 무엇보다 교육 대상에 있어서는 신분의 차별 없는 교육이 이루어져야 한다는 교육 기회의 당위성이 강조되었으며, 교육 내용에 있어서도 중세시대를 지배해온 신학 대신 인문학이 자리잡게 되었다.

이러한 에라스무스의 교육론에 영향을 받은 보통교육의 이념은 특권층을 넘어 모든 계층을 교육 대상으로 삼아 다방면의 분야에서 재능을 갖춘 인재를 육성하려는 교육으로 이어졌다. 레오나르도 다빈치를 비롯해 이 시대에 활약한 화가, 조각가, 건축가, 음악가, 시인, 수학자, 천문학자, 물리학자, 해부학자 등은 현재까지도 그 이름을 널리 떨치고 있다. 르네상스 시대의 다양한 분야에서 이름을 남긴 이런 창의적인 인재들의 등장은 오늘날과 같은 눈부신 과학의 발전으로 이어지는 든든한 기반이 되었다. 무엇보다 르네상스 시대를 맞아 인간다움이 깨어남으로써 등장하게 된 보통교육은 공정교육으로 나아가는 첫 단추를 끼운 역사적 의의를 갖는다고 볼 수 있지 않을까?

02

종교개혁, 대중의 의식을 깨워 합리적 사고를 확산시키다!

앞서 공정교육 관점에서 르네상스 시대의 의의와 함께 르네상스 시대의 대표적인 인문학자인 에라스무스를 중심으로 보통교육에 대해 살펴보았다. 이제부터는 종교개혁에 대한 이야기를 해보려 한다. 르네상스와 함께 교육의 보편성을 이야기함에 있어 빼놓을 수 없는 사건이 바로 **종교개혁**이다. 종교개혁 또한 인류사 전반에 지대한 영향을 미친 중대 사건이지만, 여기에서는 교육의 보편성을 중심으로 살펴보려 한다. 특히 종교개혁은 신앙심이나 주술적 사고 등에 얽매여 있던 대중의 의식을 합리적으로 일깨우는 데 중대한 공헌을 했다. 르네상스가 인간다움을 회복했다면, 종교개혁은 대중에게 합리적 사고가 널리 퍼져 나가는 데 기여했던 것이다.

원래 종교개혁은 가톨릭교회의 타락과 면죄부 판매에 대한 비판에서 시작된 교회의 개혁운동이었다. 하지만 종교개혁에 담긴 합리적 · 과학적 태도는 정치 · 경제 · 사회 등 각 분야로 널리 퍼져나가 기존의 가치관을 뒤흔들며 실로 엄청난 영향력을 발휘하게 되었다. 합리성에 대한 재조명은 결국 불합리한 전통이나 관습에서 탈피하려는 움직임인 계몽주의로 이어지게 된다. 여기에서는 독일의 종교개혁을 주도한 마르틴 루터에서 시작된 의무교육에 대해 살펴보고자 한다.

구텐베르크의 활판 인쇄술, **책의 대중화를 이끌다**

활판 인쇄술이 발달하기 이전까지 성경은 오직 수도사들의 필사로 복제되었다. 양피에 필사된 라틴어 성경의 한 권 값은 무려 양 수백 마리 가격에 이를 만큼 비쌌고, 설사 돈이 있다고 해도 아무나 소유할 수 없는 귀한 것이었다. 게다가 성경은 오랫동안 오직 라틴어로만 기록되었기 때문에 살면서 라틴어를 배울 기회 자체가 없었던 일반인들은 당연히 성경을 읽을 수조차 없었다. 루터가 종교개혁에서 개인의 신앙과 성서 해석의 중요성을 강조할 수 있었던 것은 모국어인 독일어로 번역된 성서가 대중적으로 널리 퍼져나가며 일반 대중에게 루터의 교리가 빠르게 전달될 수 있었기 때문이다. 따라서 활판 인쇄술의 등장이 없었다면 종교개혁은 결코 그토록 엄청난 대중적 파급력을 발휘할 수 없었을 것이다.

구텐베르크(Johannes Gutenberg, 1397~1468)는 유럽 최초로 활판 인쇄술로 책을 만든 사람이다. 서양에서는 고대 이집트의 풀줄기 섬유로 만든 파피루스나 양피지에 글자를 일일이 써서 책을 만들어왔다. 똑같은 책을 만들려면 처음부터 끝까지 한 글자도 틀리지 않고 베껴 써야 했다. 따라서 성경뿐만 아니라 다른 일반 책이라도 그 자체로 무척 귀하고 비싼 물건이었다. 또 교육도 특수계층에 독점되다 보니 일반인 중에는 글을 아는 사람도 많지 않았다.

구텐베르크의 활판 인쇄술이 발명되기 전까지는 나무 판에 글자를 새기고 잉크를 묻혀 종이에 찍는 목판 인쇄술에 의존하였다. 목판 인쇄는 한번 만들어두면 같은 책을 계속 찍어낼 수 있다 보니 필사와 비교할 수 없는 빠른 복제가 가능했다. 하지만 하나의 목판으로는 오직 한 가지 책밖에 만들 수 없다는 치명적 단점이 있었다. 또한 책 한 권당 엄청난 분량의 목판을 보관하는 문제도 골칫거리였다. 이에 구텐베르크는 새로운 아이디어를 떠올렸다. 즉 네모난 금속에 글자를 한 자씩 새긴 활자를 만들어 책 내용에 따라 그때그때 필요한 활자들을 골라 활판을 제작함으로써 다양한 책을 만들 수 있도록 한 것이다. 구텐베르크의 활판 인쇄술 덕분에 수많은 종류의 책을 빠르게 만들 수 있게 되었다.

구텐베르크가 성서를 인쇄한 지 100년 만에 무려 수백만 권의 책이 유럽에서 만들어졌다고 한다. 책값도 예전과는 비교할 수 없을 만큼 싸졌다. 그러면서 이전에는 성서를 구할 엄두조차 낼 수 없었던 사람들도 성서를 사서 읽을 수 있게 되었고, 가톨릭교회와는 다른 방식으로 성서를 해석하는 사람들이 속속 생겨나기 시작하였다. 이러한 인쇄술의 발달은 종교개혁의 대중적 파급력을 높이는 중대한 밑거름이 되었다.

황제와 교황 중심 세상의 몰락을 가져온 **종교개혁과 종교전쟁**

16세기 독일 지역 가톨릭교회의 부패와 타락은 매우 심각한 수준에 이르렀다. 급기야 교황은 성당을 짓고 재산을 모으기 위해 면죄부를 판매하였다. 누구나 면죄부를 사기만 하면 어떤 죄를 지었든 상관없이 지은 죄를 용서받고 천국에 갈 수 있다며 대중을 현혹한 것이다.

면죄부까지 판매할 정도로 썩어버린 가톨릭교회에 대해 독일의 신학자인 마르틴 루터(Martin Ruther, 1483~1546)는 크게 분노하

면죄부 판매 모습

중세의 부패한 교회의 모습을 단적으로 보여주는 것이 바로 면죄부의 판매이다. 마르틴 루터는 교회의 이러한 행태에 분노하여 95개조 반박문을 발표하기에 이른다.

며 95개조 반박문을 발표하였다. 이 반박문에 가톨릭교회와 황제는 루터를 파문하고 추방을 명령했지만, 당시 황제만큼 강한 권력을 갖고 있던 작센 지역의 제후가 루터를 지지하고 보호해주면서 독일은 황제파와 루터파로 나뉘어 서로 싸우기 시작했다. 그러다 1555년 아우크스부르크 화의(Augsburger Religionsfrieden)에서 "통치자가 믿는 종교에 따라 그 지방의 종교가 결정된다."고 서로 합의하면서 가톨릭교회(구교)가 아닌 다른 종류의 교회로서 개신교(신교)가 등장하게 된 것이다.

헨리 8세(1491~1547)
잉글랜드 왕 헨리 8세는 동화 《푸른 수염》의 모델로 알려지며 오늘날에는 화려한 여성편력으로 더 유명하지만, 재위 기간 중 종교개혁, 영국 국교회 수립, 정치적 중앙집권화 등의 성과를 거두었다. 종교개혁은 향후 청교도 혁명을 거쳐 의회 민주주의 탄생의 씨앗이 된다.

한편 **영국**에서도 종교개혁이 있었다. 현대에 이르러 다수의 드라마나 영화 등으로도 제작될 만큼 영국 왕 헨리 8세(Henry Ⅷ, 1491~1547)의 반복된 이혼 일화는 유명하다. 영국의 종교개혁은 이러한 헨리 8세의 이혼 문제에서 비롯되었다. 헨리 8세는 첫 번째 왕비였던 캐서린과의 슬하에 아들이 없었는데, 왕위를 이을 아들을 얻어야 한다는 빌미로 왕비와 이혼하고 새 아내를 맞이하려 한 것이다. 하지만 가톨릭교회가 이혼을 허락하지 않자 헨리 8세는 1534년 가톨릭교회의 수장인 교황과 관계를 끊어버리고 왕이 교회의 수장이 되는 영국 국교회를 선언했다. 이로써 영국은 교황의 지배에서 벗어나 다른 길로 나아가는 첫 걸음을 내딛게 되었다. 이는 향후 청교도 혁명, 명예혁명과 권리장전을 거쳐 의회 민주주의 탄생의 씨앗이 되었다.

또한 **프랑스**에서는 장 칼뱅(Jean Calvin, 1509~1564)이 이끄는 위그노를 중심으로 종교개혁이 이루어졌다. 위그노는 당시 프랑스 남부를 중심으로 널리 퍼져 있던 프로테스탄트 칼뱅파 신도인 신교도를 부르는 말이다. 프랑스는 가톨릭교회와 칼뱅파가 대립한 36년간의 위그노 전쟁을 치른 후에야 1598년 낭트칙령에 의해 종교의 자유를 인정하게 되었다.

종교개혁 당시 유럽은 거의 100년 동안 가톨릭 세력과 프로테스탄트 세력 사이의 종교전쟁에 휩싸였다. '프로테스탄트(Protestant)'란 저항하는 사람들이란 뜻으로 가톨릭 세력에 반기를 든 사람들을 일컬었다. 종교전쟁 가운데 가장 규모가 컸던 30년 전쟁은 유럽의 거의 모든 나라가 참가하는 국제 전쟁으로 발전했다. 수십년이나 피비린내 나는 잔혹한 전쟁을 치른 끝에 1648년 베스트팔렌조약으로 유럽 전역에 걸쳐 비로소 신앙의 자유가 인정되었다. 종교개혁으로 오랜 시간 지속되어온 교황과 황제 중심의 세상이 드디어 끝을 맞이하게 된 것이다.

신 중심의 세상에서 벗어난 사람들은 모든 사안에 대해 '그저 신의 뜻이려니…' 하며 불합리한 것들마저 막연히 수용하고 순종해온 수동적 자세에서 벗어나 개인의 자유로운 생각, 비합리적인 것에 대한 비판정신 등을 키웠고, 이는 스스로의 권리를 찾고 싶은 갈망과 실천의 원동력이 되었다. 또한 배움에 대한 욕구와 교육의 보편성을 확대하려는 요구도 더욱 강하게 일어났다.

성서와 개개인의 신앙을 강조한 **종교개혁가 마르틴 루터**

종교개혁에서 단연코 빼놓을 수 없는 인물은 **마르틴 루터**이다. 인물에 대한 탐구를 통해 종교개혁의 의의를 좀 더 들여다보려 한다.

가톨릭교회의 권위에 도전하다

마르틴 루터(Martin Ruther, 1483~1546)는 잘 알려진 것처럼 종교개혁가이자 신학자였다. 앞서 언급한 것처럼 가톨릭교회가 돈으로 면죄부를 판매하는 데 이를 만큼 타락한 것에 분노하여 1517년 비텐베르크 교회 문에 95개조 반박문을 게시하면서 본격적인 종교개혁 운동을 시작하였다. 당시 면죄부 판매는 가톨릭교회의 중요한 수입원 중 하나였기에, 교회의 면제부 판매에 대한 비판은 그 자체로 교회의 권위에 대한 도전과 다르지 않았다. 미운털이 박힌 루터는 결국 가톨릭교회로부터 파면과 추방을 당하였다. 하지만 그는 뜻을 굽히지 않고 종교개혁을 지속했고, 루터파 교회를 설립하였다. 당시 루터의 95개조 반박문은 발달된 인쇄술로 인해 독일 전역은 물론 전 유럽으로 삽시간에 퍼져나가면서 종교개혁에 수긍하는 분위기를 빠르게 확산시키게 되었다.

루터는 가톨릭교회에 의해 통용되어 오던 세속적 처벌의 '사면'이 부패한 교회와 성직자의 재산 증식을 위한 수단으로 남용됨으

마르틴 루터(1483~1546)
면죄부를 판매한 가톨릭교회의 부패에 분노하며 개인의 신앙심을 강조하는 종교개혁을 이끌었고, 루터파 교회를 설립했다. 활판인쇄술의 발달과 독일어로 번역한 성경이 빠르게 보급되며 루터의 종교개혁은 대중적 파급력을 높일 수 있었다. 하지만 농민, 사회적 약자에 대해서는 선을 그어 진정한 사회·문화적 운동으로의 개혁의지는 반영하지 못했다는 평가를 받는다.

로써 면죄부는 이미 변질되고 말았다며 강하게 비판했다. 그리고 사람들에게 '고해성사'와 같은 교회의 권위를 통한 참회가 아니라 개개인의 깊은 신앙심과 진정한 영적 회개를 통한 참회를 촉구했다. 즉 루터는 사람의 구원은 성직자에 의한 면죄부를 통해서가 아니라 각자 성서를 읽고, 개개인이 신앙심을 키움으로써만 구원이 이루어질 수 있다고 주장하며 수동적 사면보다는 믿음을 키움으로써 자발적으로 구제를 기원하라고 하였다. 또한 루터는 세례를 통해 기독교인이 된 사람들 사이에는 그 어떤 차별이나 위계도 존재할 수 없으며, 설사 교황과 주교라 할지라도 잘못이 있다면 세속적 권위의 처벌을 피할 수 없다고 하였다. 루터의 이러한 주장은 가톨릭교회의 기득권에 대한 강력한 도전이자 세상을 지배해온 시스템마저 뒤엎는 엄청난 혁신이었다.

하지만 루터는 자신과 의견이 다른 개혁가들의 견해를 경청하고 수용하는 리더십이 부족했다는 평이다. 또한 당시 사회개혁을 위한 농민운동에서 정작 당사자인 농민들과 사회적 약자에 대해 성서적 입장을 이유로 그들과는 일정한 선을 그으면서 종교개혁이 지니고 있는 사회문화적 운동으로서의 시대정신과 개혁의지를 제대로 반영하지 못했다는 한계와 비판도 함께 받고 있다.

마르틴 루터의 〈95개조 반박문〉

루터는 각자 노력하여 참회하는 삶 대신 고해성사로 모든 죄 문제가 해결될 수 있다고 주장하는 교회와 신학자들의 권위적 태도와 일방적인 성서의 의미 왜곡이 결국 면죄부 판매라는 폐단으로까지 이어졌다고 보았다. 이에 루터는 면죄부 판매의 신학적 근거에 대해 의문을 제기하고, 이에 대한 신학적 논쟁을 위해 95개조 반박문을 게시한 것이었다. 사실 처음에 루터가 95개조 반박문을 게시하면서 기대했던 것은 교회 스스로 면죄부 오남용의 문제를 인식하고 필요한 조치를 조속히 취하도록 압박하는 것이었다. 하지만 교회는 그간의 폐단을 스

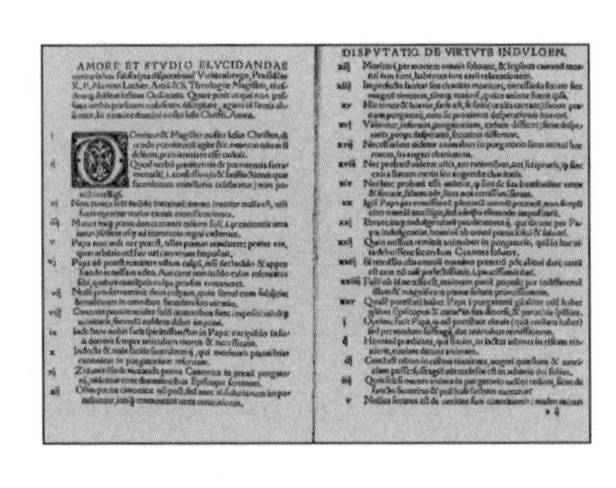
AMORE ET STVDIO ELVCIDANDAE

DISPVTATIO DE VIRTVTE INDVLGEN.

루터의 95개조 반박문

루터의 95개조 반박문에는 면죄부 판매의 신학적 근거에 대한 의문 제기와 이에 관한 신학적 논쟁이 담겨 있다.

스로 성찰하기보다 루터를 억압하고 파장을 최소화하는 데만 급급한 모습을 보였다. 루터 또한 자신이 예상했던 것과 달리 지식인층인 학자들은 물론 대중들에게까지 교황과 교회에 대한 무분별한 비판 여론이 급속히 퍼져나가는 상황이 전개되자 매우 당혹스러워했다고 한다. 이후 루터는 교회와 상호 설득을 위한 논쟁의 시간을 가졌지만, 의견을 좁히지 못하고 서로 대립한 끝에 갈라섰고, 결국 루터교를 설립하게 된 것이다. 〈95개조 반박문〉의 핵심은 다음의 처음 두 조항에서 명백히 드러난다.

| **1조** | 우리들의 주님이시며 스승이신 예수 그리스도께서 '참회하라'고 말씀하셨을 때, 신자들의 전 생애가 참회의 삶이 되기를 요청하신 것이다.

| **2조** | 여기서 '참회'라는 단어는 사제들의 주도하에 행해지는 고해와 보속으로 이해되어서는 안 된다.

95개 조 반박문의 내용을 분류해보면, (1~4조)는 참회의 삶, (5~7조)는 교황의 사면 제한, (8~29조)는 연옥 형벌의 사면에 대한 비판, (30~40조)는 교황의 사면보다 진정한 참회, (41~51조)는 교황의 사면보다 사랑의 선한 행위, (52~55조)는 교황의 사면보다 복음의 말씀, (56~68조)는 진정한 교회의 보화, (69-~80조)는 경계해야 할 설교자들, (81~91조)는 교황에 대한 평신도의 질문, (92~95조)는 결어로 정리되어 있다.

국가발전을 위한 다양한 인재 양성의 필요성, **의무교육 시대를 열다**

앞에서 에라스무스와 함께 살펴본 **보통교육**이 교육의 대상을 확장하는 측면이라면 **의무교육**은 확장된 대상을 현실로 참여시키는 제도적 측면인 셈이다. 의무교육의 실현과 함께 모든 사람이 반드시 일정 기간 교육을 받게 되었고, 전 국민의 지적 수준을 높이는 데 큰 역할을 하게 되었다. 여기에서는 루터의 〈학교문서〉를 중심으로 한 의무교육에 관해 살펴보려 한다.

마르틴 루터의 〈학교문서〉

루터는 종교개혁을 시도해가는 과정에서 '교육'의 중요성을 더욱 실감하게 되었다. 교육을 통해 대중이 무지에서 벗어날수록 기존 교회의 부패와 성직자의 부조리에 눈뜨고, 이성적인 판단을 통해 새로운 교리도 한층 적극적으로 수용할 것으로 생각했기 때문이다. 이에 종교개혁에 기여할 수 있는 교육개혁에도 큰 관심을 기울였다. 과거의 교육과는 전혀 다른 교육의 새로운 차원, 즉 성직자와 귀족 중심의 엘리트 교육이 아닌 평범한 국민 모두를 대상으로 하는 교육의 개념과 실천을 생각한 것이다.

그의 생각은 두 개의 〈학교문서(Schulschriften)〉를 통해 확인할 수 있다. 하나는 "독일 모든 도시의 시의원에게 드리는 글(1524)"

로, 이 글에서 그는 모든 도시에 학교를 세워서 아동들을 교육할 것을 호소하면서, 왜 교육이 교회와 사회를 위해 필요한 것인지를 서술하였다. 또 다른 하나는 "아동을 학교에 보내야 하는 것에 관하여(1530)"로 여기에서는 국가발전을 위한 다양한 인재 양성을 위해 학교를 설립하고 아동들을 학교에 보내어 기독교적으로 양육해야 한다는 내용을 담고 있다.

이러한 글들은 루터가 종교개혁 과정에서 가톨릭교회와 결별을 하면서 필연적으로 그에게 재정적인 지원을 해줄 수 있는 기관으로 교회가 아닌 국가를 선택할 수밖에 없었고, 당연히 국가의 안전과 발전을 위해 다양한 능력 있는 인재 양성을 해야 하고, 이를 위해 모든 국민을 교육대상으로 확대해야 한다는 그의 생각을 잘 보여주고 있다. 소수의 선택받은 자들을 위한 것이 아닌 다수의 대중을 위한 루터의 학교에 대한 새로운 인식은 국가가 책임지는 공교육 개념의 기초를 제공해주었으며, 이는 보편적 공정교육으로서의 의무교육의 시작이라 할 수 있다.

의무교육의 교육적 의의

중세시대 유럽에서 교육의 중심은 교회와 교회 관련 기관에만 집중되어 있었다. 당시만 해도 교육의 일차적 목적은 성직자의 양성이었고, 성직자가 되기를 희망하는 일부 귀족과 부유한 평민층의 자제들이 수도원과 같은 교회 학교에서 이루어지는 교육활동에 참여하였다.

이러한 시대적 배경 속에서 독일은 물론 대부분의 나라에서 아이를 '아이'로 보지 않고 '작은 어른'으로 보았다. 즉 도시에서든 농촌에서든 아이는 가족의 밥벌이에 노동력을 보태는 귀중한 한 명의 일손으로 본 것이다. 따라서 아이의 더 나은 미래를 위해 반드시 학교에 보내 교육을 시켜야 한다는 생각은 일반화되지 않은 시기였다. 다가오지도 않은 아이의 미래보다는 아이가 현재 해낼 수 있는 밥벌이 능력을 더욱 중요시했던 셈이다.

이러한 시기에 독일에서 일어난 종교개혁은 종교적 폐단에 대한 개혁과 동시에 교육을 포함한 사회 전반에 걸친 운동으로 전개되었다. 루터는 〈학교문서〉를 통해 교육의 국가 책임론을 강조하며, 학교는 공적 경비에 의한 공적 제도로 운영되어야 한다고 주장하였다. 즉 학교의 설립과 유지는 교회가 아닌 국가의 책임이라는 것이다. 이러한 국가 책임의 공교육 제도 도입과 아동 취학 의무화, 부모의 아동교육 책임 규정 등은 독일 전역에 확산되면서 독일 국민들의 문자 해독률은 급속히 향상되었다.

그러한 예로 독일의 고타 공국(Gotha 公國)에서는 교육령을 통해 아동 취학 의무화, 아동 교육에 대한 부모의 책임 규정 등을 세계 최초로 강제함으로써, 아무리 시골 촌구석에 사는 가난한 가정의 자녀라고 해도 다른 국가의 귀족보다 더 많은 교육을 받을 수 있도록 보장했다고 한다.

이처럼 루터는 모든 부모가 빈부, 귀천, 남녀의 구별없이 자녀를 학교에 보내야 하며, 국가는 국민에 대해 아이들의 취학을 강제로 규정할 수 있어야 한다고 주장하였다. 비록 완전하게 의무교육이 실시된 것은 아니었지만, 적어도 의무교육의 초석을 마련했다는 점에서 큰 의미가 있다. 루터의 교육 운동은 특권층에게만 기회가 열린 엘리트 중심 교육에서 벗어나게 해주었다. 나아가 국가가 국민에 대한 의무교육 필요성을 인지하고 적극적으로 제도적 장치를 마련하는 데 관심을 기울이게 하였다. 즉 교육의 보편성을 폭넓게 확대시킴으로써 공정을 실현했다는 역사적 의의를 지닌다고 하겠다.

03

젠더교육, 보편적 공정교육의 진화

신의 뜻을 앞세운 교회의 권위가 인간의 이성과 자유로운 감정마저 속박하고 억눌렀던 중세시대는 불가항력의 역병과 빈곤 등으로 크게 흔들렸고, 이는 인간성 회복과 인본주의를 외치는 르네상스 시대가 열리는 계기가 되었다. 또한 성직자와 귀족과 같은 특권층에 독점되었던 교육에서 탈계층 · 탈계급의 보통교육을 등장시켰고, 종교개혁과 함께 공교육으로서의 의무교육을 불러옴으로써 교육의 보편성을 확장시키며, 공정교육을 실현하였다. 하지만 보편성의 관점에서 공정교육은 여기서 멈추지 않고 오늘날에도 계속 진화하고 있다.

이제 보편적 공정교육에 관한 이야기를 마무리하며, 보편성의 관점에서 현대에 이르러 공정이 어떤 패러다임으로 어떻게 진화되는지 들여다보려 한다. 특히 이 책에서는 코로나19 팬데믹과 관련하여 한층 심화되는 양상으로 가열되는 성별 갈등 문제를 보편적 시각에서 바라보고자 하였다. 즉 보편적 공정교육의 관점에서 성별에 따른 교육의 접근성에 차이를 보인다는 점에서 성평등을 위한 근본적 해결책을 고민하고, 소모적인 젠더 갈등에서 벗어나기 위한 젠더교육의 확대 및 강화의 필요성을 제기하려 한다.

여성에 훨씬 더 치명적 영향을 미친 **코로나19 팬데믹**

코로나19 팬데믹은 중세 유럽 사회를 뒤흔든 흑사병과 비견될 만큼 세계 전반에 급속하고도 큰 변화를 가져왔다. 팬데믹의 장기화는 기존의 사회질서 속에 오랜 시간 방치되며 뿌리 깊은 다양한 사회갈등 요인들을 수면 위로 떠오르게 했다. 특히 코로나19 팬데믹이 사회적 약자에 미치는 영향에 주목할 필요가 있다. 코로나19 바이러스의 전파는 성별이나 인종, 국적, 소득수준 등을 따지지 않았지만, 코로나19 팬데믹의 장기화 속에서 바이러스로 인한 피해는 분명 집단에 따라 차이가 극명하게 나타났기 때문이다. 즉 사회적 약자, 특히 여성에게 심각한 타격이 되었다.

2021년 세계은행의 발표에 따르면 코로나19 팬데믹으로 전 세계 극빈층의 증가율이 1990년 이래 최대치를 기록했다고 한다. 특히 코로나19로 과거 중산층에 속했던 수백만 명이 빈곤층으로 전

보편교육에서 오랜 시간 소외된 여성

여성에 대한 교육은 동서양을 막론하고 아주 오랜 시간 성역할의 구분을 넘어 성적 차별에 따른 제한된 교육이 이루어졌다. 즉 보편적 교육제도가 마련된 후에도 여성은 여전히 이러한 제도의 혜택에서 배제되기 일쑤였다. 여성에 대한 교육은 주로 가정을 중심으로 한 비형식적 교육이 중심이었다. 여성의 인권이나 정치적 권한이 남성과 동등하게 인정된 것은 거의 20세기에 들어서이다.

1893년 9월 19일 뉴질랜드에서 세계 최초로 여성에게 참정권이 주어졌고, 이후 1902년 호주, 1906년 핀란드, 1913년 노르웨이, 1919년 독일과 네덜란드에서도 점차 여성에게 참정권이 주어졌다. 미국의 경우 1870년에 흑인에게 참정권을 준 것보다 훨씬 뒤인 1920년에 이르러서야 21세 이상 남녀 모두에게 참정권이 주어졌다. 심지어 아랍의 국가들 중 일부는 현재도 아버지, 남편 등 남성 보호자의 허락 없이는 학교 교육조차 제대로 받을 수 없는 상황에 놓여 있다.

우리나라의 경우 조선 후기 개항과 근대화 과정에서 여성교육에 대한 제도적 접근이 조금씩 이뤄졌으며, 일제강점기를 지나 광복에 이른 후 현재와 같은 학제로 정비되면서 학교 교육에서 성적 차별은 거의 사라졌다고 볼 수 있다.

락했고, 전 세계에 하루 1.9달러 이하로 생활하는 극빈층은 코로나 이전보다 최소 8천8백만 명에서 최대 1억 1천400만 명이 늘어난 것으로 추정했다. 현재 전 세계 총인구의 9.1~9.4%에 육박하는 약 7억 300만~7억 2,900만 명이 극빈곤층으로 추산된다.

아울러 유엔여성기구에 따르면 코로나19 팬데믹 기간 중 여성과 아동에 대한 가정폭력이 전 세계적으로 심화된 것으로 조사되었다. 이는 아이러니하게도 사회적 거리두기의 영향이 적지 않다. 감염력이 높은 바이러스 전파를 막기 위해 정부 차원의 사회적 거리두기가 강제되면서 외출보다는 '안전한' 집에 머무를 것을 당부했지만, 외부와 단절된 채 아무도 모르게 '위험한' 가정폭력 상황에 더 오랜 시간 노출된 셈이다. 이러한 발표에서도 알 수 있듯이 코로나19 팬데믹은 여성에게 좀 더 강력하고 치명적인 영향을 미친 것으로 파악된다.

또한 코로나19 팬데믹 속에서 치러진 우리나라의 2022년 대선에서 여러 이슈가 주목을 받았지만, 성평등 문제와 젠더 갈등은 가장 뜨거운 이슈 중 하나였다. 특히 소위 '이대남'과 '이대녀'가 첨예한 대립각을 보였고, 정치권조차 진정한 화해를 도모하기보다는 일단 표 계산에 유리한 쪽으로 젠더 이슈를 활용하다 보니 근본적인 해결책을 제안하기보다는 정치적 유불리에 따른 여론몰이에 나선 측면도 없지 않았다. 그 결과 대선이 끝난 후에도 젠더 갈등은 사그라지지 않은 채 이어지고 있다.

G7 성평등 공동성명과 **UN 포괄적 성교육**

앞으로는 훨씬 보편적인 관점에서 성평등 문제를 바라볼 필요가 있다. 이러한 방향은 더 나은 사회와 인류로 나아가기 위한 교육의 공정성을 실현하는 차원에서 교육의 보편성을 더욱 확대하는 길이 될 것이기 때문이다. 이에 여기에서는 G7의 성평등 공동성명과 UN의 포괄적 성교육을 통해 보편적 공정교육의 관점에서 성평등 문제를 살펴보려고 한다.

G7 성평등 공동성명

2021년 6월, G7(선진 주요 7개국) 정상회의가 열렸다. 여기서 채택한 공동성명에서는 성평등이 더 나은 세계 재건(B3W, Build Back Better World) 프로젝트를 성공시키기 위한 필수조건으로 논의되었다.

G7 정상회의에서는 코로나19의 확산이 성의 불평등을 가속화시켰다는 점을 지적하며, 여성과 소녀들에게 파괴적이고 불균형적인 영향을 주었다고 분석하였다. 특히 젠더 기반 폭력, 성과 생식 건강 및 권리, 교육 및 직업과 관련해 코로나19의 장기화가 지금까지 어렵게 구축해온 성평등의 성과를 후퇴시켰다고 보았다. 이에 2025년까지 전 세계에서 아직 학교에 가지 못하고 있는 4,000만 명의 소녀에게 교육을 제공하고, 개발도상국 학교에 50억 달러

를 기부하는 교육사업을 위한 파트너십(GPE, Global Partnership for Education)에 최소 27억 5,000만 달러(약 3조 600억 원)를 배정한다고 밝혔다. 당시 의장국인 영국 보리스 존슨 전 총리는 "우리가 빈곤에서 벗어나 더 나은 사회 재건을 이끌 수 있는 최선의 방법은 교육, 특히 여학생 교육에 투자하는 것"이라고 강조하였다.

UN의 포괄적 성교육

한편 UN은 2009년 성교육에 관한 국제지침서인 '포괄적 성교육(CSE: Comprehensive sexuality education)'을 발표하였다. 이어 2018년에는 UN의 지속가능발전목표(SDGs)에 관한 의지를 반영한 개정판을 발표하였다.

포괄적 성교육(CSE)이란 성별의 차이와 같은 생물학적 특성뿐만 아니라, 인간의 생애에서 성과 관련된 모든 경험을 포괄하는 교육이다. 즉 포괄적 성교육은 아동과 청소년들이 자신의 건강을 챙기고, 자신의 존엄성(dignity)을 인식하며, 자신의 권리에 대한 이해를 높여 존중에 기반한 성적(sex) · 사회적(gender) 관계를 올바르게 형성할 수 있게 하는 교육을 말한다.

포괄적 성교육의 핵심 개념(Key Concepts)을 살펴보면 ① 관계(Relationships), ② 가치(Values), 권리(Rights), 문화(Culture), 섹슈얼리티(Sexuality), ③ 젠더(Gender) 이해, ④ 폭력과 안전(Violence and Safety), ⑤ 건강과 복지를 위한 기술(Tech. for Health and

Wellbeing), ⑥ 인간의 신체(body)와 발달(Development), ⑦ 섹슈얼리티(Sexuality)와 성적 행동(Sexual Behaviour), ⑧ 성과 재생산 건강(Sexual and Reproductive Health)이다.

이 개념들은 각기 별개라기보다는 모두 상호 보완적이며 연령에 따른 수준별 접근을 통해 학습을 돕는 차원에서 각각 2개에서 5개의 항목으로 세분화된다, 각 항목마다 주요 아이디어와 지식, 태도 그리고 연령대별 학습 목표를 제시하고 있다. 포괄적 성교육은 단순히 남녀 차원의 문제를 넘어 자신은 물론 타인에 대한 존중을 바탕으로 한층 더 건강하고 성숙한 성적(sex) · 사회적(gender) 관계를 만들어가는 데 초점을 맞추고 있다. 이를 실현하기 위한 포괄적 성교육의 특징을 정리하면 다음과 같다.

- **과학적 정확성** (Scientifically accurate): '성 및 생식에 관한 건강 (SRH : Sexual and Reproductive Health)' 연구에 기초한다.
- **점진적 증진** (Incremental): 5세부터 시작하는 지속적인 교육과정이며, 나선형 교육과정의 접근법을 기반으로 한다.
- **연령 및 발달에 적합** (Age- and developmentally-appropriate): 학습자의 나이와 발달에 기초하여 건강과 웰빙에 가장 시기적절할 때 발달 관련 주제를 다룬다. 또한 SRH의 이론적 개념에 맞춰 접근한다.
- **교육과정 기반** (Curriculum based): 교육과정에는 핵심 교육목표, 학습목표의 개발, 개념의 제시, 명확한 핵심 메시지 전달 등이 구조화되어 있다.

- **포괄적** (Comprehensive): 성별에 대한 포괄적이고 정확하며 연령에 적합한 정보를 제공한다. 성, 생식 해부학, 사춘기와 생리학, 생식, 피임, 임신과 출산, 그리고 성병과 에이즈를 포함한 모든 학습자가 알아야 할 중요한 주제를 포함하며, 나아가 이에 국한하지 않고 필요한 주제라면 모두 다룬다.
- **인권 접근법 근거** (Based on a human rights approach): 아동과 청소년의 권리 등 보편적 인권과 모든 개인의 건강, 교육, 정보 평등 및 차별에 대한 이해를 증진시킨다. 다른 사람들의 권리를 인정하고, 존중하도록 격려하고, 권리가 침해된 사람들을 옹호하도록 하는 것을 포함한다.

UNESCO에서는 포괄적 성교육의 연구 성과를 개인적 차원과 사회적 차원에서 각각 다음과 같이 발표하였다.

- **개인적 차원**: 아동 · 청소년의 성 행위 시작 시기의 지연, 성 파트너 수의 감소, 위험한 성 행위 감소, 콘돔 사용 증가, 피임 증가 등의 현실적인 성과와 더불어, 성의 다양성, 임신, 에이즈(HIV), 성매개감염병(STIs) 관련 행동 및 위험성에 대한 성적 지식 증진, 아동과 청소년들이 안전하고 행복한 삶을 준비할 수 있도록 하는 긍정적인 정서적 효과
- **사회적 차원**: 남녀 차별과 배제에 대한 문제에 대해 서로 공감하고 포용하는 태도, 사회문화적 성평등의 인식 개선, 인간의 기본 권리로서의 보편적 교육 지향

UNESCO는 포괄적 성교육이 UN의 지속가능발전목표(SDGs) 중 '모두를 위한 건강과 웰빙 증진(SDG3)', '평등한 양질의 교육 보장(SDG4)', '성평등 달성 및 모든 여성과 여자 어린이의 역량 강화(SDG5)' 등의 실현을 위해 꼭 필요한 활동으로 평가하였다. 특히 사회적 차원의 연구 성과에서 언급한 것처럼 인간의 기본적 권리로서의 보편적 교육을 지향한다는 점에서 성과 젠더에 대한 교육이 보편적 공정교육의 방향성과 연결되어 있음을 확인할 수 있다. 즉 성(sex, gender) 평등은 인간의 권리일 뿐만 아니라 지속가능하고 평화로운 사회를 위한 기본조건이다. 이처럼 UN의 포괄적 성교육의 지향점은 교육의 공정성 차원에서 보통교육과 의무교육을 잇는 보편적 공정교육으로서의 다음 방향이 될 수 있을 것으로 생각한다.

"모든 인간은 존엄하다" 상호 존중에서 시작하는 **앞으로의 젠더교육**

성평등의 기본 전제는 차이를 인정, 즉 '같은 것은 같게, 다른 것은 다르게' 인정하는 것이다. 서로 다른 것을 굳이 똑같게 만들려는 것은 새로운 갈등과 차별을 낳는 씨앗이 될 뿐이다. 오늘날의 성별 갈등의 뿌리에는 서로의 차이에 대한 존중은 배제된 채 서로 저마다 다른 입장만 주장하는 데서 비롯된다고 할 수 있다.

여성 정책과 가족 정책

직업 문제를 예로 들어 살펴보자. 일반적으로 남성에 비해 여성이 직장에 집중하기 어려운 문제의 핵심은 무엇일까? 아마 출산과 육아로 겪게 되는 경력단절의 상황일 것이다.

출산으로 인해 직장을 그만두게 되면 이후 직장에 복귀하는 것은 현실적으로 더욱 어려워진다. 본인이 원래 일했던 분야로 다시 돌아가는 경우는 소수에 불과하며, 복귀한다고 해도 빠르게 변화하는 사회에서 수년간 달라진 직장 내 환경과 조직문화 등에 다시 적응하는 데 여러 어려움을 겪는다. 그럼에도 복귀하는 이들은 그나마 운이 좋은 편으로, 대다수의 여성들은 경력과 무관한 직종에서 낮은 임금의 비정규직으로 복귀하는 것이 대부분이다. 더구나 코로나19 팬데믹으로 인해 서비스 업종의 비정규직 여성들이 가장 큰 타격을 받았다는 연구 결과들을 보면 여성들이 처한 직업적 어려움은 매우 심각한 상황이다.[1]

미국의 〈엄마 효과(The Mommy Effect, 2018)〉라는 연구를 보면, 영국 여성의 출산 전 약 88%였던 노동시장 참여율이 출산 뒤 약 50%로 줄어들었다고 언급한다. 미국의 경우는 약 70%에서 35%로 역시 큰 폭으로 감소했다. 그런데 국내 연구에서도 비슷한 결과가 나타났다. 즉 우리나라 여성의 출산 전 65% 수준이던 노동시

1. 김현철, 〈우아한 정책이 성평등을 앞당긴다〉, 《한겨레21》, 2021.9.16.

장 참여율이 출산 후 45%까지 떨어진다는 결과가 나온 것이다. 임금은 무려 68%나 줄어들었다. 어렵게 노동시장에서 살아남은 여성은 자녀 양육과 집안일 등 가정 내 부여된 여성의 암묵적 역할들로 인해 고단함과 좌절을 반복적으로 경험하게 된다.

이러한 취약한 상황을 고려할 때 여성들에게 어느 정도 적극적 우대조치(affirmative action)를 적용할 필요가 있다는 인식에는 대부분 공감하면서도 정작 여성 할당제 등에 대해서는 사회적 갈등이 뜨거웠다. 따라서 의무적으로 일정 비율 여성을 채용하거나 여성에게 혜택을 제공하는 접근방식에만 의존하려 한다면 자칫 공정에 민감해진 사회 분위기 속에서 반발만 불러와 젠더 갈등을 심화시킬 수도 있다. 따라서 사회 정책을 '여성 옹호'에 초점을 두기보다 '가정 친화'에 초점을 두는 방향으로 접근해야 할 것이다. 서구 복지국가들과 OECD 행복지수가 높은 국가들에서 보여지는 정책들을 참고하여, 자녀 육아를 위한 휴직을 부모 모두가 동일하게 사용하도록 의무화하고, 고용보장을 사업체가 확대하도록 하며, 육아휴직 수당을 현실화하는 방향 등으로의 변화가 필요하다. 실생활 정책들에 있어서도 여성 전용 주차장을 아이 전용 주차장으로 전환하여[2] 남녀 모두가 혜택을 누릴 수 있게 하면 불필요한 젠더 갈등을 줄일 수 있다. 이러한 정책은 현실적으로 돌봄의 역할

---

2. 2022년 서울시는 향후 공영주차장의 '여성우선주차장'을 '가족우선주차장'으로 바꾸겠다고 발표하였다.

을 주로 하는 여성, 돌봄 근로자, 조부모 등이 그 혜택을 더 많이 누릴 수 있기에 정책의 효과 또한 더 클 것이다. 그 외에도 주 52시간 근무의 탄력적 운영, 자율 출퇴근제, 출산으로 직장을 포기하고 경력이 단절되지 않도록 사회적 인식과 제도 개선과 가정 친화 정책으로의 전환과 확대가 함께 이뤄져야 할 것이다.

여성과 남성, 엄마와 아빠를 넘어 가정과 아이를 우대하는 정책의 강화는 성(sex)과 젠더(gender)를 넘어 인간의 존엄(dignity)을 높이는 효과를 가져올 것이다. 바로 이러한 방향에서 젠더교육에 대한 교육적 접근이 시작되어야 할 것이다.

성인지감수성과 젠더교육

성인지감수성(Gender sensibility)은 성별의 차이로 인한 일상생활 속 차별과 유불리함, 불균형을 인지하는 정도를 말한다. 넓게는 성평등의식과 실천의지 그리고 성인지력까지 포함한다. 성인지감수성에서의 '성'(性)은 생물학적이고 태생적인 측면에서의 성(sex)이 아니라 사회문화적으로 형성된 성(gender)을 의미한다. '인지(認知)'란 지식을 습득하고, 문제를 풀고, 계획을 세우는 것과 같은 지각, 기억 및 정보처리 등의 지적 정신과정을 말하며, '감수성(感受性)'은 외부 세계의 자극을 받아들이는 가치와 태도를 뜻한다. 특히 개인의 성인지감수성은 그가 속한 사회문화로부터 만들어지기 때문에 사회 구성원의 성인지감수성을 올바르게 형성시키기 위한 노력이

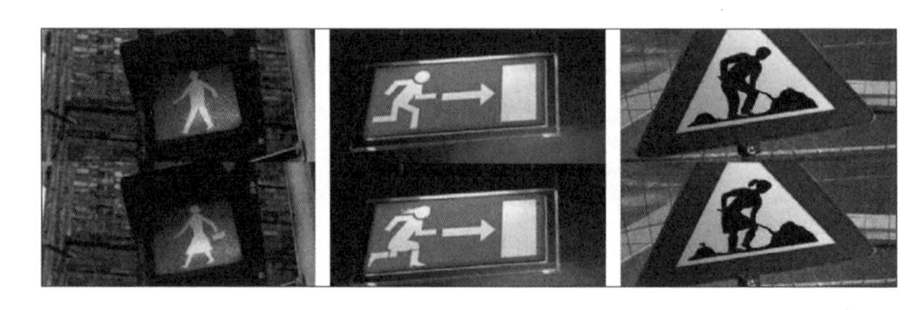

'빈은 다르게 봅니다' 캠페인 사례

성인지감수성 개선을 위해 성적 고정관념에 얽매인 기존 표지를 다르게 표현한 캠페인 사례. 다만 긴머리와 치마, 높은 굽이 상징하는 모습에서 또 다른 성적 고정관념을 보여주는 것은 아닌지에 대한 논란이 있었다.

우선시되어야 한다.

오스트리아 빈에서는 성역할의 고정관념을 깨트리고 사회문화적 성인지감수성을 개선하기 위해 "빈은 다르게 봅니다(Vienna sees it differently)"라는 캠페인을 벌였다. 모든 공공기관의 화장실에 남성이 아이의 기저귀를 갈아주는 표지를, 대중교통의 배려석에는 아이를 안은 남자를, 보행 신호등에는 여성의 형상을, 공사장 표지에는 땅을 파는 여성을, 비상구에는 치마를 입고 문을 향해 달려가는 여성 등을 반영하는 캠페인이었다. 그동안 남성 중심의 사회적 시그널과 픽토그램 등으로 형성된 잘못된 성역할 고정관념을 개선하기 위한 캠페인이었다. 그동안 우리가 평등하다고 생각해왔던 많은 것들이 사실 전혀 그렇지 않을 수 있다는 왜곡된 성인지감수성을 바로 잡고자 함이었다.

성인지감수성이 잘 형성된 사회에서는, 구성원 개개인이 남성

또는 여성으로서의 사회적 기대와 역할로부터 자유롭고, 성역할의 고정관념에서 벗어나 자신을 있는 그대로 인식하고 사랑하며 자신 있게 행동하게 될 것이다. 즉 자신의 고유한 특성(personality)과 존엄(dignity)을 존중받으며 자기 본연의 모습을 발현하는 데 집중할 수 있게 될 것이다.

이상에서 살펴본 것처럼 '교육의 보편성' 측면에서 공정을 추구하게 된 것은 르네상스와 종교개혁에서 나타난 인간의 생각하는 힘이 강조된 결과라 볼 수 있지 않을까? 중세 천년의 시간 동안 가톨릭교회의 권위에 의존하며 지식을 독점해온 몇몇 학자들을 제외한 일반 대중들은 스스로 생각하기보다 수동적으로 세상을 받아들이며 계급과 계층의 한계 속에 억압당해왔다. 하지만 대중이 스스로 생각하고, 의지를 가진 능동적 주체로 성장하면서 보편적 공정교육은 자연스러운 진화의 과정이라고 봐야 할 것이다.

이것은 오늘날에도 계속 이어지는 다양한 공정 논쟁과 밀접한 관계가 있다. 특히 성별의 차이에 의한 교육격차와 접근성의 차이는 교육의 보편성 확대 차원에서 반드시 해결해야 할 과제이다. 이를 위해 우선적으로 남녀가 서로 다르다는 것을 자연스럽게 이해하고 받아들일 수 있는 '성(Sex)' 교육과 함께, '인간의 존엄성(dignity)'에 주목하여 서로를 존중하고 배려하는 **젠더(gender)교육**이 강화되어야 한다. 이러한 젠더교육은 더 나은 사회로 나아가기 위해 교육의 보편성을 한 차원 끌어올리는 데 중대한 역할을 수행할 것이다.

“학습자의 위상 변화와 개체중심교육”

앞장에서 우리는 ‘보편성’에 주목하여 공정교육의 진화를 살펴보았다. 이 장에서는 ‘교육의 본질’에 주목해보고자 한다. 교육의 본질은 무엇일까? 여러 가지가 있겠지만, ‘인간을 더욱 인간답게 성숙시키는 과정’이라고 할 수 있을 것이다. 대중에게 교육 기회가 열리고, 사회발전에 기여할 다양한 인재 양성이 주목받으면서 근대화 초기에는 교육을 통해 더 많은 지식을 빠르게 습득시키는 방법에 주목했다. 즉 지식이 많을수록 성숙한 인간으로 간주한 것이다. 이를 반영하듯 근대 초기에는 교수자 주도로 많은 지식을 전달하고, 학습자가 이를 수동적으로 습득하게 하는 방식으로, 마치 공장에서 물건을 찍어내듯 표준화된 인재를 뽑아내려 했다. 하지만 4차 산업혁명 시대에 지식을 많이 가진 것은 더 이상 경쟁력으로 보기 어렵다. 오히려 넘쳐나는 지식 중 쓸모 있는 것을 잘 선별하고, 새로운 지식으로 재구성하는 능력이 훨씬 더 각광을 받게 된 것이다. 오직 인간의 뇌에만 저장해야 했던 모든 지식이 인터넷을 통해 공유되는 세상에서 지식을 몇 개 더 머릿속에 저장하는 것은 더 이상 의미 있는 교육이라 할 수 없다. 그보다는 스스로 배움을 주도해나갈 수 있는 역량과 인간 본연의 특성을 바라보는 힘이 요구되고 있다. 그래서 이 장에서는 교육이 교육의 본질에 한층 가깝게 다가서게 된 교육사적 흐름으로 진보주의와 포스트모더니즘에 대해 살펴보려 한다. 진보주의자인 존 듀이의 아동 중심 교육과 포스트모더니즘을 정립한 리오타르의 포스트모던적 교육에 대해 살펴보고, 교육의 본질에 더욱 다가서게 해줄 다음 교육으로 개체중심교육을 제시하였다.

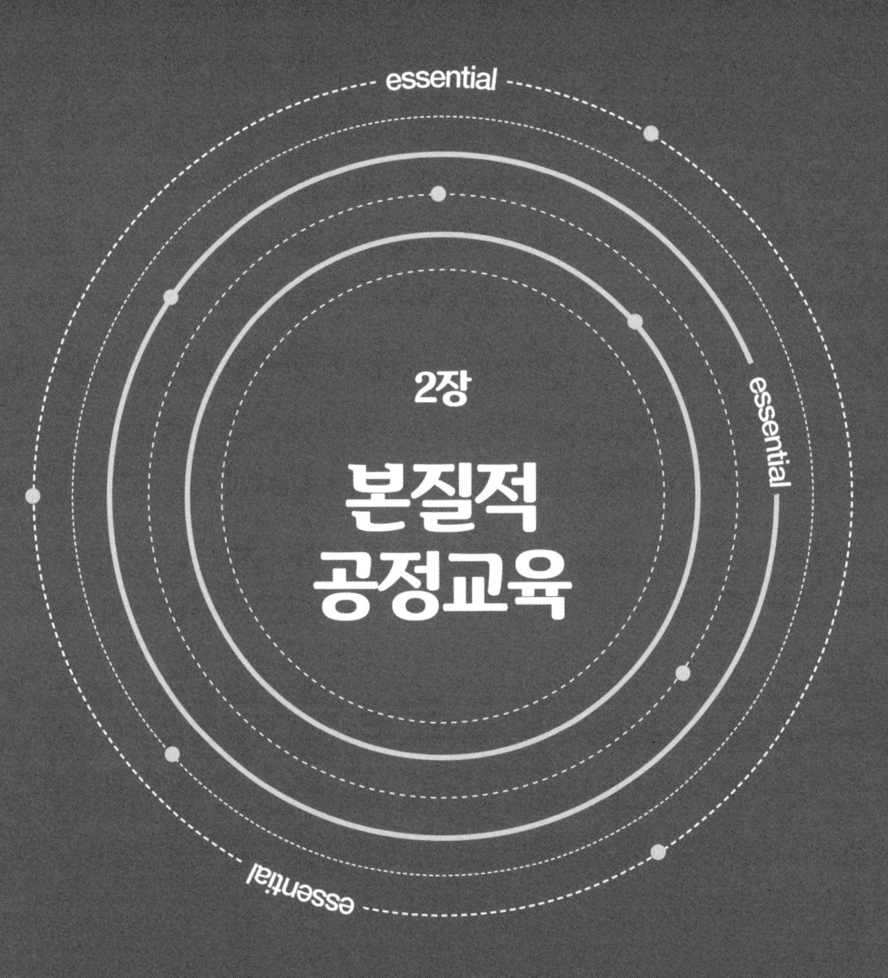

2장

본질적 공정교육

01

산업혁명, 교육을 각성시키다!

르네상스 시대를 지나 16세기 후반에 등장한 절대주의 국가들은 경쟁적으로 식민지 개척에 나섰다. 이를 통해 해외무역과 상업활동이 활발해지면서 막대한 부를 쌓은 부유한 시민 계급, 즉 부르주아를 등장시켰다. 이후 이들은 계몽사상을 지지하며 철옹성 같던 절대왕정을 무너뜨렸고, 근대국가 탄생의 중심세력이 되었다.

근대국가 체제와 자본주의가 전 세계로 확산되면서 점점 더 많은 사람들에게 교육의 기회가 열렸다. 점점 더 많은 국가에서 의무교육을 확대해 가면서 보편성 측면의 공정교육이 실현되어 갔다. 하지만 이제는 단지 교육이 보편성을 띠게 된 것만으로는 부족했다. 특히 산업혁명과 함께 이루어진 급속한 경제성장 속에서 자본의 힘은 점점 더 막강해졌고, 마치 과거에 귀족과 같은 지배계급이 모든 혜택을 독점했던 것과 마찬가지로 이제는 소수의 자본가들에게 부가 집중되었고, 부의 독점도 점점 심화되었다. 소수의 자본가와 다수의 노동자라는 새로운 계층의 형성은 기존까지의 교육적 보편성 확대와는 또 다른 공정의 관점에서 교육의 본질에 대한 깊은 고민을 가져오게 하였다.

제1~4차 산업혁명은 어떤 **변화를 가져왔나?**

근대 이후 인류의 발전을 이야기 함에 있어 산업혁명을 빼놓을 수 없다. 1차 산업혁명을 시작으로 현재의 4차 산업혁명에 이르기까지 역사적으로 산업혁명은 세계 경제의 패러다임을 바꿔왔다. 산업혁명과 함께 달라진 사회는 자연히 새로운 인재상을 요구하게 되었는데, 이것이 교육의 본질에 어떤 영향을 미쳤는지에 관해 살펴보자.

제1~2차 산업혁명

1760년경 발생한 **제1차 산업혁명**은 증기기관의 발명과 철도 건설

1차 산업혁명 (18세기)	2차 산업혁명 (19~20세기 초)	3차 산업혁명 (20세기 후반)	4차 산업혁명 (21세기 초반~)
증기기관 기반의 기계화 혁명	전기 에너지 기반의 대량생산 혁명	컴퓨터와 인터넷 기반의 지식정보 혁명	빅데이터, 인공지능, 사물인터넷 등의 정보기술 기반의 초연결 혁명

제1~4차 산업혁명

1~4차 산업혁명을 겪으며 인류는 비약적인 발전을 이루게 되었다. 아울러 산업혁명은 산업뿐만 아니라 교육의 패러다임을 바꾸는 데 중대한 분기점이 되고 있다.

을 바탕으로 기계에 의한 생산과 무역의 혁신을 가져왔다. 증기기관은 수공업적 생산체제에서 공장제 기계공업으로 전환하며 비약적인 생산력의 증대를 가져왔다. 또한 교통수단의 발달과 함께 생산품을 전 세계로 실어 날랐다. 인간의 물질생활은 이전보다 훨씬 풍부해지고 편리해졌다. 이어서 1870년대 시작된 **제2차 산업혁명**은 전기의 발명과 생산의 조립라인 출현으로 낮과 밤을 가리지 않고 생산이 가능한 시대가 되었다. 쉬지 않고 돌아가는 공장이 밀집된 공업지대를 형성하면서 인구를 농촌에서 도시로 급속히 이동시켰고, 도시화가 이루어졌다.

하지만 1~2차 산업혁명 당시 산업의 급속한 발전이 이루어졌음에도 노동자들의 삶은 비참하였다. 공장의 위생과 안전은 무시되었고, 단조로운 노동에 장시간 종사하여 얻은 저임금으로는 가족의 생계가 어려워 여성과 아동까지도 공장이나 탄광에서 밤낮으로 일해야만 했다. 산업화의 혜택은 일부 자본가에게 집중되었고 노동자들은 가난에서 벗어나지 못한 채 빈민굴과 같은 다락방이나 지하실 방 한 칸에서 온 가족이 모두 거주해야 하는 열악한 환경에 내몰렸다. 이와 같은 불공정한 상황에 노동자들이 저항하면서 노동운동과 사회주의 사상이 싹트기 시작하였다.

제3~4차 산업혁명

1960년대에는 **제3차 산업혁명**으로 컴퓨터와 반도체의 등장, 인터넷의 발달로 디지털 혁명이 시작되었다. 전 세계가 컴퓨터와 인터넷을 통해 하나로 연결되면서, 정보와 지식이 기하급수적으로 넘쳐나게 되었다. 이러한 디지털 혁명을 기반으로 산업사회가 급속도로 최첨단화되면서 세계경제포럼(World Economic Forum)의 클라우드 슈밥(Klaus Schwab) 회장이 2016년 제4차 산업혁명이라는 새로운 산업혁명의 시대를 선언하기에 이르렀다.

제4차 산업혁명을 대표하는 핵심 기술들로 빅데이터, 인공지능, 사물인터넷, 블록체인, 메타버스 기술 등을 들 수 있다. 이러한 기술들은 코로나19 팬데믹 기간 동안 기술들 간의 시너지를 일으키며 급속도로 발전하고 융합하면서 우리 생활 속에 빠르게 스며들었다. 특히, 인공지능과 로봇이 우리 일상으로 자리를 잡으면서 인공지능과 로봇 기술을 인간이 어떻게 활용할 것이냐에 대한 논의가 뜨겁게 이뤄지고 있다. 논의의 결정 방향에 따라 인류의 삶의 방식과 문화는 새로운 국면을 맞이할 것이다. 다만 그 방향은 인간의 본질과 존엄성을 지켜나가는 방향으로 전개되어야 할 것이다.

학습자를 교육의 중심으로 끌어올린 **존 듀이의 교육론**

산업혁명과 대중의 의식 수준 향상은 교육에도 반영되었다. 더 이상 수동적인 학습자에 머물지 않고 능동적인 배움의 주체가 되어 스스로 경험을 쌓아가며, 단순한 지식 습득이 아닌 생활 속 경험과 연결되는 교육이 관심을 받기 시작한 것이다. 여기에서는 산업혁명 시대 교육의 본질에 관해 기존의 시각에서 벗어나 교육혁명적 관점을 제시한 존 듀이의 아동 중심 교육을 통해 교육의 본질에 관해 다시금 생각해보고자 한다.

본성을 중시하는 교육

존 듀이(John Dewey, 1859~1952)는 제2차 산업혁명이 한창이던

1894년 시카고대학 학장에 취임하며, '실험학교(Laboratory School)'[1]를 열었다. 당시 시카고 지역의 핵심 현안은 교육개혁이었고, 듀이의 실험학교는 이론과 실천 모든 면에서 새로운 학교라는 사회적 기대에 부응하는 역할을 하였다. 듀이는 학교 교육이 지니고 있던 전통적 방식이 당시 아동심리학이 밝혀낸 여러 사실들과 부합하지 않으며, 변화하고 있던 민주적 사회질서의 요구에도 맞지 않는 현실을 개선하고자 하였다. 당시 미국의 교육은 산업 현장에 필요

존 듀이(1859~1952)
듀이는 당시 학교 교육이 지니고 있던 전통적 방식이 민주적 사회질서의 요구에 맞지 않는다며 개선하고자 하였다. 당시 미국의 교육은 산업현장에 필요한 인재를 양성하기 위한 지식 중심의 주입식 교육이었지만 듀이는 아동의 본성을 중시하는 교육을 강조하였다.

1. 듀이학교라고도 한다. 4~14세 아이들을 대상으로 학교가 학교행정, 교과선택, 교수법, 훈육 등에 있어 어떻게 해야 학생들 각자가 가진 능력을 최대한 발달시키고 욕구도 충족시키며 공동사회를 이룩할 것인지 연구한 진보주의 교육의 실험장이었다. 이 학교에서는 아이들의 생활 자체가 곧 교육이며, 학습은 사회적 경험의 부산물로 보아 학생 스스로 일과 속에서 이루어지는 활동 경험을 통해 사회적, 지적 성장의 기회를 제공하였다. 그는 학교를 사회의 축소판으로 보고 학교에서 학생들이 사회생활을 준비할 수 있어야 한다고 보았다.

한 인재를 양성하기 위한 지식 중심의 주입식 교육이었지만, 듀이는 아동의 본성을 중시하는 교육을 강조하였다. 그는 교육에서 가장 중요한 것은 학생의 경험이라고 했다. 진정으로 효과적인 교육은 학생들에게 지식을 일방적으로 전달하는 것이 아니라, 다양한 경험을 제공하고 이를 학생 스스로 깨닫게 하는 것으로 본 것이다. 듀이의 이러한 교육관은 "학생은 태양이고 다른 것은 행성에 지나지 않는다"라는 표현 속에 잘 담겨 있다. 듀이의 시카고 대학 실험학교 운영 성과로 등장한 것이 바로 '문제해결 학습(Problem Based Learning)'과 '프로젝트법(Project Method)'이다. 이러한 내용은 듀이의 《나의 교육 신조》(1897), 《학교와 사회》(1899), 《아동과 교육과정》(1902) 등에도 잘 드러난다.

존 듀이의 《나의 교육 신조》

존 듀이가 쓴 수많은 글들 중에서 1897년에 쓴 《나의 교육 신조(My Pedagogic Creed)》는 듀이의 교육관을 이해하는 데 특히 중요하다. 이 글은 듀이가 "나는 … 라고 믿는다."라는 식의 서술이 반복되는 일종의 선언문 형식을 띠고 있는데, 여기에 개혁주의자로서의 그의 생각을 가장 분명하게 담아내고 있다. 이 글에서 듀이는 교육의 본질에 대한 생각을 명확히 제시하고 있다. 그 내용을 소개하면 다음과 같다.

듀이는 교육에 있어서 개인적 요소와 사회적 요소를 모두 고려해야 한다고 보았다. 듀이가 생각하는 개인은 사회적 개인이며, 사회는 개인들의 유기적인 조합으로 이루어져 있기 때문에 개인과 사회는 결코 분리될 수 없다고 보았다. 듀이는 개인의 심리적 요소들에 대해 충분히 고찰하는 동시에 사회라는 더 넓은 관점에서 교육을 바라봐야 한다고 하였다. 아동 개개인의 심리적 측면인 본능, 성향, 홍미 등의 아동 본성에 대해 지속적인 관심을 기울이는 동시에 그러한 본성을 사회적 의미로 해석해야 한다는 것이다.

듀이는 교육을 통해서 아동이 인류의 전승된 자원을 공유하고, 자신의 힘을 사회적 목적을 위해 사용할 수 있도록 도와야 하며, 그러한 차원에서 교육은 아동의 사회적 삶을 기초로 구성되어야 함을 강조하였다. 사회적 삶과 무관한 교육은 아동의 본성을 파괴할 수 있으며, 다양한 교과목은 모두 아동의 사회적 경험에 기반할 때 교육적 가치를 지닌다고 보았다. 따라서 듀이가 생각하는 이상적인 교육은 학문적 전승이 아닌 아동이 경험을 대하는 태도에서 관찰되는 아동의 홍미 발달 과정에 초점을 두어야 한다는 주장이다. 아동의 본능, 성향, 홍미 등이 성장과 발달을 보여주는 중요한 지표이기 때문에, 아동의 그러한 본성과 태도를 발전시키면서 스스로의 경험을 지속적으로 재구성해 나갈 수 있도록 하는 것이 진정한 교육이라 하였다. 교사의 역할도 그러한 관점에서 아동에 대한 지속적이고 공감적인 관찰, 그리고 그에 기반하여 아동의 성장과 발달을 위한 도움과 지원이 되어야 한다고 보았다.

아동 중심 교육에서 바라본 **교육의 본질**

교육의 본질에 대한 고민은 결국 '학습자'인 사람에 대한 고민과 다르지 않다. 특히 1~2차 산업혁명 속에서 공장은 밤낮없이 돌아가고, 값싼 노동력을 제공하는 대상으로 아동에 대한 노동력 착취마저 흔하게 이루어졌다. 아동이 공장에서 돌아가는 거대한 기계 속 부품의 일부로 전락해버린 것에 대한 반성과 함께 각성을 촉구하는 분위기가 교육계에서도 조성되기 시작하면서 인간성과 교육의 본질 회복을 위해 교육의 중심에 아동을 놓고 바라보려는 시도가 다양하게 나타나게 되었다.

존 듀이의 《아동과 교육과정》

존 듀이는 《아동과 교육과정(The Child and the Curriculum)》(1902)을 통해 시카고 대학의 실험학교 운영의 핵심이었던 아동의 경험에 대해 깊이 있게 설명하였다. 당시 세간에는 아동 중심 교육이 학문이나 교과를 소홀히 취급한다고 생각하며 오해하는 경향이 다분했다. 이에 대해 듀이는 《아동과 교육과정》에서 그가 어떠한 맥락에서 아동의 경험을 강조하는지 설명하였다.

듀이는 이 책에서 교육과정을 중시하는 전통적 교육과 아동의 경험을 중시하는 아동 중심 교육 간의 대립을 상세히 묘사하고 있다. 듀이에 따르면 교육과정을 중시하는 쪽에서는 '훈육'과 '지도', '규칙'을 강조하는 반면, 아동의 경험을 중시하는 쪽에서는 '자유'와 '창의', '흥미'를 중시한다. 그런데 여기서 듀이는 양쪽 모두에 대해 비판적인 태도를 보인다.

먼저 전통적 교육에 대해서는 아동의 경험을 협소하고 자기중심적이며 불확실한 것이라 평가하고, 그 속에 담긴 교육의 본질을 파악하지 못한다고 비판한다. 아동의 미성숙한 상황을 가능한 빨리 벗어나야 하는 상태로만 본다는 것이다.

반면 아동 중심 교육은 아동이 현재 가지고 있는 역량과 흥미를 교육의 최종 목적으로 간주한다는 성급함이 위험하다고 지적하였다. 아동의 역량과 흥미는 더 높은 단계로 성장하게 하는 동력으로서의 의미를 갖는 것이지 현재 상태 자체가 목적이고 결과가 될 수 없다는 것이다.

그럼에도 불구하고 듀이는 아동 경험을 성장과 교육의 출발점이자 근원으로서 교육적 무게를 더 부여하였다. 그는 비록 체계화된 학문이나 교과가 아동 성장의 시행착오를 줄여주고, 아동의 경험을 더욱 유의미하고 유용하게 만들어주는 의미가 있다는 것을 인정하지만, 그렇다고 학문이나 교과가 아동의 개인적 경험을 대신해 주는 것은 결코 아니라고 보았다. 즉 학문과 교과의 가치와 의미는 그 자체에 있는 것이 아니라, 그것이 아동의 성장과 발달에 연결되고 역할을 할 때 의미가 있다고 본 것이다.

아동 중심 교육의 교육적 의의

영국의 증기기관 발명으로 시작된 1차 산업혁명(1760~1840)은 면직공장 가동이 활성화되면서 아동을 작은 성인으로 취급하며 낮은 임금으로 공장 가동 인력에 동원하였다. 이 당시 대부분의 아동들은 많은 시간 저임금으로 공장에서 노동력을 착취당했고, 그나마 학교를 다니는 아동은 아동의 본성과는 거리가 먼 고대의 문학과 언어의 형식과 틀을 강조하는 암기 중심의 교육에 놓여 있었다.

이후 전기의 보급으로 촉발된 2차 산업혁명(1870~1910) 시기에는 야간에도 공장 가동이 가능하게 되면서 성인뿐만 아니라 아동의 노동력 착취가 더욱 심해졌다. 이로 인해 산업발달로 인한 사회의 비인간화 현상이 사회의 커다란 문제로 대두되었다. 즉 1~2차 산업혁명으로 아동은 아동 본연의 가치를 잃어버린 채 성인의 값싼 대체인력으로, 그리고 산업화된 공장의 부속품으로 전락한 것이다.

이러한 현실에 대한 반성과 성찰의 결과 아동의 본성과 교육의 본질을 찾아가기 위한 움직임이 급속히 힘을 얻기 시작하였다. 아동이 스스로 하고 싶은 일을 할 수 있도록 도와주는 교육을 강조한 루소(J. J. Rousseau, 1712~1778), 인간의 평등사상에 기초한 전인교육을 강조한 페스탈로치(Johann Heinrich Pestalozzi, 1746~1827), 아동을 하나의 완전한 인격체로 인정하고 이들에게 알맞은 교육을 강조한 프뢰벨(Friedrich Wilhelm August Frobel, 1782~1852) 등을 거치며 교육은 비로소 아동을 중심에 놓고 바라보기 시작하였다. 이러한 아동 중심 교육을 심화시키며 현대교육의 주요 흐름을 만든 것이 미국의 존 듀이(John Dewey, 1859~1952), 이탈리아의 몬테소리(Maria Montessori, 1870~1952), 영국의 니일(Alexander Sutherland Neill, 1883~1973), 독일의 슈타이너(Rudolf Steiner, 1861~1925) 등이다.

아동 중심 교육은 당시의 교육이 교사의 훈육과 학문 중심이었던 것을 아동의 본성과 경험에 관심을 갖는 방향으로 교육의 관점을 변화시켰다. 이를 통해 1~2차 산업혁명의 과정에서 노동력을 착취당하던 아동을 본래 있어야 할 교육의 중심으로 바로잡았다는 점에서 교육의 본질에 다가서는 동시에 공정교육의 의미에 부합하는 것으로 평가할 수 있을 것이다.

02

포스트모더니즘, 학습자 개개인의 상상력과 연결성에 주목하다!

산업혁명과 함께 전 세계로 퍼져 나간 자본주의는 단기간에 세계의 엄청난 경제성장을 이끌어냈다. 하지만 자본주의 사회의 무한경쟁, 도덕적 해이, 물질만능주의 등의 폐해 또한 적지 않다 보니 사람들은 조금씩 염증을 느끼며 회의감을 갖기 시작했고, 이러한 속박에서 벗어나려는 움직임도 꿈틀대기 시작했다. 포스트모더니즘은 바로 그러한 움직임의 하나였다. 오직 이성에만 의존해 흑백을 판단하려 하는 편협한 사고에서 벗어나 하나의 고정관념에 얽매이지 않고 자유분방한 사고를 통해 기존과 다른 새로운 체계를 만들어내려 한 포스트모더니즘은 교육에도 큰 영향을 미쳤다. 특히 자본주의의 한계를 극복하고 좀 더 공정한 사회를 만드는 데 있어 교육의 역할에 대한 진지한 고민이 시작된 것이다. 포스트모더니즘 시대를 대표하는 여러 학자들 중에서 이 책에서는 리오타르라는 인물을 통해 포스트모더니즘 시대 교육의 본질에 관해 생각해보고자 한다.

지식과 세계를 체계화하려는 **다양한 시도와 움직임**

산업혁명 이후 공장들은 속속 기계화되었고, 이와 함께 인류는 과거와 비교할 수 없는 빠르고 엄청난 규모의 성장을 경험하게 되었다. 인류사에 드디어 **기계**라는 존재가 본격적으로 등장한 것도 바로 이때이다. 오롯이 인간의 노동력에 의존해온 이런저런 작업들이 각종 기계들로 대체되어 갔고, 엄청난 속도와 물량의 공세가 시작되었다. 기계의 등장은 오랜 시간 고된 육체노동에 시달려온 인간을 해방시키고 편리함만 안겨줄 줄 알았건만, 시간이 갈수록 편리함을 넘어 점차 인간과 기계의 대결 양상으로 흘러가는 역설을 보여주었다. 심지어 노동자 개개인의 업무가 점점 전문화되고 분업화되는 과정에서 노동자들은 자신이 한 사람의 인격으로 존중받기보다는 마치 거대한 기계의 부품 하나처럼 간주되는 현실에 직면하게 되었다. 즉 거대한 시스템 안에서 **인간성 상실**에 대한 고민을 이어가게 된 것이다.

특히 1~2차 산업혁명기의 계몽주의는 이성과 합리적 사고를 중시했고, 이는 그 자체로 전반적인 대중의 의식 수준을 깨우고 높이는 데 기여한 바가 크다. 하지만 너무 지나친 객관성의 주장으로 인해 오히려 하나의 논리가 반대논리를 철저하게 억압하는 이분법적 메커니즘의 한계를 드러내고 말았다. 예컨대 우월한 이성이 감성을 일방적으로 억눌러야 하는 식으로 이분화하는 과정에서 백인과 흑인, 남성과 여성, 장애인과 비장애인 등을 비교하여 나누고 한쪽을 우월하다고 판단하는 토대가 된 것이다. 실제로 역사를 돌아보면 합리주의는 집단학살, 인종차별, 성차별, 장애인차별 등의 사회적 약자에 대한 탄압의 근거로 악용되기도 했다.

이러한 합리주의 논리의 강압적 이분법을 해체하며, 지나친 이성과 합리성, 사실을 강조하는 것에 반발하여 일어난 것이 모더니즘이다. 하지만 모더니즘은 다소 추상적이고 보수적인 성향에서 벗어나지 못했다. 여기에 또다시 반발하며 인간 개개인의 개성이나 자율성, 다양성, 대중성 등을 강조하며 특정 이론이나 이념에 갇히지 않으려는 포스트모더니즘이 등장한 것이다.

모더니즘과 포스트모더니즘

1~2차 산업혁명 이후의 사회는 성장을 극대화하기 위한 수단으로

서 '경쟁'을 강조하였다. 이는 단기간에 폭발적 경제성장을 이룸으로써 먹고사는 문제를 어느 정도 해결하는 데 기여한 것은 분명한 사실이다. 하지만 빛과 그림자가 공존하듯 부작용 또한 만만치 않았다. 즉 인간을 오직 성장을 위한 수단, 즉 기계의 부속품처럼 여기며 지나친 분화와 경쟁을 조장한 결과 인간성 상실이 만연하는 결과를 초래하고 만 것이다.

이러한 시대적 배경에서 등장한 **모더니즘(modernism)**은 20세기 초반에 본격적으로 전개된 문화예술운동과 깊게 관련되어 있다. 문학에서는 버지니아 울프(Virginia Woolf, 1882~1941), 제임스 조이스(James Joyce, 1882~1941), D.H.로렌스(D. H. Lawrence, 1885~1941) 등의 소설가들을 중심으로 다양한 경험들이 새로운 서술 방식을 통해 어떻게 표현될 수 있는지 문학적 형식을 실험대상으로 삼기 시작하였다. 미술에서는 입체파에서 원시주의로, 인상주의에서 초현실주의로 연결되는 다양한 운동들이다. 기존 예술 작품의 존재와 당위에 대한 기존의 규범들에 대해 도전적이고 실험적인 접근을 시도하는 움직임으로 나타난 것이다.

반면 **포스트모더니즘(postmodernism)**은 '모더니즘'의 변용이라는 의미를 지니고 있다. 이름에서 짐작할 수 있듯이 근대 이후에 등장한 포스트모더니즘은 모더니즘을 대체하고 심지어 모더니즘을 붕괴시키는 것을 의미한다. '포스트모더니즘'은 제2차 세계대전 이후에 본격적으로 전개되었다. 포스트모더니즘에서의 예술은 반엘리트주의적 성향을 보이며, 고급 예술과 대중문화의 차별을 없애는 데 집중하였다. 린다 허천(Linda Hutcheon, 1947~현재), 샐먼 루시디(Salman Rushdie, 1947~현재) 등은 포스트모더니즘이 새로움을 향한 끝없는 도전 대신 과거의 전통을 교란시키고 현재를 문제화하는 방식으로 접근하는 모습을 보여주었다. 포스트모더니즘은 예술적 실험이 더욱 심화된 양상으로 나아간다는 점에서 모더니즘이 극단화된 것으로도 볼 수 있다. 포스트모더니즘은 계급, 젠더, 인종, 정치에 대해 일반적으로 고정화된 기성관념들을 파열시키며 새롭게 의미를 찾으려는 중요한 비판적 기능을 지니고 있다는 점에서 존재적 의의가 크다.

모더니티와 포스트모더니티

모더니티(modernity)라는 용어는 '모더니즘(modernism)'과는 전혀 다른 것을 지시하는 데 사용된다. 모더니즘이 예술적 또는 문화적 현상이라면, 모더니티는 사회체제(법, 정치 등) 및 지식의 구조들(과학, 철학 등)과 관련된 개념이다. 그렇기 때문에 모더니티는 사회적 경험의 모든 형태들을 설명하는 훨씬 더 넓은 범주라고 할 수 있다.

'모더니티'의 시대는 20세기 초반에 해당하는 모더니즘의 시대보다 훨씬 길다. 일부는 모더니티의 기원을 르네상스 시기 유럽 문화의 형성에서 찾기도 하는데, 이때는 자본주의의 발달과 기독교의 전파, 봉건 질서가 해체된 시기다. 또 다른 기원은 18세기 말부터 19세기 초에 이르는 시기에 모더니티가 생겨났다고 보는데, 이때는 미국의 독립과 프랑스 혁명을 거치면서 국가에 대한 근대적 개념이 성립되고, 영국의 산업혁명, 철학에서 일어난 전환들, 사회학과 같은 근대 학문들이 탄생한 시기이다. 이러한 두 가지 모더니티 기원설의 공통점은 자신과 자신이 속한 공동체를 관련시켜 바라보기 시작했다는 점이다. 즉 부의 산출에 관한 것이든, 사회 시스템의 변화든, 사상과 과학 기술의 발전에 관한 것이든, 사회 정의에 관한 것이든 사람들이 자신이 속한 사회 공동체의 진보에 관심을 기울이고 있다는 것이다.

반면 **포스트모더니티(postmodernity)**는 모더니티의 기존 형식에 의문을 제기한다. 종종 포스트모던 사상가들은 오늘날의 사회에서 지식과 세계를 특정 이념이나 유형으로 체계화하려는 모더니티 방식들은 낡은 방식이므로 개선할 필요가 있다고 주장한다. 예를 들면, 20세기 중반 자본주의가 제3차 산업혁명의 디지털 혁명에 바탕을 둔 인터넷 네트워크로 연결되어 가는 상황에서 마르크스와 같은 19세기 사상가들이 발전시킨 방법들은 재고되어야 한다는 주장 등이 그것이다. 이는 진리와 정의에 대한 판단이 기존과 동일한 방식에만 얽매여서는 더이상 논의하기 어렵다는 것이다. 그러한 점에서 볼 때, 포스트모더니티는 자신을 포함하여 지식과 세계를 체계화하려는 다양한 기준과 방식에 대한 다각적인 논의와 자유로운 시도를 강조한다.

학습자 스스로 생각하는 힘을 강조한 **리오타르**

리오타르(Lyotard, Jean-François, 1925~1998)는 포스트모더니즘과 포스트모더니티 분석의 토대를 마련한 인물로 잘 알려져 있다. 리오타르는 특히 세상을 좀 더 공명정대하게 만들 수 있도록 인간 스스로 사유하고 행동함으로써 변화의 가능성을 발견하고자 하였다. 이를 위해 그는 예술과 문화, 사회를 분석하는 새로운 방법들을 집요하게 탐색하였다.

리오타르에게 있어 포스트모던 사상의 주된 목적은 서구 사회가 자본주의에 기반하여 그 외의 다른 가치들은 상대적으로 소홀히 한 채, 오로지 이익만을 우선시하는 극한의 시장경제 논리에 맞서고자 한 것이었다. 이 모든 것이 복잡하고 불가능해 보이는 문제들이었지만 그는 그의 저서 《포스트모던의 조건》(1979)을 통해 실상을 낱낱이 파헤치고 진단하였다.

리오타르의 지적 연구들은 이후 인문학 전반에 걸쳐 엄청난 영향을 주었다. 특히 정치학과 사회학에서는 사회를 바라보는 생각을 조직하고 분류하는 제도화된 과정들에 대한 의문을 제기할 수 있는 일련의 방법들을 제시해주었다. 철학과 문학에서는 과거와 현재의 저명한 사상가들의 저작들이 리오타르의 시각에서 새롭게 분석되고 재해석되는 것을 보여주기도 했다. 미학과 언어학에 있어서도 리오타르의 독특하고 지적인 분석과 비판을 통해 예술과 문화를 사유하는 새로운 방법들을 발전시켰다. 이처럼 리오타르는 기존에 형성되어 있는 거대 서사로 총칭되는 절대적 규범이나 보편적 법칙에 순응하기보다 책임 있게 사유하고 비판하며 행동하는 진정한 사상가로서의 자세를 보여주었다.

1979년 출간된 《포스트모던의 조건: 지식에 관한 보고서(The Postmodern Contition: A Report on Knowledge)》는 제3차 산업혁명으로 촉발된 사회의 컴퓨터화로 인한 지식의 지위에 관한 보고서이다. 하지만 희한하게도 지금의 제4차 산업혁명, 기후위기, 저출산과 고령화, 코로나19 팬데믹 등 전 지구적 대전환의 시기에 놓여 있는 현재의 우리 삶에도 상당 부분 긴밀히 연결되어 있다는 점에서 시사하는 바가 매우 크다.

그것은 아마도 리오타르가 《포스트모던의 조건》에서 말하고자 하는 초점이 지식의 '본질'과 '위상'에 관한 것이기 때문일 것이다. 이 저서에서 그는 현대 사회에서 지식이란 무엇이며, 어떻게 나타나서 조직되고 사용되는지를 규명하는 데 초점을 맞추었다. 다시 말해 리오타르는 어떤 종류의 지식이 가치 있는 것인지, 어떤 방식으로 지식이 소통되는지, 어떤 사람이 지식에 접근하는지, 지식은 어떤 용도로 사용되는지, 누가 지식의 흐름을 조정하고 통제하는지 그리고 지식이 어떻게 우리의 삶과 경험을 규정하는지 등에 대해 서술하고 있다.

리오타르는 과거 오직 자본주의 시장경제의 관점에서 확산되어 왔던 생산성과 효율성이라는 가치와 기준만이 지식을 조직하는 원리로 작동하는 것에 대해 강하게 비판하였다. 그래서 그는 획일화된 가치와 기준에서 벗어나 언어게임(language game)[2]과 메타서사(metanarrative)[3] 등을 통해 지식을 분석해 나가며, 개별적인 지식이나 경험의 정당성을 결정하는 새로운 일련의 규칙들을 제공하고자 하였다. 리오타르는 자본주의 시장경제에 기반한 후기 산업사회에서 모든 것을 오직 생산성과 효율성의 문제로만 환원하는 것에 반대하였다. 그는 언어게임 사이의 차이들에 대한 존중의 중요성을 강조하고, 오늘날 지식을 조직하는 보편 체계들 앞에서 '인류의 지성이 수행해야 할 저항'으로서의 절대적인 역할을 강조하였다. 즉 새로운 거대 서사를 만들어내려고 애쓰는 것보다 체계 내부에 존재하는 소서사로서의 배리(背理, paralogism)[4]를 추구하는 것이 더 필요하다고 주장한 것이다.

2. '언어게임'은 서로 다른 담론들의 대립을 의미한다. 지식의 형성과 발전에 사용되는 서사(관습적 지식의 핵심적인 형식)의 서로 다른 유형들이 서로 다른 규칙들을 따르기 때문에 이러한 서로 다른 담론들의 대립을 가리켜 '언어게임'이라고 한다. 언어게임은 오스트리아의 철학자 비트겐슈타인(Ludwig Wittgenstein)의 개념에서 가져온 개념이다.

3. '메타서사'는 서사(관습적 지식의 핵심적인 형식)와 언어게임(서로 다른 담론들의 대립)의 규칙을 설정한다. 메타서사는 사회문화속에서 언어게임을 조직하고, 언어게임에서 이루어지는 각각의 진술이나 언어들의 성패를 결정한다.

4. '배리'는 사리에 어긋남이나 논리의 오류로 풀이할 수 있는데, 언어게임(서로 다른 담론들의 대립)을 새롭게 발전시켜야 할 필요성을 일깨우는 것과 같은 방법으로 이미 존재하는 게임의 규칙을 파괴할 잠재력을 갖게 되는 상황과 방식을 의미한다.

다양성 존중과 맞춤식 개별화 교육에서 **가능성을 찾은 포스트모던**

포스트모더니즘은 특정 개념이나 이론에 얽매이지 않는다. 다시 말해 이론이나 주장 자체보다는 인간 각자의 자유로운 생각을 강조하고, 다양한 생각이 존재함을 인정하며, 나아가 각각의 생각에 대한 상호 존중을 강조하는 것이다.

이러한 생각은 교육도 기존처럼 개인차를 고려하지 않은 채 획일화된 지식을 일방적으로 전달함으로써 표준화된 인재를 양성하기보다는 개개인의 필요나 역량에 맞게 차별화된 맞춤형 교육에 대한 필요성으로 이어졌다. 즉 학생들이 좀 더 능동적인 주체로서 배움을 키워나갈 수 있게 했다. 또한 교육이 특정 이론이나 학문에 얽매여 현실과 동떨어진 세계를 추구하는 것이 아닌 실제 인간의 현실과 맞닿아 직면한 다양한 문제들을 해결하는 데 기여하는 역할을 강조하였다.

소서사 중심의 개별화 교육

리오타르는 《포스트모던의 조건》(1979)에서 자본주의 시장경제 사회의 생산성과 효율성의 기준에서 교육을 다각적으로 전망하였다.

우선, 교육의 기능을 두 가지로 제시하였다. 첫째는 세계적 경쟁에 맞설 수 있도록 특수하게 계획된 전문적 기능이다. 세계 시장에

내다 팔 수 있는 '경제적 전문성'이 무엇인지에 따라 지식의 기능이 달라질 수 있다는 것이다. 이에 따라 첨단 분야의 전문가들에 대한 수요가 급증할 것으로 보고, 컴퓨터공학자나 인공지능학자, 언어학자, 수학자, 논리학자 등을 양성하는 분야가 교육에서 가장 각광을 받을 것으로 전망했다. 의학과 생물학이 그랬던 것처럼 이들 전문가의 증가는 다른 분야의 연구 속도를 가속화시킬 것이고, 이러한 현상은 더욱 심화될 것으로 보았다.

둘째로 사회 내부의 응집력을 유지시키는 기능을 강조했다. 교육이 이상적인 내용을 다루기보다는 현실적인 필요를 반영하여 사회가 요구하는 인력을 공급하는 것을 목표로 그 기능을 하게 될 것으로 본 것이다. 아울러 교육 주체로서의 학습자에 대해서도 더 이상 사회 진보와 같은 거대서사에 관심을 가진 학습자들이 사라질 것으로 전망했다. 또한 대학교육도 생산성과 효율성 측면에서 그 기능이 퇴보할 것으로 보았다. 이에 따라 학습자와 교육기관은 현재 일하고 있거나 일할 것으로 예상되는 다양한 성인들을 대상으로 단품메뉴(A La Carte)처럼 제공되는 직업재교육과 평생교육의 형태로 변화될 것으로 보았다.

교육의 내용에서도 혁신이 일어날 것이라고 예측하였다. 즉 디지털 매체의 발달로 넘쳐나는 지식이 메모리 뱅크(웹하드, 클라우드 등)로 대체되고 학생 각자의 지능형 단말기(디지털 학습도구)가 보급되면서 내용만이 아니라 교수법도 지능형 단말기에 의존하게 될 것으로 전망했다. 학생들은 포스트모던 시대에 '새로운 언어'로써 다양한 지능형 단말기 사용법(디지털 리터러시)을 학습해야 하며, 이러한 교육은 현재의 국제어로서의 영어 교육과 같은 위상을 차지하게 될 것이라 하였다. 또 교육에서의 가능성은 교육체계 내부에 존재하는 소서사로서의 배리인 **학습자 개개인의 상상력과 연결성**으로부터 나타나게 될 것으로 보았다.

1979년에 발표한 것이라는 게 믿기지 않을 만큼 리오타르는 《포스트모던의 조건》에서 제4차 산업혁명과 코로나19 팬데믹 시대를 살아가고 있는 우리 현재의 상황을 정말 놀라울 정도로 정확하게 예측하였다. 리오타르는 제3차 산업혁명의 시대 속에서 교육을 분석하고 전망한 것이지만, 그 방향과 정확성에 대한 그의 혜안에 놀라지 않을 수 없다. 특히, 교육에서의 가능성을 '학습자 개개인의 상상력과 연결성'으로 전망한 부분은 제4차 산업혁명과 코로나19 팬데믹 등의 대전환을 겪고 있는 우리에게 미래교육이 나아가야 할 방향을 제시하는 핵심 키워드로 보인다.

학습자 중심의 블렌디드 러닝

블렌디드 러닝(Blended Learning)은 학습 효과를 극대화하기 위해 온라인수업과 오프라인수업의 혼합으로 각각의 장점을 수렴할 뿐만 아니라, 그 외의 다양한 학습 방법을 혼합한 학습방식을 말한다. 블렌디드 러닝은 학생이 시간, 장소, 순서, 속도를 스스로 조절해가며 온라인 학습을 해나가는 동시에 다양한 공간에서 일정 부분 교사의 관리와 멘토링을 받으며 학습해가는 방식이다. 블렌디드 러닝은 학습 과정에서 학생 개개인에 적합한 학습 흐름과 형태에 따라 스스로 학습을 구성할 수 있다. 개별 학생은 언제 어디서나 어떤 방향, 어떤 속도로든 학습할 수 있는 장점이 있다. 예컨대 학생이 이미 알고 있는 개념은 빨리 넘기고, 요약할 때는 일시정지하며, 복습할 때는 돌려보기나 천천히 재생하는 등의 기능을 활용하여 자신의 수준과 상황에 맞게 학습하는 것이다.

따라서 블렌디드 러닝은 학습 목표라는 도착 지점을 향해 학생들이 서로 다른 길을 선택하는 방법을 제공하는 것을 의미한다. 그뿐만 아니라 교사를 교실 수업이라는 공간과 시간으로부터 자유롭게 함으로써 학습 설계자, 멘토, 촉진자, 평가자, 상담가 등이 되어 학생 한 명 한 명의 필요에 맞게 다가설 수 있게 해준다. 이러한 모듈식 학습 과정은 학습자 중심의 맞춤식 개별화 학습과 역량 기반 학습을 이뤄내는 데 적합하다. 블렌디드 러닝의 유형은 다음과 같은 4가지 유형으로 구분할 수 있다.

첫째, **순환 모델(Rotation model)**은 교사의 통제에 따라 대면수업과 원격수업을 정해진 시간에 따라 운영하는 방식으로서 기존 학교 공간에서의 온라인 학습을 구현하는 일반적 형태이다. 순환 모델은 다시 스테이션 순환, 랩 순환, 거꾸로 학습, 개별 순환 학습으로 구분된다.

• 1-1. 스테이션 순환 학습 (Station Rotation): 학생들은 자신이 속한 학급 내에서 또는 교실의 그룹 내에서 순환 모델을 경험한다.

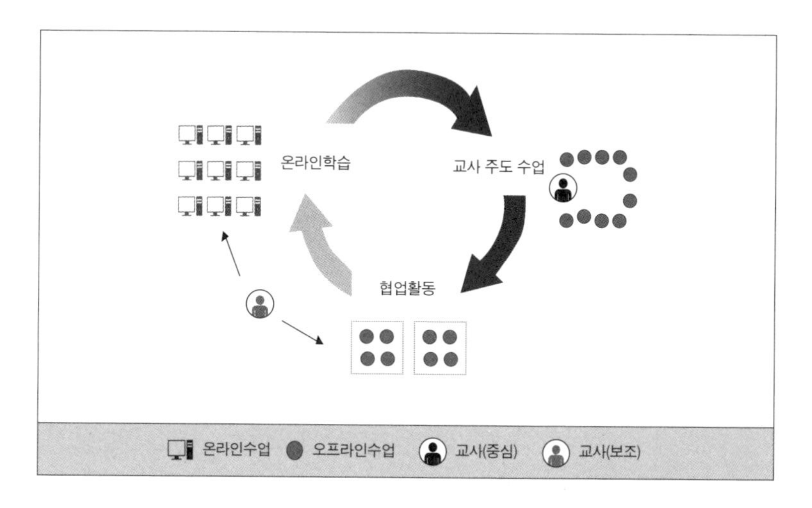

• 1-2. 랩 순환 학습 (Lab Rotation): 학생들이 온라인 학습을 위해 컴퓨터실을 거쳐 순환하는 모델이다.

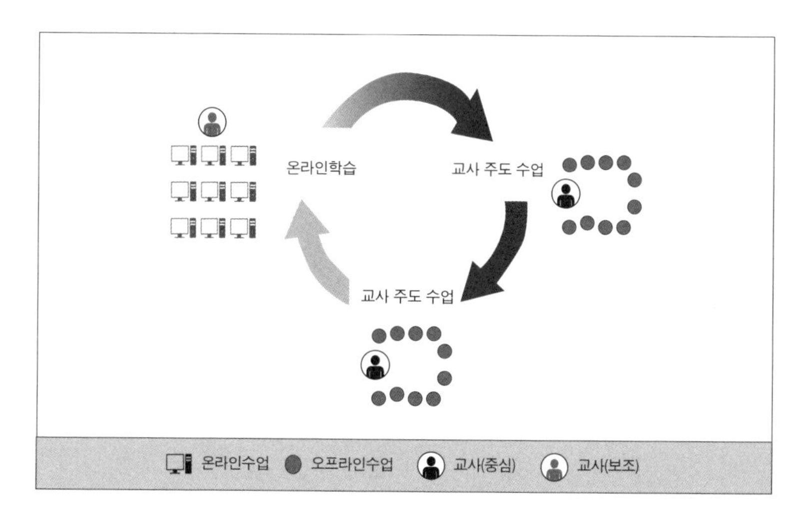

• 1-3. 거꾸로 학습 (Flipped Learning): 가정에서 온라인 학습에 참여하고, 학교에서는 교사가 안내하는 실습이나 프로젝트를 위해 학교에 출석하는 방식이다.

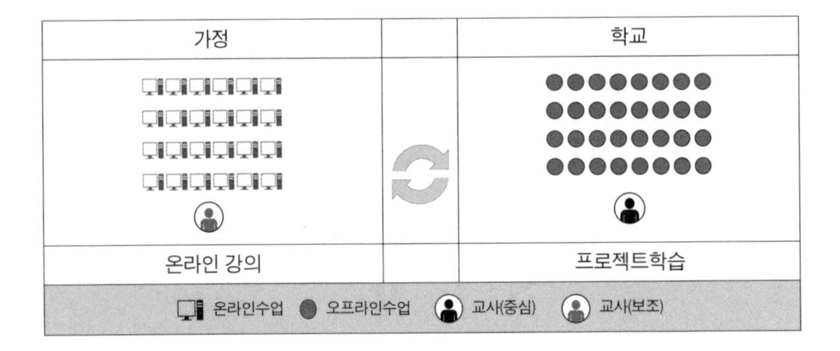

• 1-4. 개별 순환 학습 (Individual Rotation): 각 학생은 자신만의 개별 학습 계획을 수립하여 각각의 스테이션이나 학습 형태를 자신의 계획에 따라 순환 학습한다. 알고리즘이나 교사에 의해 개별 학생의 학습 계획이 관리된다.

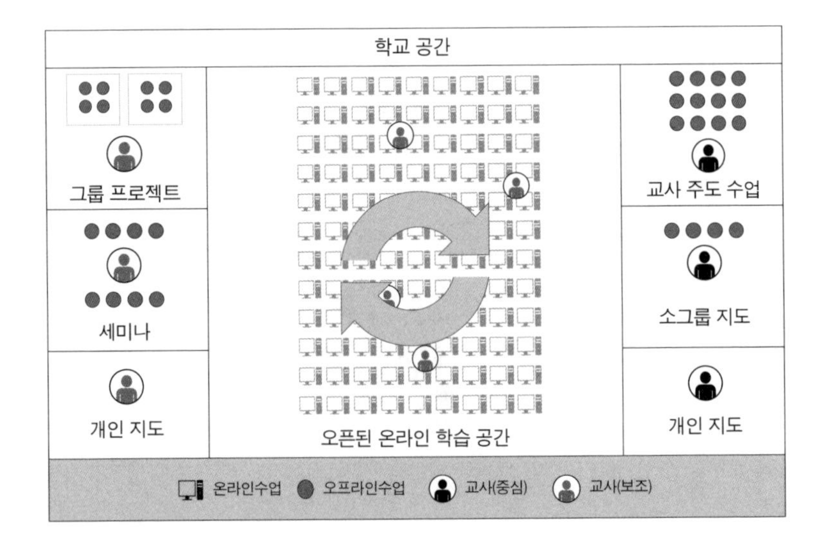

둘째, **플렉스 모델**(Flex model)은 온라인 학습이 수업의 중심이 되는 모델이다. 학생들은 여러 학습 형태 사이에서 개별적으로 만들어진 유동적 맞춤식 학습 계획을 통해 움직인다. 교사는 소그룹 수업, 그룹 프로젝트, 개인 지도 등의 활동을 할 때 필요에 따라 유연하고 상황에 맞는 대면 도움을 제공한다.

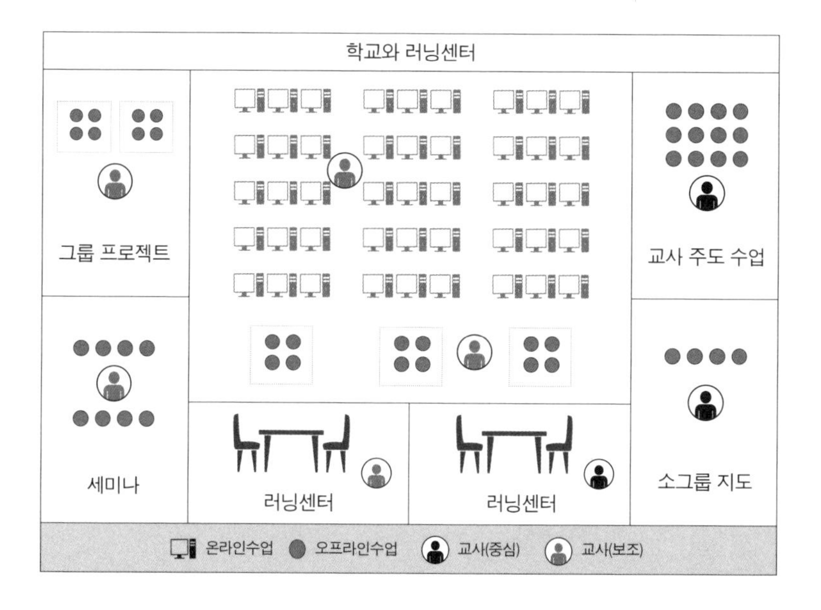

셋째, **알라카르테 모델**(A La Carte model)은 학생들 대부분이 온라인으로만 강의를 듣고, 학교나 러닝센터에서는 그 외 경험을 쌓는 학습 방식이다. 학생들은 알라카르테 학습 과정을 학교나 다른 장소에서 수강할 수 있다. 학생들은 몇 개의 알라카르테 학습 과정을 수강하면서 또 다른 몇 개의 대면학습 과정을 수강할 수 있다.

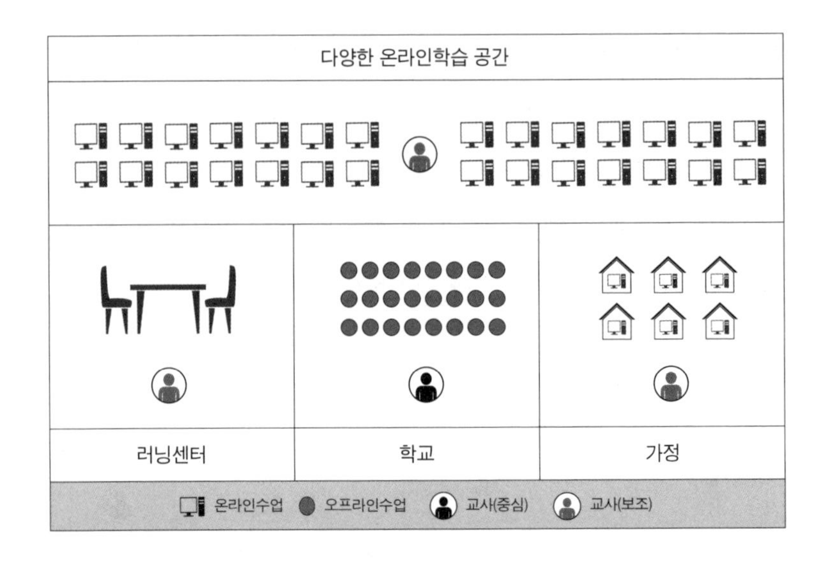

넷째, **강화된 가상 모델**(Enriched Virtual model)은 학생들이 성적 관리 교사와 만나는 필수 대면학습 시간 외에는 자유롭게 학습 과제를 완성해가는 학습 형태이다.

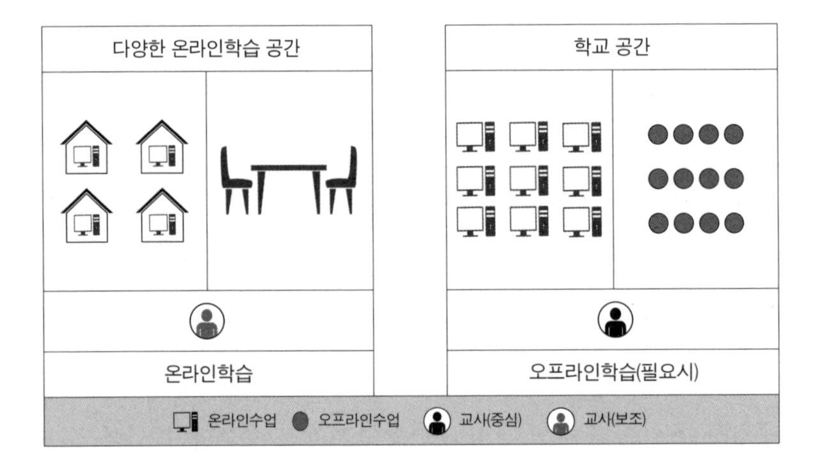

블렌디드 러닝은 코로나19로 인해 원격수업과 등교수업이 병행되는 상황에서 미래교육의 방법적 대안으로 주목받았다. 앞으로 미래 학교 운영에 있어서도 블렌디드 러닝은 다양한 역할을 수행할 것으로 기대한다. 우리가 블렌디드 러닝을 어떻게 활용하느냐에 따라 앞으로 학교 교육의 운영방식에도 분명 큰 변화가 있을 것이다.

03

개체중심교육, 본질적 공정교육의 진화

제1 · 2차 산업혁명을 거치면서 기존 교육에 대한 성찰과 함께 아동을 배움의 주체로서 교육의 중심에 바로 세우게 되었다. 그리고 제3차 산업혁명 이후 등장한 포스트모더니즘에서는 학습자에게 강요됐던 획일화된 지식에서 벗어나 개념을 기반으로 학습자 개개인의 상상력과 연결성에서 미래교육의 가능성을 찾고자 하였다. 그렇다면 제4차 산업혁명 시대에는 교육의 본질에 다가서기 위한 교육의 진화는 어떤 방향으로 나아가야 할까? 제4차 산업혁명의 핵심기술인 인공지능의 등장과 인간소외 현상을 고려할 때 **인간의 존엄성**을 더욱 중시하는 교육이 될 것으로 예상된다. 이 장에서는 그러한 교육의 방향을 개체중심 교육으로 바라보았다. 학습자 하나 하나에 초점을 둔 개체중심교육의 방향은 저출산 고령화로 인한 인구감소 문제와 맞물려 교육의 본질에 더욱 가깝게 다가서는 길이 될 것이다.

저출산 고령화로 인한 **인구절벽과 학교의 위기**

전 세계 80억 인구는 아직 증가추세이다. 하지만 우리나라는 저출산 고령화가 빠르게 진행되며 인구 문제가 심각한 양상을 보이고 있다. 만약 코로나19 팬데믹의 장기화가 아니었다면 현재 우리나라의 최대 이슈는 단연 '인구'였을 것이다.

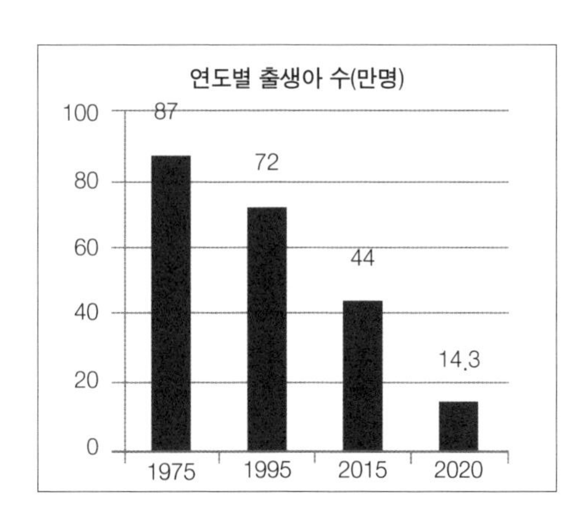

우리나라의 신생아 출산 현황
지난 40년간 50% 정도의 감소폭이 있었던 것에 비해 최근 5년간의 감소폭이 두드러진다.

저출산과 고령화 문제

저출산 문제는 우리나라 출산율이 2018년 처음으로 1명에 미치지 못한다는 통계청 발표 이래로 해마다 꾸준히 하향세를 기록하고 있다. 2022년 8월 통계청에 따르면 가임여성 1명당 합계출산율은 0.81명을 기록하고 있다. 같은 시기 국회 자료에 따르면 2040년에 이르러 출산율은 0.73명까지 하락할 것이라고 전망하고 있다. 급격한 저출산에 따른 인구구조의 변화는 사회 전반에 심각한 영향을 초래한다. 왜냐하면 비단 학령인구의 감소뿐만 아니라 경제활동 인구의 감소로 연쇄적으로 이어지기 때문이다. 잠재성장률의 하락과 노인 부양에 대한 부담 증가 등 교육과 경제는 물론 우리 사회 전반에 걸쳐 심각한 영향을 미치게 될 것이다.

날로 가속화되는 **고령화 문제**도 심각하다. 2021년 한국경제연구원에 따르면 최근 10년간 한국의 65세 이상 고령인구는 연평균 4.2% 증가해 고령화 속도가 일본의 2.1%보다 2배나 빠른 것으로 조사됐다. 2005년 기준으로 우리나라의 65세 이상 고령인구는 432만 명으로 전체인구 대비 약 9%였으나, 2015년에는 654만 명으로 12.5%로 증가하였고, 2035년에는 1,518만 명으로 28.7%까지 증가할 것으로 예상된다. 심지어 2045년에는 노인인구 비율이 37.0%로 일본의 36.8%를 넘어 OECD 국가 중 가장 고령인구 비중이 높은 나라가 될 것으로 전망된다.

UN은 65세 이상 인구가 전체인구에서 차지하는 비율이 7% 이

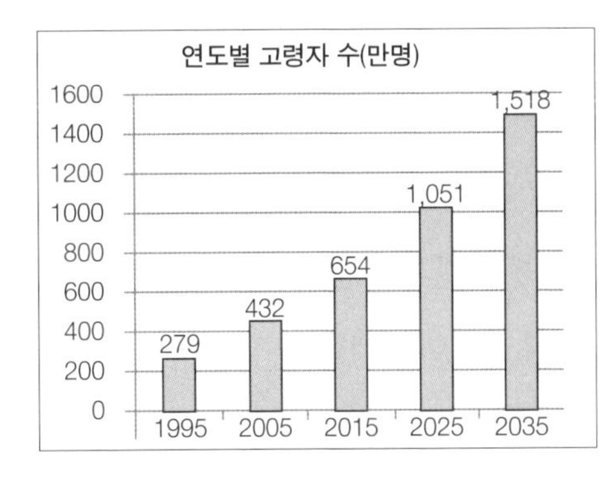

우리나라의 고령자 수 증가 현황
2025년 초고령사회로의 진입이 예상되는 우리나라는 생산과 소비인구 감소로 인한 경제성장 하락은 물론 노인 부양 부담 또한 가중되고 있다.

상이면 고령화 사회, 14% 이상이면 고령 사회, 20%를 넘으면 초고령 사회로 구분하고 있다. 우리나라는 이미 2000년에 고령화 사회로 진입하였고, 2017년에는 고령 사회로 들어섰다. 2025년에는 초고령 사회에 들어설 것으로 예측된다. 이러한 급속한 고령화는 생산과 소비 인구의 감소, 노인 부양 부담과 의료비의 폭증으로 정부의 재정적 부담이 심각한 수준에 이를 것으로 예상된다.

2022년 9월, 학령인구 감소에 대한 대응책으로 고려대학교를 포함한 96개 대학들이 2025년까지 1만6,197명 입학 정원을 감축하겠다는 구조조정 계획을 교육부에 제출하였다. 저출산 고령화 문제는 초등학교 취학아동 감소로부터 대학입학 정원 미달에 이르기까지 교육환경 전반에 걸쳐 이미 심각한 상황이다. 초·중등학교의 경우 시골학교 통폐합과 폐교, 학급당 정원수 감축, 교원수급 조절 등으로 대응하고 있지만, 당장 10년 이내 전국 초중고 1만 2,000여 개 학교 중 약 절반이 넘는 6,000여 개 학교가 통합, 통폐합, 폐교

될 위기에 놓일 것으로 전망된다. 대학의 경우에는 입학정원 미달 사태로 대학 운영 자체가 어려워지는 상황이다. 특히 지방대학의 상황은 더더욱 심각한 수준이다. 세간에는 이미 벚꽃이 피는 순서대로 대학교가 문을 닫게 될 거라는 흉흉한 말이 떠돌고 있을 정도다. 2021년 대학교육연구소에 따르면 지방대학의 경우 입학정원의 70%를 채우지 못한 비율이 2021년 17.6%지만 2024년에는 34.1%까지 늘어날 것으로 보았다. 수도권 대학은 2021년 4.8%, 2024년 5.6%로 지방대학보다는 상황이 조금 나은 편이지만, 향후 수도권 대학도 정원미달의 충격은 피해갈 수 없을 것이다.

앞서 언급한 대학의 정원감축을 포함해 교육 현장도 발등에 불이 떨어졌다. 인구감소에 대비한 현실적 대책과 방안이 신속히 시행되어야 한다. 왜냐하면 저출산 고령화 문제는 단기간에 해결될 수 없기 때문이다. 해결을 위한 노력의 효과 또한 곧바로 나타나는 것이 아니며 비교적 긴 시간이 소요되어야 한다.

저출산 고령화 사회,
개체중심교육의 역할

저출산으로 인해 학생 한 명 한 명이 어느 때보다 소중해졌다는 점에서 학생 모두가 자신의 역량을 충분히 발휘하여 미래 사회의 소중한 인재로 성장할 수 있도록 교육은 제 역할을 다해야 한다. 단 한 명의 낙오자나 소외되는 학생이 발생하지 않도록 학생 개개인의 특성과 재능, 적성과 자질을 살리는 맞춤형 교육 정책과 지원이 시급히 이루어져야 할 것이다.

무엇보다 그러한 정책과 지원은 학교 현장의 코로나19 원격교육 상황에서 확인된 교육환경으로써의 교육 접근성의 제한을 해결하는 것부터 시작되어야 한다. 모든 학생들이 평등하고 공정한 교육환경을 제공받아야 한다는 점에서, 기본적으로 지원되어야 할 학생 개인용 학습 단말기의 무상 보급과 디지털 리터러시 소양 교육이 함께 진행되어야 한다. 학생 모두가 자신의 꿈과 재능을 충분히 키우고 성장시킬 수 있도록 학생 개개인에게 맞춰진 연속성이 보장된 진로진학 중심의 전환교육도 강화되어야 한다. 학령인구가 감소하는 상황에서 학생 개개인의 존엄성을 보장하고 학습자 개개인이 지닌 특성을 온전히 발현할 수 있도록 하는 교육 본연의 역할에 대한 성찰이 더욱 중요한 시기이다.

2021년 12월 통계청 자료에 따르면 대학 진학 대상 인구는 2020년 52만 명이었던 것이 2040년에는 26만 명으로 20년 뒤 50% 정도 감소될 것으로 전망하였다. 그보다 앞서 당장 2024년에 대학 입학정원 대비 10만 명 정도가 미달될 것으로 예상하였다. 따라서 대학은 교육대상을 급감하는 고등학생뿐만 아니라 교육 대상을 확대하는 등의 적극적 생존 전략을 마련해야 한다. 앞으로 대학은 직업재교육과 평생학습 기관으로서의 역할에도 관심을 기울여야 할 것이다. 대학 정원미달에 대한 해결은 잠재적 경제활동인구를 양산하는 기능으로도 작용할 수 있을 것이다. 특히 60세 이상 퇴직인구 중 다수가 지방으로 귀농한다는 점에서 지방대학과 고령층을 연결짓는 프로그램도 고민해야 할 부분이다. 그뿐만 아니라 60세 이상 연령층이 퇴직 후 갖게 되는 심리적 불안과 우울, 도태감과 소외감 등은 건강한 사회 공동체를 유지하기 위해 풀어야 할 과제이므로, 대학이 이에 관한 다양한 평생학습 프로그램을 개발할 필요가 있다. 그리고 온라인교육의 확대라는 시대적 변화에 맞춰 교육과정의 운영방식도 블렌디드 러닝과 메타버스 교육 등을 혼용해 다양한 연령층과 교육대상들의 접근성을 높여 간다면 대학은 새로운 모습으로 거듭날 수 있을 것이다.

저출산 고령화 사회에서의 개체중심교육은 학습자의 연령에 상관없이 학습자 한 명 한 명이 소중한 사회구성원으로서 존중받으며 자아를 성장시키고 사회 변화에 함께 참여할 수 있는 자유로운 기회의 접근성을 확대해 나가는 교육으로 정의할 수 있다. 모든 연령의 학습자는 기본적으로 갖춰진 최적의 교육환경을 언제 어디서든 온전하고 자유롭게 누리는 가운데, 자신이 원하는 방향으로 지속적인 교육적 지원을 제공받을 수 있어야 한다. 이러한 학습자 한 명 한 명에 초점을 둔 개체중심교육은 교육의 본질에 한 걸음 가까이 다가서는 길이 될 것이다.

인공지능을 활용한 **개체중심교육**

코로나19 팬데믹으로 블렌디드 러닝은 각 학교 현장에 빠르게 자리잡았다. 여러 면에서 한계를 확인하기도 하였고, 한편으론 가능성을 찾아내기도 하였다. 학교 정상화가 시행되는 상황에서도 학교가 미래교육의 주체로 공교육의 위상을 지켜나가기 위해서는 도출된 한계를 보완함과 동시에 발견된 가능성을 더욱 발전시키기 위한 고민과 노력이 필요한 시점이다.

메타버스 교육

제4차 산업혁명의 인공지능 기술이 코로나19 팬데믹 속에서 빠르게 사회 전반에 스며들며 대중을 사로잡은 것 중 하나가 바로 메타버스[5]이다. 단순한 가상현실 체험을 넘어 우리가 살아가는 현실 세계와 같은 사회 · 경제 · 문화 등 다양한 일상의 삶이 이뤄지는 3차원 가상세계를 뜻하는 메타버스가 기성세대에게 영 낯설기만 한 것과 달리 이미 어릴 때부터 아바타를 활용한 게임과 가상현실 등을 즐겨온 청년세대는 메타버스를 자연스럽게 받아들이는 모습을 보인다. 이와 함께 메타버스 교육도 그 가능성에 더욱 주목받고 있다.

메타버스 교육은 제4차 산업혁명의 VR, AR, MR[6]의 기술이 교육과 결합한 것이다. 코로나19 이전까지 온라인수업이라고 하면 이미 제작이 끝난 콘텐츠를 마치 텔레비전 프로그램을 방송하듯 일방적으로 송출하는 방식으로 이루어지는 일방향 온라인 컨텐츠 제공 중심이었다. 하지만 이것이 코로나19를 계기로 급속한 진화를 맞이했다. 즉 온라인교육도 쌍방향 화상수업과 학습관리시스템(LMS)이 혼합된 방식으로 넘어가게 된 것이다. 최근에는 더 나아가 3차원 수준의 온라인교육으로 진화하며 메타버스를 활용한 교육이 자리잡아 가고 있다. 온라인교육이 메타버스 교육으로 발전해온 과정을 정리하면 다음과 같다.

- **1차원(랜/선)**: 웹 기반 학습사이트에서 온라인 컨텐츠를 제공하는 수준으로 인터넷을 활용한 교육의 초기형태인 e-learning, u-learning, m-learning 등이 여기에 해당한다.
- **2차원(화상/면)**: 웹과 앱을 기반으로 하는 다양한 학습도구와 학습관리시스템, 그리고 쌍방향 화상수업시스템(zoom, google meet 등)이 결합한 형태가 이에 해당한다.

---

5. 메타버스(Metaverse)는 가상과 초월을 의미하는 메타(Meta)와 우주를 의미하는 유니버스(Universe)의 합성어로 초월우주, 가상세계를 의미하며, 현실세계와 같은 사회경제문화 활동이 이뤄지는 3차원의 가상세계를 의미한다. 제4차 산업혁명 시대에 생겨난 새로운 용어 중 하나로 크게 세 가지 유형으로 구분된다. 첫 번째 유형은 게임과 유사한 형태로 사회관계 형성에 중점을 둔 메타버스다. 로블록스, 게더타운, 제페토 등 익히 알고 있는 메타버스 플랫폼이 여기에 해당한다. 두 번째 유형은 디지털 자산 거래에 초점을 둔 메타버스다. 가상의 부동산이나 상품을 거래하는 기능이 중심인 어스2, 디센트럴랜드 등이 있다. 세 번째 유형은 원격 협업이 핵심인 메타버스다. 현실을 가상화하여 다중 협업을 지원하는 메시, 옴니버스 등의 플랫폼 등이 대표적이다.
6. 가상현실(Virtual Reality), 증강현실(Augmented Reality), 혼합현실(Mixed Reality)

· **3차원(입체/공간)**: 웹과 앱을 기반으로 하는 2차원 온라인교육과 유사하지만 쌍방향 화상수업과 학습도구가 메타버스 공간(게더타운, 제페토, 이프랜드, 브이스토리, 마인크래프트 에듀버전 등)에서 이뤄지는 형태다.

다만 메타버스 교육을 단순히 3차원 공간을 활용하는 교육으로만 이해해서는 곤란하다. 메타버스는 현실의 아날로그 사회와 마찬가지로 인간의 상호작용이 이루어지는 현실의 디지털 사회인 것이다. 단독이용이 아닌 다중접속된 또 하나의 실제로 존재하는 사회로, 세계의 다양한 인종과 연령이 공존하는 글로벌 현실공간인 것이다. 그 중심에는 당연히 사람과 사람의 상호작용이 있고, 그 상호작용을 만드는 새로운 질서가 수립되어진 사회이다. 따라서 아날로그 사회와 마찬가지로 디지털 사회를 제대로 이해하고 거기서 요구되는 역량을 키워낼 수 있는 교육이 이루어져야 한다. 즉 메타버스에 기반한 현실사회, 현실의 메타버스 사회를 위한 교육이 필요한 것이다. 그 방향은 교육의 본질에 초점을 둔 인간 중심의 개체중심교육에서 벗어나 있지 않다.

트랜스 휴머니즘과 휴먼 퓨처리즘

4차 산업혁명 시대에 미래 인간을 바라보는 관점은 두 가지로 나뉜다. 하나는 첨단 기술을 활용해 인간적 성능은 올리되, 죽음을 제거한 '포스트 휴먼' 중심의 〈트랜스 휴머니즘(Trans Humanism)〉이고, 다른 하나는 죽음을 숙명으로 받아들이며 '인간 존재' 그 자체를 중요시하는 〈휴먼 퓨처리즘(Human Futurism)〉이다.

먼저 **트랜스 휴머니즘(Trans Humanism)**은 과학기술결정론으로 세상을 바라보는 시각이다. 트랜스 휴머니즘이 바라보는 인간은 미래를 이끌어갈 역량이 부족한 존재다. 따라서 첨단 과학 기술을 통해 인간의 성능을 증강해야 한다. 특히 죽음은 극복해야 할 대상이다. 수명을 연장하거나 노화를 지연시켜 지적, 정서적, 신체적, 심리적 능력의 개선을 도모한다. 트랜스 휴머니즘이 추구하는 인간상은 '포스트 휴먼'이다. 태어나면 반드시 죽는 인간과 달리 포스트 휴먼은 기계 인간으로 개조되어 영원히 산다. 신체 기능이 다해도 기계부품으로 바꿀 수 있으며 두뇌가 멈춰도 컴퓨터에 업로드해 죽지 않고 생을 이어갈 수 있다는 관점이다.

반면, **휴먼 퓨처리즘(Human Futurism)**은 트랜스 휴머니즘이 갖고 있는 과도한 기계결정론으로부터 벗어나, 인간 본연의 모습인 인간다움을 지키고자 하는 관점이다. 휴먼 퓨처리즘도 트랜스 휴머니즘과 마찬가지로 인간의 능력에 대한 한계에 관심을 가진다. 하지만 인간은 자신이 보유한 역량을 발휘할 수 있는 존재인 동시에, 시간이 지나면서 신체의 노화와 함께 역량을 더 이상 제대로 발휘할 수 없게 되는 존재로서 있는 그대로를 받아들인다. 따라서 휴먼 퓨처리즘은 죽음을 숙명으로 받아들인다. 죽음이 있기 때문에

트랜스 휴머니즘와 휴먼 퓨처리즘의 비교[7]

트랜스 휴머니즘	휴먼 퓨처리즘
과학기술 결정론 과학기술의 발전이 인간 존재를 질적으로 혁신한다는 입장	인간존재 중시론 인간 존재의 의미를 재확보하려는 사상적 움직임
첨단 과학기술을 이용한 인간 성능의 증강이 목표. 인간 이후의 존재자, 즉 영생하는 '포스트 휴먼' 출현	근대 이성에 의해 비합리적으로 생각되던 인간의 다양한 측면과 인간의 유한성에 대한 새로운 성찰
몸의 존재론적 의미 상실-신체 우연화	몸의 의미 재발견
인간의 기계화(engineering of human)	인간을 위한 공학(engineering for human)
로보칼립스(robocalypse)	로보토피아(robotopia)
자연은 가공되어야 할 자원 저장소	자연 인간과 기술의 상호 창조
속성의 공학	숙성의 미학

하루하루 최선을 다해 살아갈 수 있다고 본다. 휴먼 퓨처리즘이 추구하는 미래 인간상은 '인간' 그 자체다.

대표적 글로벌 IT기업인 구글은 트랜스 휴머니즘을 표방한다. 구글은 증강현실(AR) 웨어러블 스마트 안경인 구글 글라스 시리즈를 연이어 출시하는 등 트랜스 휴머니즘의 시각으로 기기를 제

7. 김규희, 〈포스트휴먼은 글로벌 IT기업의 운영철학…우리 삶에 지대한 영향〉, 《여성신문》, 2021.9.19. 참조

작하고 있다. 구글의 인공지능 연구를 이끄는 미래학자 레이 커즈와일(Ray Kurzweil, 1948~현재)은 2016년 알파고가 이세돌을 상대로 첫 승을 거두자 이렇게 예측하기도 했다.

"2045년에는 인공지능과의 결합으로 인류의 육체적, 지적 능력이 생물학적 한계를 뛰어넘는 시점이 오며, 이 이후에는 포스트 휴먼이 나타날 것이다."

한편 구글과 함께 디지털 혁신을 이끌어가는 또 다른 세계적 IT기업으로 꼽히는 애플은 휴먼 퓨처리즘에 좀 더 가깝다. 지금은 고인이 된 스티브 잡스 전 애플 CEO는 2005년 미국 스탠퍼드 대학 졸업식 연설에서 다음과 같이 말했다.

"죽음은 우리 모두의 숙명이다. 아무도 피할 수 없다. 그리고 그래야만 한다. 왜냐하면 삶이 만든 최고의 발명이 죽음이니까. 죽음을 직면해서는 모두 떨어져 나가고, 오직 진실로 중요한 것들만이 남기 때문이다."

이러한 가치를 기반으로 애플은 기기 그 자체보다는 기기 사용자인 인간을 중심으로 설계한 '인터페이스 디자인'을 적용해 애플워치와 아이패드 등을 만들었다. 여기서 중요한 것은 트랜스 휴머니즘과 휴먼 퓨처리즘 중 어느 것이 더 나은지에 대한 논쟁이 아니다. 미래 인간에 대한 두 관점에 대해 교육이 어떤 방식을 택하느냐에 따라 미래교육의 모습은 달라질 것이다. 다만 무조건 어느 것이 옳고 그르다는 흑백논리로 결정지으려는 이분법적 태도는 지양해야 할 것이다. 왜냐하면 과학기술 중심의 트랜스 휴머니즘이 주목받는 상황도 있을 것이고, 인간다움 중심의 휴먼 퓨처리즘이 강조되는 시기도 있을 것이기 때문이다.

우리가 잊지 말아야 할 것은 교육의 본질에 대한 끊임없는 고민이 아닐까? 즉 교육이 인간 본연의 가치에 주목하고 인간을 삶의 중심에 두는 교육을 생각할 때 우리의 미래교육은 과학기술 중심의 트랜스 휴머니즘보다는 인간을 중심에 두는 휴먼 퓨처리즘의 기반에 더 가깝기를 개인적으로 희망한다.

포스트모더니즘의 리오타르가 개인의 상상력과 연결성이 다음 사회의 가능성이라 강조했듯이, 교육적 가능성은 과학기술 그 자체에서가 아니라 인간의 인간다움에서 찾아야 하지 않을까? 아무리 눈부신 첨단 과학기술이라도 인간 본연의 가치를 배제한 기술의 발전은 무의미하다. 앞으로의 과학기술은 인간을 최우선으로 여기고 인간다움에 힘을 실어주는, 인간에 의해 인간을 위해 만들어진 도구임을 기억해야 한다. 휴먼 퓨처리즘과 개체중심교육이 지향하고 있는 인간 자체가 결국 교육의 본질임을 잊지 말아야 한다.

“성장과 분배의 조화와 입시제도의 개선”

국가의 정치와 경제는 교육과 매우 밀접하게 연관되어 있다. 국가의 정치제도와 경제 발전 수준은 교육정책의 방향과 성격에 매우 밀접한 상관관계를 보이며, 이는 교육과정과 입시제도의 변화로 나타난다. 특히 우리나라는 지방자치를 표방하고 있기는 하지만, 교육을 포함해 정책의 큰 방향성을 결정하는 주요 의사결정이 중앙정부에 집중되어 있다 보니 새로운 정부가 들어설 때마다 집권 정당의 정치적 성향에 따라 교육 현장의 모습이 달라지는 경향을 보인다. 그중 가장 민감하면서도 핵심적인 정책이 바로 입시정책일 것이다. 이에 이 장에서는 초기 자본주의 경제학자인 아담 스미스의 시장 주도 경제관에 기반한 수월성 교육과 수정자본주의 경제학자인 케인즈의 정부 주도 경제관에 기반한 형평성 교육에 대해 알아보고, 각각의 경제관에 부합하는 입시제도의 개선 방안과 정치적 공정교육의 구현을 위한 대학서열구조 개선 방안에 대해 제안해 보았다.

3장

정치적 공정교육

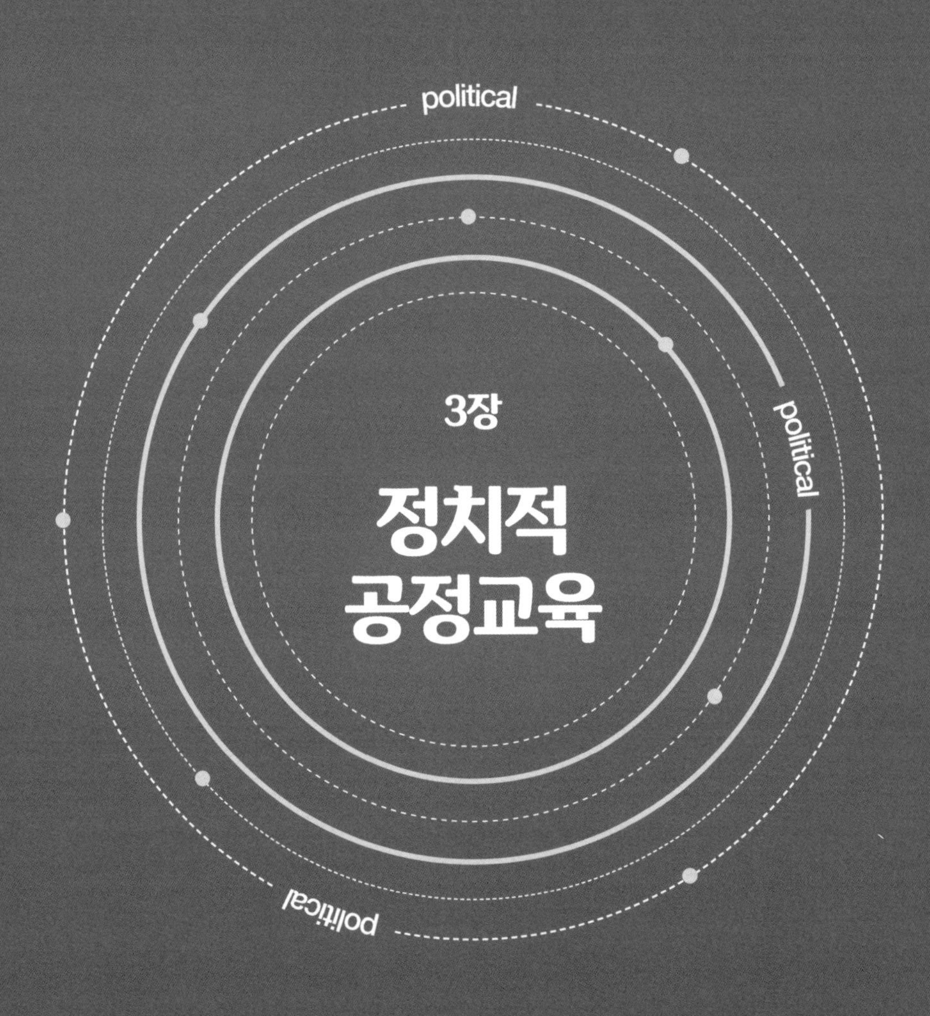

01

자유와 성장, 무한경쟁의 시대를 열다!

신분제 사회에서 노동자의 노동력은 오직 지배계급을 위해 소모되는 수단이었다. 따라서 그들은 아무리 열심히 일해도 노동력에 대한 정당한 대가를 받을 수 없었다. 즉 왕과 귀족 같은 일부 특수계층을 제외한 일반인이 부를 축적한다는 것은 거의 불가능에 가까웠다. 하지만 근대로 접어들면서 평민임에도 상업활동을 통해 부를 쌓은 부르주아 계층이 생겨나기 시작했다. 이들은 산업혁명과 자본주의 사회로 진입하면서 막대한 부를 쌓게 되었고, 사회 주류세력을 넘어 이익을 독점하다시피 하는 또 다른 지배계급으로 자리잡게 되었다.

경쟁을 강조한 초기 자본주의와 **신자유주의의 등장**

초기 자본주의는 이름 그대로 자본주의의 초기에 나타난 경제 이론이다. 좀 더 구체적인 시기로는 자본주의가 태동한 산업혁명기, 즉 근대에 시작되었다. 초기 자본주의 이론을 정립한 대표적인 인물은 애덤 스미스(Adam Smith)로, 그는 시장에서의 자유로운 경쟁이 사회 전체의 부를 증진시킨다고 보았다. 국가가 시장에 간섭하지 않아도 시장은 스스로 가격을 조절하며 잘 유지된다는 것이다. 애덤 스미스는 시장의 자율적인 조정 능력을 '보이지 않는 손'이라고 표현했다. 즉 가격을 결정해주는 국가나 신과 같은 절대자 없이도 시장의 상품 가격은 겉으로 드러나지 않는 조정 능력에 의해 알아서 결정된다는 것이다. 이러한 주장은 열심히 노력해서 경쟁에서 앞서면 누구나 부자가 될 수 있다는 신념과 연결되면서 자유로운 경쟁에 기반한 시장경제 논리에 힘을 실어주었다.

초기 자본주의는 크게 산업 자본주의와 독점 자본주의로 구분하기도 한다. 산업 자본주의는 산업혁명이 시작된 시기에 등장하였다. 산업혁명으로 기계를 이용해서 질 좋은 상품들을 대량으로 생산하게 되자 수공업자들이 몰락하여 도시 저임금 노동자로 전락하고 말았다. 이러한 기회를 이용해 기업가들은 여성과 어린이들까지 값싸게 고용해 노동력을 착취하며 부를 축적해갔다. 이러한 불평등 속에서 자연히 노동운동이 싹트기 시작했고, 카를 마르크스 같은 공산주의자들도 등장하게 되었다. 한편, 독점 자본주의는 독과점 기업이나 제국주의 국가들의 모습으로 출현하였다. 경제적, 군사적 힘을 앞세워 다른 기업이나 국가에 대해 막대한 영향력을 행사하는 독점 자본주의는 자본주의의 독과점 병폐와 공공재 부족, 부정적 외부효과 등의 시장실패를 드러냈고, 제국주의 국가들의 식민지에 대한 비인간적 착취 등으로 점점 신뢰를 잃게 되었다. 그러던 중 세계 대공황을 맞으며 결국 초기 자본주의는 더 이상 유지할 수 없게 되었다. 이런 대공황 속에 케인즈 학파를 중심으로 한 수정자본주의가 주목받으면서 사회민주주의도 나타나게 된 것이다. 수정자본주의는 뒤에서 다시 다루기로 하고, 초기 자본주의의 성격을 이어받은 신자유주의에 대해 먼저 살펴보자.

신자유주의는 초기 자본주의와 수정자본주의에 이어 세 번째로 등장한 자본주의 체제다. 신자유주의는 시카고 학파가 주도했는데, 이들은 1970년대 이후부터의 장기 불황의 원인을 수정자본주의가 추구한 과도한 정부 개입으로 보았다. 1980년대 로널드 레이건 미국 대통령이 규제와 세금을 줄여 경제활동을 자유화하는 '레이거노믹스(Reaganomics)'를 추진하면서 신자유주의 근간이 마련되었고, 1990년대 들어 소련 등 공산권의 붕괴가 자본주의의 승리로 인식되면서 신자유주의 시대를 열게 되었다. 하지만 기업활동이 다시 자유화되면서 기업가들은 끝없는 욕망으로 독점을 더욱 강화하는가하면, 글로벌화된 세계 시장에서 거침없이 부를 빨아들인 탓에 빈부 격차가 더더욱 심화되었다. 이러한 사회 양극화 문제 극복을 위해 대다수 유럽 국가들은 사회민주주의로 불리는 체제, 즉 고율의 조세 제도에 기반한 복지국가를 지향하는 모습으로 전환하였다. 여기에서는 먼저 애덤 스미스의 국부론를 중심으로 경쟁을 앞세운 정치경제적 관점에서 보여지는 수월성 교육에 관해 살펴보려 한다.

애덤 스미스의 '보이지 않는 손'과 **수월성 교육**

애덤 스미스(Adam Smith, 1723~1790)는 경제학의 아버지로 불린다. 그가 쓴 《국부론》에서 근대 경제학이 시작되었기 때문이다. 그는 개인의 이익을 추구하는 자유로운 경제활동이야말로 사회적 부를 가져오는 것이며, 그러한 활동은 시장의 자기 통제를 강조한 표현인 '보이지 않는 손(invisible hand)'에 의해 공정하고 효율적인 부의 배분가 실현되며, 사회적 조화도 실현된다고 보았다.

애덤 스미스는 스스로를 경제학자라기보다 도덕 철학자에 가깝다고 생각했다. 그가 살았던 18세기 영국에서 도덕철학은 자연철학과 대칭되는 의미로 사용되었다. 자연철학이 자연의 원리를 탐구하는 학문이라면, 도덕철학은 인간 사회의 원리를 탐구하는 오

애덤 스미스(1723~1790)
애덤 스미스는 오직 경제 원리에만 관심을 둔 경제학자가 아니다. 그의 사상이 오늘날까지 영향력을 끼치는 이유는 바로 도덕철학의 원리에 깊이 뿌리를 내리고 있기 때문이다.

늘날의 사회철학과 유사한 학문이었다. 그가 《국부론》에서 다루고 있는 "한 나라의 부는 어떠한 질서 또는 원리에서 이루어지고 있는가?" 하는 정치경제학 질문도 그가 평생 연구했던 도덕철학이라는 큰 틀 안에서 이루어진 것이다. 도덕철학에 대한 강조는 그의 무덤에 새겨진 짤막한 비문이 이러한 점을 상징적으로 말해준다.

> "《도덕 감정론》과 《국부론》의 저자인 애덤 스미스가 여기에 잠들다."

이처럼 도덕철학을 다룬 《도덕감정론》이 《국부론》보다 앞자리를 차지하고 있다는 점에서 많은 연구자들이 그를 그렇게 평가하고 있다. 다시 한번 강조하지만, 애덤 스미스는 인간 사회의 경제 원리에만 관심을 가진 좁은 의미의 경제학자가 아니다. 그는 근대 사회의 구성 원리를 세우고자 고뇌한 사회철학자의 모습도 함께 지니고 있다. 그가 밝혀낸 경제 원리가 오늘날에 이르기까지 깊은 영향력을 끼치고 있는 이유 또한 그의 사상이 도덕철학의 원리에 깊게 뿌리를 내리고 있기 때문이다.

애덤 스미스는 1776년 출간한 《국부론》에서 "자기 이익을 추구하는 열정과 행위는 사회 전체의 이익과 조화를 이루는 방향으로 나아가며, 그런 방향을 이끄는 것이 이른바 보이지 않는 손"이라고 하였다. '보이지 않는 손'을 시장 경제의 원리에서 보면, 다수의 공급자와 다수의 수요자가 자기 이익을 극대화시키려 노력한 결과로 가격이 형성되고, 그렇게 형성된 가격이 시장 참여자들을 고루 만족시키는 것은 물론 사회 전체의 이익도 극대화시킨다는 것이다. 그는 시장경제의 보이지 않는 손이 재화를 사는 사람과 파는 사람 모두에게 만족스런 결과를 낳으며, 사회의 자원을 적절하게 배분할 수 있다고 보았다.

"경제활동에 참여하는 각 개인은 사회 공공의 이익을 추구하려고 하지 않는다. 또 사회 공공의 이익에 자신이 어느 정도 이바지하고 있는지도 잘 모른다. 다만 그들은 다른 많은 경우에서와 같이 '보이지 않는 손'에 이끌려 자신들이 전혀 의도하지는 않았지만 시장에서의 가격 결정을 촉진하는 것이다. …중략… 통치자들은 시장 경제에 간섭하지 말고, 그대로 내버려 두어야 한다. 그렇게 한다면 경제라는 조직체는 이윤을 추구하려는 개인들의 활발한 활동에 의해 기적에 가까울 정도로 잘 운영될 것이다."

애덤 스미스가 비록 이익의 극대화를 이야기하기는 했지만, 모든 사적 이익 추구를 바람직한 것으로 본 것은 아니었다. 특히, 독점적 이익과 경제적 집중의 경우 자유로운 시장의 본질적인 능력을 왜곡시킨다는 측면에서 바람직하지 않다고 하였다. 애덤 스미스가 강조한 자유로운 시장의 본질적 능력이란 노동, 자본, 토지 등에 공정하고 합당한 대가를 제공하는 가격을 형성시키는 능력을 말한다. 반면 승자독식의 독점적인 이익과 자본가 중심의 경제적 집중은 시장을 왜곡시키고 사회와 국가 전체의 이익에 해가 될 수 있는 점을 경고하였다.

애덤 스미스의 경제관에 따른다면 보이지 않는 손은 자유경쟁을 지지한다는 점에서 교육에서도 자유로운 경쟁, 그리고 그에 따른 결과를 지지하는 수월성 교육의 입장이라고 할 수 있다. 하지만 애덤 스미스가 경제활동에서 발생되는 독점적 이익과 경제적 집중이 국가와 사회에 해가 된다는 점을 경고했다는 점에서 우리는 교육에서도 경쟁 중심의 수월성 교육이 사회경제적 상위계층에게 유리하게 작동하는 문제점을 놓치지 말고 개선해야 한다.

경쟁을 강조한 수월성 교육의 **의의와 한계는?**

공정교육의 관점에서 볼 때, 개개인의 **수월성**을 최대한 이끌어내는 것도 중요하고, 사회경제적 지위에 상관없이 모든 사람이 공정한 교육을 받을 수 있도록 하는 **형평성**의 개념도 모두 중요하다. 3장에서는 자본주의의 변화 모습과 함께해온 수월성 교육과 형평성 교육의 의의와 한계를 함께 짚어봄으로써 공정교육의 진화를 이야기하고자 한다. 여기에서는 먼저 수월성 교육의 의의와 한계에 관해서 살펴보고자 한다.

오직 경쟁만 남은 채 왜곡된 수월성 교육

먼저 수월성 교육의 정의를 살펴보자. 수월성 교육은 학생 개개인의 소질, 적성, 수준에 따라 최적의 교육과정과 프로그램을 제공함으로써 차별화된 맞춤식 교육을 통해 학생 개개인의 소질, 적성을 최대로 계발하고 신장시켜주는 교육으로 정의된다. 즉 수월성의 의미를 바탕으로 한 교육의 수월성 논의는 교육목표로서의 수월성과 전문성으로서의 수월성으로 논의되어야 한다.

교육목표로서의 수월성이란 학생들이 교육을 통해서 도달해야 할 목표, 즉 자기완성과 자아실현 등 자기의 최고 가능성을 실현하고 자기 자신의 의미를 찾는 것이다. **전문성으로서의 수월성**은 개인 혹은 조직이 가진 잠재력을 이끌어내고 이를 바탕으로 정체성을 확립한다는 의미에 가깝다. 즉 수월성은 각자의 위치에서 가장 어울리는 자아를 형성함을 의미한다. 학생은 '학생다움'의 자아 형성을 통해, 교사는 '교사다움'의 자아 형성을 통해, 국가는 '국가다움'의 자아 형성을 통해 수월성에 도달한다는 개념인 것이다.

하지만 안타깝게도 수월성 교육에 대한 세간의 오해가 적지 않다. 특히 세계 어느 나라와 비교해도 치열한 입시를 거쳐야 하는 우리나라에서는 수월성 교육의 취지가 마치 경쟁을 통한 줄세우기식 선별인 양 왜곡된 채 교육 현장에 적용되는 경우가 많았다. 현실적으로 수월성의 강조는 소수를 위해 다수가 배제되는 엘리트 교육처럼 인식되는 것이다. 즉 무한경쟁과 줄세우기를 통한 비교 우위의 개념으로만 곡해되는 경향이 있다.

이런 오해는 1990년대 이후 우리나라의 사회 전반에 영향을 미치기 시작한 신자유주의적 가치 때문이기도 하다. 신자유주의적 가치는 교육 현장에도 자유경쟁과 효율성 등의 시장주의 원리를 도입하도록 만들었고, 이러한 생산성과 효율성 중심의 사고는 아쉽게도 가치 있는 삶으로의 과정이라는 교육의 본질적 의도를 왜곡하게 만들었다. 이러한 시장주의 체제에서 교육은 원활한 노동력 공급을 위한 수단이 되었고, 결국 교육의 수월성이라는 것은 남보다 유용한 인간을 배출해내는 것이며, 인간을 사회발전을 위한 하나의 '도구'로써 인식하게 만들고 말았다. 이러한 경쟁 중심의 수월성 교육으로 인해 학생들은 저마다 다른 흥미나 적성, 재능이나 잠재력과는 상관없이 그저 노동력의 대가라는 자본적 기준에 자기 자신을 억지로 끼워 맞추고, 남보다 1점이라도 점수를 더 올리기 위해 사교육에 의존하며, 소위 도장깨기식 스펙 쌓기에 전념하는 기이한 교육 현상을 초래하게 되었다.

수월성 교육의 의의와 한계

우리나라 헌법 제31조에서 규정하고 있는 "국민의 교육기본권", "누구나", "능력에 따라", "균등하게 교육받을 권리"를 국가적 차원에서 보장하기 위해 수월성 교육은 필요하다. 즉 보통교육 체제하에서 자신의 우수한 능력을 충분히 발휘하지 못하고, 타고난 잠재성을 사장 당할 우려가 있는 학생들을 위하여 "균등한 교육 기회의 제공" 차원에서 수월성 교육이 필요하다는 뜻이다.

이러한 수월성 교육을 실현하기 위한 정책은 1983년 경기과학고등학교의 설립, 1992년 외국어고등학교 설립, 1955년의 5 · 31 교육개혁, 1998년 국제고등학교 설립, 2001년 초중등교육법시행령 제90조 특수목적 고등학교 개정, 2003년 영재교육진흥법에 의한 한국과학영재학교 설립, 2004년 수월성 교육 종합대책 발표와 수준별 수업의 도입, 그 이후 자율형 사립고의 확대 등 교육의 질적 성장을 추구하는 과정에서 진행되었다.

하지만 정책의 의도와는 달리 정부의 수월성 교육은 추진과정

속에서 학생들의 차별화된 능력을 맞춤형으로 개발시키는 효과보다 부모의 사회경제적 지위에 따라 학생들 간의 학력 격차만 더욱 심화되는 역효과가 나타나고 말았다. 특히 학생들 간의 학력 격차를 시간이 지날수록 더욱 악화시키는 데 기여한 것이다. 더욱 심각한 문제는 이러한 학력 격차가 단지 학업 성취도의 차이와 진로 격차만으로 끝나지 않았다는 점이다. 이러한 격차로 인해 교육 자체에 대한 불신과 냉소적 태도가 사회 전반으로 확산되었고, 나아가 사회 갈등으로 이어졌다.

오늘날 학생과 학부모들에게 교육은 계층 이동의 사다리보다는 현재의 계층에 영원히 머무를 수밖에 없게 만드는 불공정한 제도로 인식되고 있다. 이는 오랜 시간 그저 경쟁이 가장 공정하다고 외치는 동안 수월성 교육이 적잖이 왜곡되었기 때문이다. 즉 경쟁 중심이 불러온 사교육 의존, 스펙 쌓기, 학력 격차와 양극화 심화 등에 의한 본질 왜곡은 앞으로 수월성 교육이 반드시 풀어야 할 과제이다. 또한 교육에서 형평성 문제를 절대 간과하면 안 되는 이유이기도 하다. 형평성에 관해서는 바로 다음 이야기에서 들여다보려고 한다.

02

평등과 분배, 자본주의에 대한 불만과 성찰을 부르다!

앞서 우리는 자본주의의 발달과 맞물려 자유경쟁을 강조한 수월성 교육에 관해 살펴보았다. 하지만 누구나 자유롭게 경쟁에 참여하고 열심히 노력하면 잘살게 될 거라는 대중의 높은 기대는 갈수록 심해지는 사회적 격차와 함께 좌절되었다. 도저히 넘을 수 없는 높은 현실의 벽에 부딪힌 것이다. 즉 자본이 거대할수록 또 다른 자본을 낳는 데 유리한 구조다 보니 불평등은 심화되었고, 그러한 격차는 날이 갈수록 따라잡을 수 없을 만큼 더욱더 벌어지게 되었다. 특정 집단에만 경쟁이 유리하도록 구조화되는 경향이 나타났고, 심지어 고착화되었다.

분배를 강조한 수정자본주의와 **공산주의의 등장**

자본주의를 통한 경제발전의 수혜가 점점 대기업과 같은 거대 자본을 소유한 사람들에게만 쏠리면서 상대적으로 노동자들은 소외감과 상대적 박탈감을 느껴야 했다. 이러한 부작용 속에서 불공정과 불평등에 대해 정부가 나서서 적절한 중재를 해야 한다는 분배 중심의 경제관념이 고개를 들었다.

수정자본주의

수정자본주의는 초기 자본주의에 이어서 등장한 경제체제다. 초기 자본주의의 문제점을 수정하면서 뒤이어 등장했다는 의미에서 후기 자본주의라고도 부른다. 수정자본주의는 영국의 경제학자 케인즈가 제시했다. 그는 초기 자본주의가 자기조절능력이 있다고 믿는 것은 잘못된 신념임을 지적하였다. 그는 정부가 적극적으로 개입해서 시장의 문제점을 해결할 것을 제안하였다. 정부가 세금을 통해 부를 재분배함으로써, 자본에 의한 독점을 막고 소비가 활성화되도록 보완해야 한다는 주장이었다.

이러한 수정자본주의의 등장은 세계 대공황 속에서 일자리를 잃고 생계에 실질적인 타격을 입은 서민층이 크게 늘어난 역사적 상황과 맥락을 같이한다. 수정자본주의는 세계 대공황에서부터 시작되어 냉전시대를 거쳐 소련이 붕괴되기 전까지 이어졌다. 특히 2차 세계대전 이후 미국과 소련의 팽팽한 냉전체제 안에서 공산주의의 확산을 무엇보다 경계했던 미국 정부와 자본가들 또한 노동자와 사회적 소외계층의 눈치를 살피지 않을 수 없었던 것이다. 그들이 사회에 불만을 갖지 않게 하는 방법은 일단 그들을 배부르고 편하게 해주는 것이라고 보았다. 그래서 자본주의 역시 노동자와 소외계층의 권리와 이익을 최우선으로 고려하고 있다며 대중에게 호소했던 것이다.

결과적으로 수정자본주의는 소련의 공산주의와의 체제 경쟁에서 자본주의를 지켜낼 수 있었던 전략적 접근인 셈이었다. 당시 소련의 공산주의는 자본주의를 대표하는 미국에 큰 부담이 되었는데, 이는 공산주의가 노동자의 권리를 국가의 최고 가치로 삼았기 때문이다. 공산주의는 부루주아인 자본가를 인정하지 않고 프롤레타리아, 즉 노동자에 의한 정치를 추구한다. 이러한 점은 불평등한 분배에 불만이 쌓일대로 쌓인 미국의 노동자들에게 공산주의가 매력적으로 보였을 것이고, 반대로 거대한 부를 축적한 미국의 자본가들에게는 공산주의가 자신의 재산과 생명을 위협하는 대단히 위험한 존재로 여겨졌을 것이다.

하지만 자본주의의 단점만 보완해줄 거라는 기대와 달리 시간이 지날수록 수정자본주의는 부작용을 속속 드러냈다. 정부의 과도한 개입으로 경직된 노동시장을 형성했고, 이로 인해 불황과 경기침체를 가져온 것이다. 이런 상황에서 냉전시대의 한 축인 소련이 붕괴하면서 국가에 의한 계획경제라는 정부의 강력한 개입을 주장하는 공산주의 체제도 함께 무너졌다. 이런 결과로 차라리 정부의 개입 없이 시장의 힘에 모든 것을 맡겼던 초기 자본주의로 돌아가는 것이 낫겠다는 목소리가 세계 곳곳에서 터져나온 것이다. 이렇게 정부의 개입을 비판하며 초기 자본주의로의 복귀를 주장하는 체제가 앞서 설명했던 신자유주의다.

공산주의

공산주의는 자본주의의 사유재산제로부터 발생하는 사회적 타락과 도덕적 부정을 간파하고, 재산의 공동소유를 기초로 하여 더 합리적이고 정의로운 공동사회를 실현하고자 하는 움직임에서 시작되었다. 공산주의는 산업혁명과 프랑스 혁명의 여파가 유럽의 정치와 사회에 격심한 지각변동을 일으키며 갈등이 야기된 시대가 낳은 산물이기도 했다.

공산주의를 주창한 마르크스는 역사를 계급 간의 갈등으로 설명하고, 그러한 소모적인 갈등을 끝내려면 모든 사람이 평등해져야 한다고 주장했다. 공산주의는 생산수단을 노동자들이 공동 소유하자는 이념이다. 생산수단을 공동 소유하려는 것은 생산수단을 특정 개인이 독점하면 독점하는 사람만이 권력을 갖게 됨으로써 나머지 사람들을 지배하고 착취하게 되기 때문이라는 주장이다. 이러한 지배와 피지배의 관계를 없애기 위해서는 생산수단을 특정인이 독점하지 못하도록 해야 한다는 관점에 따라 공산주의 사회에서는 모든 생산수단을 국가가 관리한다.

공산주의가 추구하는 이상향은 개인이 분업의 노예로 예속되는 상태가 없어지고, 육체노동과 정신노동의 차이가 사라지며, 노동이 단지 생활의 수단이 아니라 생활의 욕구가 되고, 개인은 능력에 따라 일하고 필요에 따라 분배를 받는 사회이다. 하지만 이러한 사상은 결국 이상(理想)에 그치고 말았다. 저마다 능력에 따라 일하고 공정한 분배가 이루어지기는커녕 노동자는 더 혹독하게 일하고, 심지어 더 굶주리는 상황이 벌어진 것이다. 이로 인해 그 종주국인 소련이 개혁개방 정책을 내세워 시장경제를 도입하지 않을 수 없었고, 급기야 소련 연방은 해체되고 말았다. 소련 해체 후 동유럽 공산국가들이 줄줄이 몰락한 1990년대 초까지 공산국가들은 생계마저 궁핍한 절박한 현실과 마주해야 했다. 이러한 점을 본다면 공산주의가 꿈꾸었던 미래는 안타깝게도 도저히 도래할 수 없는 것으로 보인다.

그렇다고 수정자본주의와 공산주의를 무조건 실패로만 치부할 순 없다. 왜냐하면 자본주의 무한경쟁 속에서 방치된 채 소외되는 다수의 사람들을 보호해야 할 필요성을 일깨웠다는 점에서 의미가 있기 때문이다. 이에 케인즈의 경제관을 중심으로 **분배**의 관점이 교육에 미친 영향을 좀 더 살펴보고자 한다.

케인즈의 수정자본주의와 **형평성 교육**

케인즈(John Maynard Keynes, 1883~1946)는 경제학자로서뿐만 아니라, 정치, 철학, 수학적 영역에서도 장기간에 걸쳐 광범위하게 활동하였다. 경제학 연구 초창기에 그의 관심사는 주로 화폐와 외환문제에 집중되었다. 하지만 제1차 세계대전 이후부터는 자본주의 사회에서의 고용 및 생산수준을 결정하는 요인에 관한 경제이론을 본격적으로 연구하였다.

경제학자로서 케인즈의 가장 대표적인 저서는 1936년 《고용과 이자 및 화폐에 관한 일반이론》(이하 일반이론)이다. 1923년 《화폐개혁론》, 1930년의 《화폐론》까지 모두 이 책의 이정표로서 이해된다. 《일반이론》에서 그는 완전고용을 실현하고 유지하려면 기존 경제학의 주류였던 자유 방임주의가 아닌 소비와 투자, 즉 유효수요를 확보하기 위한 정부의 보완책(공공지출)이 필요하다고 주장하였다. 이러한 그의 주장은 처음에 설득력을 얻지 못했으나 1929년 세계 대공황을 계기로 주목받기 시작했다. 케인즈의 《일반이론》은 대공황 시대를 극복하려 한 미국 루스벨트(Roosevelt, F.D.) 대통령의 뉴딜정책에 대한 이론적 지침이 되었다. 기존의 경제학 주류가 밀려나고 케인즈 경제학이 새롭게 주류를 차지하게 되면서 케인즈 학파라는 표현도 등장하였다. 완전고용 · 불완전고

케인즈와 뉴딜정책

1929년 10월 24일을 기점으로 주가가 끝없이 폭락하며, 대공황이 미국을 덮쳤다. 이에 기업이 줄줄이 도산했고, 4명 중 1명은 실업자 신세로 내몰렸다. 대공황 이전까지는 애덤 스미스와 리카도 등의 이론을 따르는 고전경제학이 당시 주류 경제이론이었는데, 이들 고전경제학자들은 곧 시장의 힘에 의해 상황이 결국 조절될 것이라고 주장하며, 엄청난 실업자가 양산되는 상황에서도 고임금을 원인으로 제기하며, 임금이 더 낮아져야 한다는 주장만 반복했다.

하지만 수년을 기다려도 상황은 좀처럼 나아지지 않았고, 공황은 장기화되었다. 이에 1933년 미국의 루스벨트 대통령은 경제 공황에 대처하기 위하여 경제 부흥 정책을 시행하기에 이른다. 대공황 이전까지는 '공급이 수요를 창출한다', 즉 일단 만들어 시장에 내놓기만 하면 어떻게든 팔린다는 세이의 법칙(Say's law)이 정설이었다. 하지만 기나긴 경기침체 속에서 정설마저 뒤집히며 무색해지고 말았다.

루스벨트 대통령은 무제한적인 경제적 자유주의를 표방해온 기존 입장을 수정하고, 정부가 경제활동에 적극적으로 개입함으로써 시장과 경기를 조정해야 한다는 쪽으로 기본방침을 전환하게 된다. 이것이 바로 뉴딜정책이며, 이 정책의 이론적 지침이 된 것이 바로 케인즈의 이론이다. 그동안 고전경제학파에 눌려 변방에 머물던 케인즈의 경제학이 새롭게 주류를 차지하며 케인즈 학파라는 표현도 등장하게 되었다. 대공황 시절 그의 이론은 세계 대공황을 설명하고 그것을 극복할 방법을 제시할 수 있었던 유일한 이론경제학이었으며, 자본주의의 한계를 인정하고 수정자본주의의 이론을 제공했다는 점에서 큰 의미가 있다.

용 등 낯설다 못해 기이하게 여겨진 표현도 오늘날 주요 경제용어로 자리잡았다. 이같은 성공요인은 그의 이론이 세계 대공황을 설명하고, 나아가 극복할 방법을 제시할 수 있었던 유일한 이론경제학으로 수정자본주의의 이론적 근거를 제공했기 때문이다. 미국의 뉴딜 정책, 영국의 복지국가 정책은 모두 수정자본주의가 반영된 대표적 사례이다. 또한 각국의 통화정책과 산업국유화, 자본과 경영의 분리 등도 수정자본주의 정책 사례로 분류된다.

수정자본주의는 국가가 기존의 자유방임적 초기 자본주의를 포기하고 초월적 위치에서 적극적으로 투자활동이나 경제통제 등의 개입을 통해 자본주의의 결함을 해결해야 한다는 입장이다. 수정자본주의는 세금과 사회보장제도에 의해 사회 여러 계층의 소득을 평준화함으로써 소득 불평등에서 발생하는 갖가지 모순이나 곤란을 제거하여 불황을 회피하는 방식으로 경제정책에 접근한다. 수정자본주의는 모든 것을 시장의 원칙에 맡긴 초기 자본주의와는 달리 독점기업의 존재를 인정하되, 그에 따른 폐해를 보완하고자 했다. 즉 독점기업을 무조건 부정적 시각으로 바라보기보다는 대규모 기술혁신이 이루어지는 것 같은 순기능도 있다고 본 것이다. 또한 거대 독점기업에 대항하기 위해 노동조합, 소비단체, 국가 등의 역할이 활성화되면서 자연히 사회발전으로 이어질 수 있다고 보았다. 즉 적절한 개입을 통해 자본주의적 모순이나 계급대립의 조정적 기능을 수행할 수 있다고 본 것이다.

교육에 있어서도 사회경제적 기득권층에게 유리할 수밖에 없는 초기 자본주의의 자유경쟁적 수월성 교육이 지닌 병폐와 불공정성을 개선하려는 모습으로 나타난 것이 바로 형평성 교육이다. 교육이 계층 간 이동이 가능한 사다리 역할을 수행하려면 교육에서 형평성이 강조될 필요가 있는 것이다.

평등을 강조한 형평성 교육의 **의의와 한계는?**

교육에서 개개인의 수월성을 이끌어내는 것도, 모든 사람의 형평성을 보장하는 것도 매우 중요하다. 앞선 내용에서 자유경쟁을 강조한 수월성 교육을 살펴보았으니, 이제 평등 분배를 강조한 형평성 교육의 의의와 한계를 함께 짚어봄으로써 정지경제적 관점에서의 공정교육의 진화 방향을 살펴보고자 한다.

평등 중심의 형평성 교육

교육에서의 형평성은 모든 사람이 성별, 인종, 계급, 거주하는 지역에 관계없이 사회에서 원하는 지위를 획득할 수 있는 기회를 주려는 평등주의 교육의 기초를 의미한다. 앞서 1장에서 소개한 교육의 보편성에서 이야기한 것처럼 교육의 평등성을 강조하는 형평성 교육은 누구나 교육을 받을 수 있어야 한다는 취지에서 등장한 것이다. **만인을 위한 교육(Education for All)**이라는 표현에 그 기본 철학이 잘 담겨 있다고 하겠다.

교육의 형평성을 추구하는 데 있어 보편적으로 합의된 중요한 개념 중 하나가 바로 '교육의 기회균등'이다. 교육의 기회균등은 일차적으로는 취학 기회가 확대되고, 나아가 그 기회가 지역 간, 인종 간, 사회계층 간 그리고 남녀 간에 차별 없이 균등히 제공되는 상태를 뜻한다. 이러한 교육 기회의 평등에 따르면 개인의 능력이 부족한 경우를 제외하고 원하는 사람은 누구나 아무런 제약 없이 교육을 받을 수 있을 때 완성된다고 본다.

하지만 현실적으로 자본주의 사회에서는 특정 계층에 유리하도록 이미 운동장이 기울어져 있다. 다시 말해 이런 기울어진 운동장 안에서 각 개인의 경제 수준에 따라 이미 교육에 접근할 수 있는 기회와 여건에 대한 격차가 상당히 벌어져 있는 상태인 것이다. 따라서 이를 어떻게 개선할 것인가는 평등 중심의 형평성 교육이 지속적으로 풀어가야 할 중대한 과제이다.

형평성 교육의 의의와 한계

우리나라 사람들은 대체로 오늘날의 교육이 부모의 사회경제적 지위나 수준에 따라 좌우되며, 불평등하고 불공정하다고 인식하고 있다. 실제로 우리나라의 교육 형평성 악화 문제는 다수의 연구에서 비슷한 양상으로 확인되고 있다. 경제협력개발기구(OECD)의 2018년 교육 형평성에 관한 보고서에 따르면 한국은 OECD 회원국 중 두 번째로 교육 형평성 악화 정도가 심한 국가라고 분석하고 있다. 또한 2015년 교육 형평성 지표[1]는 0.79로, 부모의 사회경제적 지위가 하위 25% 학생 집단이 상위 25%에 해당하는 학생 집단보다 기초학력 미달 비율이 21%나 많았다.

그런데 문제는 2006년 같은 조사에서 이 지표의 값이 0.89였던 것에서 십여 년 만에 더욱 심화되었다는 점이다. 즉 2006년에는 하위계층 학생 비율이 상위계층 학생보다 11% 차이를 보였지만, 2015년에는 21%로 그 격차가 2배 가까이 벌어진 것이다. 또한 하위계층 학생 집단 중 학업 성취도가 높은 학생의 비중도 크게 줄었다. 하위계층 학생 집단 중 국제학업성취도 평가(PISA)에서 3등급 이상 상위권에 들었던 학생 비율이 2006년에는 52.7%였던 것이 2015년에는 36.7%로 16%나 감소하였다.

위 지표를 종합해 보면 부모의 사회경제적 지위가 하위 25%인 학생 집단에 포함된 학생들은 학업 성취도를 유지하는 것이 어려울 뿐만 아니라 시간이 지날수록 교육 양극화가 더욱 심해지고 있음을 확인할 수 있다. 소위 개천에서 용이 등장할 가능성이 현실적으로 점점 더 희박해지고 있다는 의미이다.

---

1. 이 지표가 1이면 고소득 상위 25%와 하위 25% 가정의 실력이 비슷하다는 뜻으로 해석하며, 0점에 가까워질수록 고소득 가정의 아이들이 공부를 더 잘한다는 뜻으로 해석한다.

OECD는 사회경제적으로 더 유리한 환경에 속한 학생들이 학업 성취도 격차를 더욱 벌리며 앞서 나가는 교육 양극화 현상에 대해 깊은 우려를 표명하였다. 따라서 이를 완화하기 위해 학교 교육의 질을 개선하거나 사회경제적 지위의 영향이 적게 미치도록 교육 형평성을 개선하는 조치가 필요하며, 저소득층 학생들에게 추가 학업이나 학교 활동을 확충하는 교육을 통해 공정한 사회로 이끌어야 한다고 지적하였다.

이는 국내 연구에서도 비슷한 결과로 나타나고 있다. 즉 소득에 따른 세대 간 교육 대물림이 점점 더 증가할 뿐만 아니라, 심지어 고착화되는 경향을 보인다는 연구 결과들이 이어진 것이다. 시간이 흐를수록 교육의 양극화가 심해지고, 다음 세대로 넘어갈수록 더욱 심각해지는 양상을 띠고 있다. 20~69세의 남성을 기준으로 교육 수준의 세대 간 상관계수[2]를 분석한 결과, '할아버지-아버지는 0.656, 아버지-본인은 0.165, 본인-아들은 0.398'로 나타났다.[3] 교육기회 자체가 적었던 할아버지 세대에서는 제도권 교육을 받을 수 있는 기회가 더 강하게 대물림되었지만, 아버지 세대에 이르러 이런 격차는 줄어들었다. 그러나 자녀 세대로 넘어가면서 좁혀졌던 격차가 다시 크게 벌어지며 양극화가 심해지고 있다는 연구 결과다.

---

2. 상관계수가 +1에 가까울수록 상관도가 강하고, -1에 가까울수록 역상관도가 높으며, 0일 때 무상관이 된다.

3. 김태훈, 〈거꾸로 가는 교육 형평성〉, 《경향신문》, 2018.11.10. 참조

따라서 현재 학생의 학업성취도 격차를 그저 개인의 점수가 몇 점인지 그 수치 자체에만 주목하기보다는 부모의 사회경제적 능력과 가정환경의 차이에 대해서도 함께 종합적으로 고려하며 살펴볼 필요가 있다. 무엇보다 교육이 사회적 이동, 즉 부모세대보다 더 개선된 사회경제적 지위를 갖게 하는 데 교육이 계층 사다리 역할을 다할 수 있도록 평등주의적 형평성 교육이 앞으로 더욱 강화되어야 할 것이다.

03

대학서열구조의 개선과 정치적 공정교육의 진화

부유층, 사회지도층 자녀의 입시 문제는 잊을 만하면 꾸준히 세상에 알려지며 사회를 시끄럽게 만든다. 위법성 여부를 넘어 특권층 간 공공연히 이루어지는 학력 대물림 때문인지 어느새 일반 국민 사이에는 과거 경쟁 중심의 획일화된 줄세우기식 선발고사가 차라리 공정하다는 인식마저 확산되는 분위기이다. 하지만 각 개인의 고유한 특성을 무시한 채 표준화된 잣대로 모든 학생을 똑같이 재단하는 방식으로 되돌아가는 것이 과연 온전한 의미로 공정의 실현이라 볼 수 있을까?

앞에서도 설명했지만, 우리 사회는 학령인구가 지속적으로 감소되고 있으며, 학생 한 명 한 명이 모두 소중하다. 인구과밀 시대의 학교 교육에서는 많은 학생 중 소수의 뛰어난 엘리트를 발굴하는 것이 일종의 효율로 간주되었다. 그래서 학교는 수많은 학생들 중에서 뛰어난 능력을 가진 우수한 학생을 잘 선별하고, 그들의 능력을 더욱 키우는 데 집중했다. 자연히 교육과정이나 학교 수업도 소수의 성적 우수자 중심으로 이루어졌다. 뛰어난 이들을 선발하는 것이 교육의 주요 목표 중 하나였기 때문에 나머지 평범하거나 학업 능력이 다소 뒤처진 학생들이 교육에서 소외되는 문제는 공교육을 책임지는 학교 현장에서조차 그리 심각하게 고려되지 않았던 것이다. 각 학교는 전공과 관계없이 소위 명문대에 합격한 소수의 우수한 학생을 배출하는 것으로 만족했을 뿐이다.

하지만 현재와 같이 학령인구가 급감하는 상황에서 학교가 오직 소수의 엘리트 발굴에만 집중하는 것은 시대 흐름과 맞지 않는다. 게다가 미래 사회는 변화에 유연하게 대처할 수 있는 다채로운 역량을 필요로 한다. 앞으로는 학교 교육에서 소외되는 학생 없이 학생 각자가 자기 삶의 주체로서 자신에게 맞는 교육과정을 선택할 수 있어야 하고, 학교는 학생들이 최적의 교육을 받을 수 있도록 지원하는 것이 중요하다. 무엇보다 학교 교육을 통해 학생 각자가 미래를 준비하고, 자신의 잠재력을 최대한 이끌어냄으로써 다양한 유형의 인재로 성장할 수 있도록 제도적으로 지원해야 한다. 특히, 대학입시제도의 개선 방향에 이러한 인재 양성의 방향성이 담겨야 한다.

수월성 관점의 **정시제도 개선 방향**

우리나라의 현행 대입 입시제도는 모집 시기에 따라 크게 정시와 수시로 구분된다. 정시는 수능시험을 위주로 학생을 선발하는 수월성 교육 성향의 입시제도이고, 수시는 학생부 혹은 대학별 고사로 학생을 선발하는 형평성 교육 성향의 입시제도다. 각각의 경제적 관점에서 입시제도의 개선 방향은 어떠해야 할지 생각해 보았다. 먼저 신자유주의적 관점에서 본 정시제도에 관한 개선 방향이다.

정시 수능제도

정시 전형을 간단히 설명하면 다음과 같다. 우리나라의 정시 전형은 수능성적 반영 비율에 따라 크게 둘로 나뉜다. 즉 수능성적 반영 비율이 나머지 요건에 비해 높은 수능 위주의 전형과 실기나 면접 등 대학별 본고사의 반영 비율이 높은 실기 위주의 전형으로 구분할 수 있다. 다만 두 전형 모두 수능성적의 영향이 크기 때문에 실기 위주의 전형을 지원한다고 해도 결코 수능 준비를 소홀히 할 수 없다.

현행 입시제도에서 수시는 기본적으로 지원 횟수를 6회로 제한하며, 수시에 합격한 학생은 원칙적으로는 정시 지원이 불가능하다. 다만 예외는 있다. 특별법에 의해 설치된 카이스트 등의 이공

2022 수능 성적표 예시

영역	한국사	국어	수학	영어	탐구		제2외국어/한문
선택과목		언어와매체	미적분		물리학1	지구과학1	독일어1
표준점수		136	147		68	74	
백분위		99	100		98	100	
등급	1	1	1	1	1	1	1

[표준점수 산출]
국어 및 수학: {(원점수-평균)/표준편차} × 20 + 100
사회탐구/ 과학탐구: {(원점수-평균)/표준편차} × 10 + 50
[백분위 산출]
[{(학생 본인보다 낮은 표준점수를 받은 학생들 수) + (동점자 수)} ÷ 2/ (해당 영역(또는 과목)의 수험생 수)] × 100

계 특성화 대학과 수시 합격 이후에도 정시 지원이 가능한 사관학교, 경찰대 등은 수시 6회 지원 제한에 해당되지 않는 학교들이다.

수능 성적표의 과목과 점수를 살펴보면 국어와 수학, 탐구영역은 상대평가로 원점수는 제공하지 않고 등급, 백분위, 표준점수만 표기된다. 등급은 표준점수를 통해 산출한 백분위를 기준으로 1~9등급으로 표기하며, 비율은 상대평가로 등급을 산출하는 내신등급과 동일하다. 한편 영어와 한국사, 제2외국어는 절대평가로 등급만 표기하고 있다.

서울대학교를 비롯해 대부분의 서울 소재 주요 대학은 표준점수를 활용해 대학별 환산점수를 따로 산출하며, 수도권과 지방대학 대부분은 백분위 점수를 활용해 대학별 환산점수를 산출한다.

대학에 따라 탐구영역 등 일부 과목은 백분위, 나머지는 표준점수를 활용하기도 한다. 영어와 한국사는 등급만 표기하고 있어 등급 자체를 대학별 환산점수로 바꾸어 활용하거나 가산점을 부여하거나 반대로 감점하는 방식으로 대학별 환산점수에 활용하고 있다. 과목별 반영비율은 대학과 학과마다 다르기 때문에 자신에게 반영 비율상 유리한 대학을 선택하는 것이 중요하다.

신자유주의적 입시개선안

정·재계 사회지도층, 소득 최상위층을 중심으로 자녀의 어린 시절부터 치밀하게 입시를 준비하는 네트워크가 존재한다는 것은 새롭지 않은 공공연한 사실이다. 이미 이러한 행태를 풍자하는 드라마도 꾸준하게 등장하였다. 입시와 관련된 고급정보를 공유하고, 끼리끼리 은밀하게 이루어지는 스펙 품앗이, 입시 강사 공유 같은 다양한 상부상조, 커넥션을 통한 스펙 뻥튀기, 서류의 위조 등 공정한 경쟁을 훼손하는 반칙에 가까운 입시비리가 횡행하는 가운데 차라리 수능을 중심으로 하는 정시모집을 확대해야 한다는 주장이 꾸준이 제기되고 있다. 즉 모든 학생에게 지필평가 방식의 수능제도를 적용한다면 최소한 이런 식의 반칙이 개입될 여지가 적다고 생각하기 때문이다.

하지만 안타깝게도 이는 일종의 착시현상에 가깝다. 왜냐하면 학생의 수능 성적은 가계소득을 비롯한 가정의 경제력과 매우 밀접한 상관관계가 있기 때문이다. 실제로 수능을 중심으로 입시제도가 운영되던 시절, 수능 고득점 노하우를 전수하는 학원들이 성행하며 평범한 가정에서 감당하기 어려울 만큼 사교육비 부담이 가중되었다. 그 시절 과도한 사교육비로 인한 가계 부담의 증가와 소득 수준이나 경제력에 따른 수능 성적과 학업성취도가 크게 좌우되었던 것에 대해 사회 전반에 문제 제기가 심각했던 것을 우리는 결코 잊어서는 안 된다.

2000년대 초반 수능시험으로 신입생을 모집한 비율이 70% 이상이었을 때, 사교육 열풍은 그야말로 극에 달했다. 그와 함께 가정마다 사교육비 부담도 천정부지로 솟구쳤다. 특히 근로소득에 의존하는 일반 가정에서는 사교육비에 대한 가계 부담이 날로 높아졌다. 심지어 기존 소득만으로는 자녀의 사교육비를 감당하기 어려운 나머지 투잡, 쓰리잡을 뛰어야 하는 학부모마저 생겨난 것이다. 이러한 폐해로 인해 정부는 EBS 수능방송을 연계한 시험 출제를 주요 내용으로 한 사교육비 경감 대책을 내놓았었다. 당시 사교육비가 급증한 주요 원인으로 수능 중심의 대입제도가 지목되었기 때문이다.

대부분 정시로 대학입시가 이루어지면서 수능시험 고득점에 초점을 맞추어 집중적인 사교육을 받았던 학생들에게 입시 결과는 유리하게 나타났다. 게다가 수능시험이 학교 교육과는 달리 여러 교과 내용을 합쳐 통합교과 형태로 출제되면서 학원 의존도를 더욱 높이는 결과를 낳기도 했다. 강남 대치동을 중심으로 포진한 수능 족집게 학원가가 주목받았고, 사교육 열풍은 부동산 시장에도 영향을 미쳐 강남 집값을 크게 상승시키는 주요 원인으로 지목되기도 했다. 그렇다면 신자유주의적 관점에서 생각하는 정시제도의 공정한 개선 방향은 과연 무엇일까?

아마도 대학입시 자체를 대학 자율에 맡기는 것을 고려해볼 수 있지 않을까? 정부가 자꾸 개입하고 통제하려고 하기보다는 시장과 마찬가지로 대학도 자유 경쟁체제로 운영하는 것이다. 특히, 급변하는 사회가 요구하는 미래 인재 양성을 위해 각 대학에 인재 선발과 양성의 자율권을 부여한다는 것은 충분히 설득력이 있다. 하지만 과거 대학별 본고사나 수능 중심으로 인한 폐해를 반복하지 않도록 다음과 같은 세심한 접근이 필요할 것이다.

첫째, 학생 선발의 경우 과거 본고사 형태의 부활이 아니라 현행 입시제도의 개선으로 접근해야 한다. 선발 대상이 되는 학생들이 변화되는 입시제도에 대해 혼란을 최소화해야 하기 때문이다. 현행 수능제도를 중심으로 내신 최저등급제를 병행하면 대학 자율권을 부여하면서 현행 입시제도의 틀 안에서 적용 가능한 방식이 될 것이다.

둘째, 대학이 학생 선발의 권한을 갖는 것처럼 학생 또한 대학 선택을 주도적으로 결정할 수 있도록 대학 입시와 관련된 다양한 정보들의 공개가 더욱 확대되어야 한다. 시장경제에서 소비자들이 다양한 상품을 비교하며 고르는 것처럼 학생들도 대학을 고를 때 대학의 입학정원, 취업률 등 다양한 정보들을 쉽게 알 수 있어야 한다. 현재 대학교육협의회에서 운영하는 대입정보포털 사이트의 기능 확대와 정보 공개를 더욱 강화해야 한다.

셋째, 대학 등록금이 시장경제 원리에 의해 현실화될 필요가 있다. 코로나19로 인한 대학의 온라인수업방식의 가능성 확인과 변화된 대학의 현실을 반영하여 그에 맞게 대학 등록금 수준을 합리화해야 한다. 미네르바 스쿨, 에콜42, 한국방송통신대학, 사이버대학 등의 사례가 참고될 수 있을 것이다.

넷째, 인구감소로 인한 대학 입학정원의 미달문제를 해결하기 위해 대학이 전 연령대를 대상으로 하는 학생시장 개척에 적극적으로 나서야 한다. 고등학교 학령기의 학생뿐만 아니라 중장년층의 직업재교육이나 인문교양교육, 그리고 노년층의 평생학습기관 등으로서의 교육으로 그 대상과 범위를 확대해야 한다.

다섯째, 대학 발전과 재정 확충을 위한 기여입학제도가 사립대학교를 중심으로 일정 부분 검토될 필요가 있다. 다만 동시에 공정성 확보 차원에서 먼저 국립대학교를 중심으로 사회적 배려 대상자를 위한 입학전형도 함께 확대되어야 한다. 즉 명문대학 진학을 희망하는 기여입학자와 마찬가지로 사회적 배려 대상자도 명문대학에 진학할 수 있도록 형평성 차원에서 제도적 지원책이 함께 마련되어야 할 것이다.

형평성 관점의
수시 학종제도 개선 방향

앞서 자유경쟁을 강조한 수월성 교육 관점의 정시 수능제도와 개선안을 살펴보았다. 이번에는 평등 분배를 강조한 형평성 교육 관점의 수시 학종제도와 개선안에 대해 살펴보고자 한다. 수시는 학생부 혹은 대학별 고사로 학생을 선발하는 형평성 교육 성향의 대표적인 입시제도다.

수시 학종제도 현황

우리나라 수시제도는 1997년 김영삼 정부 시절 기계식 암기에 대한 지나친 의존에 따른 폐해와 단 한 번의 시험으로 입시 당락이 좌우되는 문제 등을 해결하기 위해 처음 도입되었다. 현재 우리나라 수시제도의 대표적인 전형은 학생부종합전형(이하 학종)이다.

학종이 처음 도입될 당시에는 '입학사정관제도'라는 명칭으로 시작했는데, 초기에는 '수능성적이나 내신성적이 낮은 부잣집 학생들을 소위 명문대라 불리는 상위권 대학에 합격시켜주기 위해 만들어진 전형'이라는 자극적인 타이틀로 언론에 오르내리며 오해도 참 많았다. 하지만 현재에 이르러 수시제도의 주요 전형으로 안착했다. 물론 아직도 사회지도층 인사의 입시비리와 얽히며 여전히 공정성 시비가 끊이지 않고 있지만, 많은 부분에서 안정적으로 자리를 잡았다. 특히 학종으로 선발된 학생들이 정시로 선발된 학생들에 비해 오히려 대학에서의 학업 성취도가 높다는 것이 대학 관계자들의 공통된 의견이다.

수시 학종제도를 간략하게 정리하면 9월에 원서접수를 시작하며 앞서 소개했던 일부 대학을 제외하고는 6회만 지원할 수 있다. 합격 시 정시전형 지원은 불가능하다. 수시전형은 전형 방법에 따라 크게 학생부 위주의 전형(학생부 교과, 학생부 종합), 대학별 본고사 전형(논술과 실기)으로 구분된다.

학생부 교과전형은 내신 성적을 정량 평가해 학생을 선발한다. 보통 내신 등급을 활용하는데, 대학이나 학과별로 계산공식이 다르기 때문에 같은 학생이라도 지원하는 대학이나 학과에 따라 다른 결과가 산출될 수 있다. 일부 대학의 경우 오직 고등학교 재학 중 교과성적만 평가하는 곳도 있지만, 대부분의 대학은 수능 최저기준이나 면접을 통과해야만 최종 합격하는 과정을 거친다. 학교장 추천전형 등 일부 대학에서는 서류평가(학생부 비교과 영역)가 같이 이뤄지기도 하는데, 교과성적을 정량 평가하는 비율이 나머지보다 높다면 전형 구분상 학생부 교과전형이 되므로 대학별 모집 요강을 주의 깊게 살펴봐야 한다. 따라서 학생부 교과 전형에서 가장 중요한 평가 요소는 교과성적이다.

학생부 종합 전형은 교과성적과 함께 학생부 비교과 영역(대학과 전형에 따라 자기소개서 포함)을 통해 학생의 학업역량, 전공적합성,

인성, 발전가능성 등을 포괄적으로 정성 평가한다. 앞서 소개한 교과 전형과는 다르게 내신 등급과 함께 원점수, 평균, 표준편차, 이수자 수 등을 고려하고, 과목별 세부능력, 특기사항, 창의적 체험활동, 출결, 독서, 행동특성 및 종합의견 등 비교과 영역을 다각도로 고려해 평가가 이루어진다. 대학 전형에 따라 면접 혹은 수능 최저기준 충족 등이 최종 합격 여부를 가를 수 있는데, 현재 서울대 등 일부 대학을 제외하고는 수능 최저기준을 요구하지는 않는다.

대학별 본고사(논술과 실기) 전형은 논술실력과 실기능력이 중요한 평가대상이다. 물론 이 전형에도 내신성적이 일부 반영되기는 하지만, 실질적인 반영 비율이 워낙 낮은 편이라 논술과 실기 평가의 결과에 따라 합격이 좌우된다. 단 논술전형은 수능 최저기준이 높게 설정된 경우가 있기 때문에 대학별 수능 최저기준 충족 가능성을 살펴보고 지원하게 된다.

2024학년도 대입부터는 학생부 종합전형에서 자기소개서가 사라진다. 이는 그동안 주요 대학들이 학생부 종합전형을 부적절하게 운영해온 사실이 드러남에 따라 대입제도 공정성 방안의 조치 차원에서 결정되었다. 앞서도 얘기한 학습실적 및 역량 등과 관련한 스펙 부풀리기[3], 학생 개인의 역량과 무관한 부모와 친인척 직업 적기, 학생의 실질적인 기여도가 없는 논문이나 발명특허경력 기재하기 등 자기소개서 작성 규정이 제대로 지켜지지 않았기 때문이다. 자기소개서가 사라지는 자리는 **고교학점제**와 함께 다양한 선택과목이 개설됨에 따라 전공과 관련된 선택과목을 얼마나 충실하게 이수했는지에 관한 내용이 차지하게 될 전망이다.

사회적 배려 대상자를 선발하는 사회통합전형은 전체 모집정원의 최소 10% 이상 선발하도록 규정하고 있다. 성인 학습자의 대학교육을 보장하기 위한 30세 이상 정원 외 전형의 경우 수도권에서는 적용할 수 없고 비수도권대학, 산업대학, 기술대학 등에서만 적용할 수 있다.

평등주의적 입시개선안

현재 수시제도는 입시 정책에서 공정성 시비와 함께 가장 뜨거운 감자가 되고 말았다. 하지만 제도의 취지 자체마저 무작정 왜곡되어서는 곤란하다. 수시제도의 장점은 살리고, 문제로 지적되는 공정성을 끌어올리는 방향으로 개선이 필요하다. 이러한 공정성 시비 문제는 해외의 대학들도 이미 경험했던 바이므로, 이를 반면교

---

4. 스펙 부풀리기 논란 때문에 학생부에 기재 금지되는 사항들이 매년 추가되어 왔다. 학생부가 대학 입학에 중요한 자료로 부상하면서 최근 10여년 동안 교외수상경력, 소논문실적, 해외봉사활동, 진로희망사란 같은 항목들이 기재 금지됐다. 학생부 기록 항목 중 수상경력항목은 오랫동안 부풀리기 논란의 중심에 서 있었다. 부모들이 직접 교외 단체를 만들어서라도 자녀에게 상을 주고 그 상을 학생부에 기록했다는 고발이 잇따르자 교육부는 학교 외 수상경력기록을 금지했다. 이에 교내 대회만 기록할 수 있게 되자 교내대회가 폭증했다. 2017년 한 해 전국 고등학교에서 개최한 교내 대회가 78,499개이고 수상자는 전체 고등학생 숫자보다 많았다. 한 학생에게 한 해 동안 20개 이상 상을 몰아준 학교가 627곳이었다. 2018학년도 입학 당시 학생부 종합전형으로 합격한 학생은 학생부만 41장이었고 그 중 2장에 걸쳐 적힌 수상목록은 56개였다. 학교에서도 많은 상을 주려다보니 인기상, 스마일상까지 만들어 수상했다. 2018학년도와 2019학년도 서울대 수시 합격생들의 평균 수상 경력은 30개였으니 평균적으로 1년에 10개의 상을 받은 셈이다.

사로 참고해볼 수 있을 것 같다.

세계적인 사학 명문으로 꼽히는 하버드, 예일, 프린스턴 등 소위 아이비리그라 불리는 대학들은 이미 1920년부터 입학사정관 전형을 만들어 지금까지 운영해오고 있다. 이 전형은 원래 오직 학업성적만을 기준으로 선발하면 학업 이외의 다양한 역량을 갖춘 학생을 놓칠 수 있어 대학의 선택권이 제한된다며 보완책으로서 내놓은 것이었다. 하지만 정작 진짜 속내는 따로 있었다.

아이비리그 중 처음으로 입학사정관제도를 도입한 것은 하버드 대학교이다. 하버드대의 경우 1905년에 처음 독자적인 입학시험으로 학생들을 뽑기 시작했다. 그러자 교육열이 남다른 유대인 학생들의 비중이 가파르게 상승해 1922년에 이르러 신입생의 20%를 유대인 학생들이 차지하기에 이르렀다. 문제는 유대인 학생들의 가정은 속칭 WASP[5]라 불리는 앵글로색슨계 가정에 비해 기부금에 인색했다는 점이다. 말하자면 하버드대는 유대인 입학생들을 줄여보려고 입학사정관제도를 도입한 셈이다. 하지만 유대인이라는 이유로 무조건 떨어뜨릴 순 없었기 때문에 입학사정관으로 하여금 성적 말고 인성, 과외활동, 교사 추천서 등을 정밀하게 심사해서 합격자를 고르도록 했다. 결과적으로 신입생 중 유대인 학생 비율을 줄이는 데 성공했고, 비슷한 문제로 골머리를 앓던

5. 와스프(WASP; White Anglo-Saxon Protestant)는 앵글로색슨계 미국 신교도를 줄인 말로 흔히 미국 주류지배계급을 뜻한다.

다른 대학들도 앞다투어 이 제도를 도입한 것이다. 입학사정관 전형은 쉽게 말해 학교가 바라는 학생은 받고, 원하지 않는 학생은 거부할 수 있는 최적의 학생선발 제도인 셈이다.

입학사정관제의 근간은 재량권과 불투명성이다. 여기에서 말하는 **재량권**이란 쉽게 말해 선발권자의 고유 권한을 인정하여 마음대로 할 수 있다는 뜻이고, **불투명성**은 재량권을 어떻게 사용하든 외부에 공개하지 않아도 된다는 뜻이다. 그런데 이런 입학사정관 제도를 통해 대학은 잠재적 능력은 뛰어나지만 세련되지 않은 저소득층 자녀를 배제하는 대신, 능력은 다소 부족하더라도 고액 기부자의 자녀들, 미래의 지도자이자 다시 고액 기부자가 될 수 있는 상류층 자녀들을 받아들일 수 있었다.

이러한 결과로 인해 미국의 입학사정관제 전형은 신입생 구성 비율을 인위적으로 바꾸기 위해 고안된 가장 불공정한 입시제도라는 세간의 강한 비판을 받기도 한다. 하지만 취지에 맞게 잘 운영될 경우 다른 전형에서는 미처 장점을 발견하지 못해 지나칠 수 있지만, 독특하고 창의적인 역량을 갖춘 학생을 놓치지 않고 선발할 수 있는 장점도 명확하다.

그렇다면 평등주의적 관점에서 우리나라 수시제도의 공정한 개선 방향은 무엇일까? 아마도 고교 내신성적을 중심으로 학생 선발이 이뤄지도록 하는 방향일 것이다. 특히 고교평준화를 기반으로 고교 내신을 강화하면 학교 교육이 정상화되고 공교육이 제자리를 찾을 수 있다는 입장이다. 또 고교 내신을 중심으로 한 입시제도의 개혁은 공교육 본래의 취지를 살리는 동시에 불필요한 사교육을 줄이는 데도 기여할 수 있을 것이다.

문제는 미국 사례에서와 같은 입학사정관 제도의 공정성 확보다. 공정성을 확보하기 위해서는 우선 고교평준화를 기반으로 전국의 고등학교에서 만들어 쌓아가는 자료의 양식부터 일치시킬 필요가 있다. 즉 고등학교 내신 중심의 입시제도가 되어야 한다는 것이다. 한국대학교육협의회가 제시한 '표준공통원서'는 형식적 공정성 확보를 위한 최소한의 절차로 볼 수 있다. 각 대학에서도 현재 고등학교 교육과정을 통해 축적된 자료만을 전형자료로 요구하는 것이 타당하다. 다만 다음과 같은 점에 유의하여 추가적으로 제도 개선이 이뤄져야 할 것이다.

첫째, 학생 선발에 있어 대학이 정한 일정 기준에 부합하는 학생이 지원했다면 모두 입학할 수 있도록 해야 한다. 프랑스처럼 입학할 때는 모두 받아주고 점차 학년이 올라가면서 탈락시키는 방식을 취하는 것이다. 이는 현행 고교 내신제도를 중심으로 수능 최저등급제를 병행하는 방식이므로 공교육 취지를 살리면서 현행 입시제도의 틀 안에서 혼란없이 적용 가능한 방식이다.

둘째, 특목고를 일반고로 전환하는 고교평준화가 이루어져야 한다. 그동안 자사고, 외고, 국제고 등은 차별화된 맞춤형 역량 강화라는 설립 취지와는 다른 방향으로 변질되고 말았다. 즉 학교

간의 서열화를 만들어 일반고 학생들에 대한 상대적 위축감을 야기하고, 고등학교 입학 이전부터 사교육을 심화시키는 등 불평등을 유발하고 또 가중시켰다. 우수한 학생 분산을 통한 학교 간 격차를 줄이는 진정한 고교평준화가 이뤄져야 한다.

셋째, 학교 내신성적을 중심으로 하는 고교추천, 학교장추천, 지역균형추천 등의 전형이 앞으로 더욱 확대되어야 한다. 내신성적이 경쟁의 공정한 지표로서 대학입시에 좀 더 적극적으로 반영되어야 한다. 학교별 내신성적이 대학입시에서 중심적인 역할을 할 때 특정 지역이나 학군, 학교에 학업능력이 우수한 학생들이 집중되지 않고 골고루 분산되면서 자연스럽게 학교 간 격차도 줄어들게 될 것이다.

넷째, 대학교육의 역할과 교육과정이 변화되어야 한다. 현재의 입시는 '선발' 자체에 무게를 두는 방식이다. 하지만 벌써 학령인구 급감이 심상치 않은 만큼 미래에는 원하는 학생 누구나 대학에 진학할 수 있게 하되, 다만 졸업을 위해서는 절대평가 방식으로 일정 수준과 단계를 거치며 자기 성찰과 졸업 자격을 준비하는 시간을 갖도록 장기적으로 변화해야 한다. 대학생활 전기에는 자기자신에 대한 이해와 전공 선택 및 수학 능력을 스스로 판단하는 진로 성찰의 기간이 되도록 해야 하며, 대학생활 후기에는 자신이 선택한 전공 분야에 집중하면서 현장에서 요구하는 실무능력이 중심이 되는 졸업 자격을 갖추는 시기가 되도록 해야 한다.

대학서열구조 **개선 방안**

한국의 입시제도는 정부의 정치경제관념이 신자유주의적이냐 평등주의적이냐에 따라 수월성 교육과 형평성 교육, 정시와 수시 사이에서 축을 옮겨가며 조정되어 왔다. 하지만 이러한 조정이 무색하게 수능이든 학종이든 모든 대입전형은 부유층 자녀에게 유리하게 작용해왔다. 사회경제적 불평등이 심화된 상태에서는 수능이냐 학종이냐는 본질적인 문제가 될 수 없다는 뜻이다.

정시 수능은 현실적으로 부모의 경제력에 기반한 사교육을 통해 부유한 가정의 자녀에게 유리하다. 또한 수시 학종도 경험적으로 입시 비리를 떠올리면 기득권 계층의 자녀들에게 유리하다는 것을 알 수 있다. 이러한 문제가 개선되기 전에는 어떤 대입 전형이 도입되더라도 공정하다는 평가를 받기 어려울 것이다. 이는 수능이냐 학종이냐의 문제가 아니라 우리 사회에 형성된 사회경제적 불평등과 사회지도층에 대한 뿌리 깊은 불신 그리고 이를 정당화해온 대학 서열과 학벌 등의 구조적 문제로 보아야 한다. 이러한 문제를 해결하기 위해서는 명문대학 쏠림현상과 대학 서열구조를 개선하는 방향으로 정책이 추진되어야 한다.

우리나라는 아직도 소위 명문대학에 진학하게 되면 자연스럽게 부여되는 학벌이 주는 프리미엄이 인생 전반에 걸쳐 엄청난 영향을 미친다. 명문대학을 나오면 취업하기 쉽고, 승진하기 쉽고, 다른 사람들은 감히 접근하기 어려운 네트워크를 만들 수 있기 때문이다. 우리나라 시가총액 상위 30개 기업 임원의 25%가 이른바 스카이(SKY) 대학 출신이며, 명문대학 합격만으로도 고소득자가 될 확률이 50%가량 증가한다고 한다. 이러한 이유로 명문대학 쏠림현상과 대학 서열구조가 사라지지 않은 채 견고하게 지속되는 것이다. 그래서 대학 서열구조의 개선방안에 대한 의견을 덧붙이며 이 장을 마무리하고자 한다. 필자는 다음과 같은 개선방안이 검토될 필요가 있다고 생각한다.

첫째, 대학의 명칭을 유럽식으로 변경하여 대학 서열구조를 개선할 수 있다. 국립1대학, 국립2대학 등 전국단위의 대학 명칭 부여 방식은 대학 서열구조를 점진적으로 개선하는 효과를 가져올 수 있을 것이다. 전국 9개 거점 국립대학 총장들의 대학구조 개선을 위한 제안과 각종 교육학회를 중심으로 논의되고 있는 전국의 서울대 10개 만들기 논의도 유사한 취지이다.

둘째, 유럽과 같이 정부의 국립대학 재정지원 강화를 통해 국립대학의 무상교육화로 전환해 나가야 한다. 학벌이 개인의 자산이 아니게 하려면 대학교육의 공공화가 필수적이다. 국립대학 등록금의 점진적인 무상화는 대학 공공화를 위한 필수 정책이다. 이와 병행하여 지역 인재 의무채용 비율 확대도 함께 이루어져야 한다. 국립대는 공공성과 형평성으로, 사립대는 건학이념에 따른 다양성과 수월성을 지향하는 역할에 충실하도록 해야 한다.

셋째, 명문대학으로 쏠리는 학생들의 모집정원에 대한 제한을 완화하는 방안이다. 프랑스처럼 입학은 자유롭게 받아주되 학업 과정 속에서 제2대학, 제3대학으로 자신의 학업 성향이나 과밀 경쟁을 피해 자율적으로 이동하거나 학업 결과가 일정 수준에 도달

대학 평준화, 프랑스 대학처럼?

대학 서열화 개선을 이야기할 때마다 프랑스의 대학이 언급되곤 한다. 하지만 대학 평준화는 그리 간단히 접근할 수 있는 사안이 아니다. 게다가 프랑스 사회에서도 대학 간 서열화는 공공연히 이루어져온 것이 사실이다. 따라서 그저 '프랑스 대학처럼…'이라는 막연함으로 현재의 대학 서열화와 치열한 입시경쟁이 하루아침에 사라질 것을 기대하는 것은 무리가 있다. 또한 대학 평준화에 대해 '대학의 하향 평준화'를 우려하는 목소리도 적지 않은 것이 사실이다. 학령인구 급감 시대에 대학 진학을 희망하는 모든 학생들이 자신의 역량을 최대한 발휘할 수 있도록 수준 높은 맞춤형 교육을 제공하면서도, 뿌리 깊은 학벌주의를 타파하는 위해 어떤 노력을 기울여야 할지 구체적인 고민이 필요하다. 누군가의 눈에는 공정해 보이는 제도의 취지가 또 다른 누군가의 눈에는 오히려 그것이 공정을 훼손시키는 제도로도 비춰질 수 있다. 심지어 많은 MZ세대들이 수능 점수 경쟁이 차라리 공정하다고 이야기하는 오늘날의 사회 분위기에 대해 정치권은 물론 교육계 전반의 반성이 필요하다.

하지 못한 경우 자연스럽게 탈락시키는 운영방식이다.

넷째, 대학 간 학점연계 제도를 통해 제2대학, 제3대학 간의 질 높은 강의를 상호 공유할 수 있도록 해야 한다. 대학 간 학점연계 제도는 특정 대학과 강좌에 대한 지적 갈증 해소와 접근성의 한계를 극복하게 해주고, 특정 대학으로의 쏠림현상을 감소시키는 효과를 가져올 수 있을 것이다.

다섯째, 온라인 원격수업을 대학 등록금 현실화와 함께 확대해야 한다. 학과와 전공에 따라 다소 차이가 있겠지만, 원격수업은 블렌디드 러닝의 장점을 가져오는 동시에 인적 네트워크를 느슨하게 만드는 효과도 가져올 것이다. 명문대학을 선호하는 가장 큰 이유 중 하나는 오프라인에서의 만남을 통해 형성되는 그들만의 특수한 네트워크를 가질 수 있다는 점이다. 따라서 대학 등록금 감소와 원격수업의 확대는 교육수요자의 부담 감소와 자기주도적 학습효과의 증진이라는 효과뿐만 아니라 대학 서열화를 공고하게 만드는 고질적인 인적 네트워크를 약화시키는 효과도 가져올 것이다.

“인류와 지구생태계의 공존을 위한 지구생태환경교육”

세계화라는 거대하고 복잡한 네트워크 안에서 인류는 하나로 연결되어 있다. 기후위기나 코로나19, 우크라이나-러시아 전쟁 등 지구촌 곳곳에서 일어나는 일들이 국제사회 전반에 긴밀한 영향을 주고 있음을 우리는 잘 알고 있다. 이제 국제사회가 마주한 글로벌 문제에 대한 국가 간 연대와 공조는 인류와 지구생태환경의 지속을 위해 선택이 아닌 필수가 되었다. 이에 맞춰 국제사회가 요구하는 인재상도 변화하였다. 글로벌 이슈에 대한 공감 능력을 바탕으로 문제해결에 필요한 변혁적 역량을 가진 세계시민이 요구되고 있다. 교육은 연대와 공조의 가치로 행동하는 세계시민, 나아가 지구생태환경의 개선 의지를 실천하는 인재 양성을 위해 그 역할을 다해야 한다. 이에 본 장에서는 코로나19의 위기극복을 위해 인류사회의 연대와 공조를 강조한 유발 하라리와, UN연설로 기후문제를 전 세계의 핵심이슈로 부각시키며 지구생태환경 개선을 위한 인류의 인식 변화와 행동을 촉구한 그레타 툰베리에 대해 살펴보고, 인류와 지구생태환경의 공존을 위한 생태적 공정교육으로서의 지구생태환경교육(EEEE, Earth Ecological Environment Education)을 제시하였다.

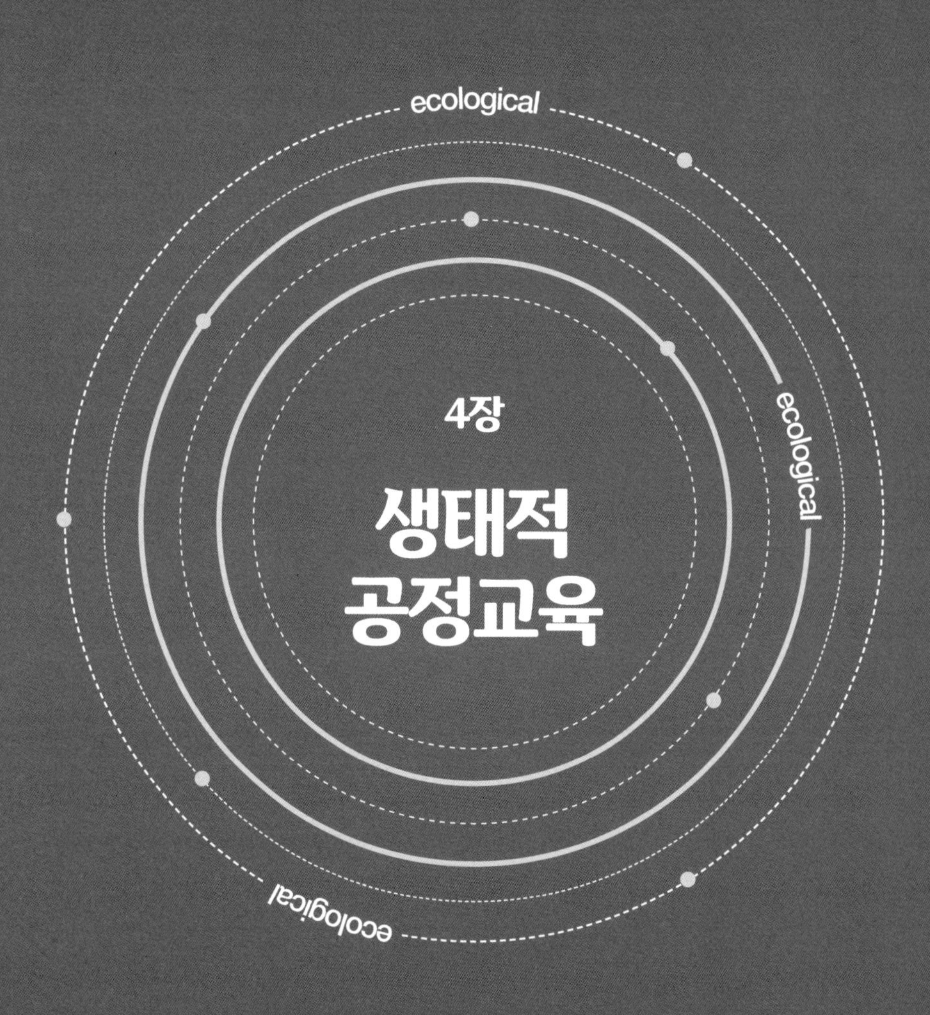

4장
생태적 공정교육

01

코로나 19, 미래의 불확실성을 가중시키다!

세계화라는 거대한 네트워크는 국가 간 인적 자원의 교류, 나아가 문화, 이념, 가치뿐만 아니라 코로나19 팬데믹, 지구온난화 등과 같은 전 지구적 문제들도 함께 공유하게 하였다. 팬데믹 초반, 탈세계화를 부르짖으며 전 세계 많은 국가들이 앞다투어 국경을 폐쇄했던 것을 기억할 것이다. 하지만 이러한 조치는 감염병 확산을 막는 데 큰 도움이 되지 않았다. 이미 복잡한 네트워크로 연결된 지구촌에서 살아가는 세계 어느 국가의 그 누구도 코로나19 감염 위험에서 완전히 자유로울 수 없었기 때문이다. 또한 지구온난화로 야기된 이상기후도 마찬가지다.

기후재앙에 가까운 이상기후로 인한 자연재해는 선진국도 피해갈 수 없었다. 이제 인간은 한 국가의 국민으로서의 정체성뿐만 아니라 지구촌이라는 공간에 함께 살아가고 있는 세계시민으로서의 정체성도 지니게 되었다. 동시에 인류와 지구생태환경의 지속과 공존을 위한 공동의 과제도 함께 공유하게 되었다.

코로나19 팬데믹과 **포스트 코로나 시대**

2020년 3월 11일, 세계보건기구(WHO: World Health Organization)가 코로나19에 대해 팬데믹(Pandemic)을 선언하였다. 2019년 12월 중국에서 시작된 코로나19(COVID-19)는 단순한 전염성 질환을 넘어 전 세계의 정치, 경제, 사회, 문화 등 인류의 전 영역에 걸쳐 기존의 패러다임에 일대 전환을 가져왔다. 물론 코로나19 이전에도 세계사를 들여다보면 인류의 모습을 바꿔버린 전염병은 이미 여러 번 있었다. 1장에서도 주요하게 다루었던 14세기 중세 유럽 인구 3분의 1의 목숨을 앗아간 '흑사병(Black Death)'이 대표적이다. 이 밖에도 1918~1920년 전 세계 5,000만 명 이상의 사망자를 발생시킨 '스페인 독감(Spanish flu.)', 1968~1969년 100만 명 이상이 사망한 '홍콩 독감(Hong Kong flu)' 등이 있다.

역사를 바꾼 전염병들

1346-1353년	1918-1920년	1968-1969년
흑사병	스페인독감	홍콩독감
중앙아시아에서 시작	미상(프랑스 미국 중국 등)	홍콩에서 시작
1억 5,000만 명 이상 사망	5,000만 명 이상 사망	100만 명 이상 사망

세계보건기구가 팬데믹을 선언한 전염병 사례

1968년 팬데믹 선언	2009년 팬데믹 선언	2020년 팬데믹 선언
홍콩독감	신종플루A	코로나19
홍콩에서 시작	멕시코에서 시작	중국 우한에서 시작
100만 명 이상 사망	1만 8500명 이상 사망	650만 명 이상 사망

이렇게 전 세계로 퍼져나가는 전염병이 주기적으로 반복되면서 세계적 전염병과 각종 질병에 국제사회가 함께 대처하기 위해 1948년 세계보건기구(WHO)가 설립되었다. 세계보건기구가 설립된 이후 팬데믹이 선언된 경우는 단 세 차례로, 1968년 '홍콩 독감', 2009년 '신종플루A', 2020년 '코로나19' 뿐이다. 실제로 코로나19는 현재에도 다양한 변이를 일으키며, 2022년 9월 기준 전 세계 약 650만 명의 목숨을 앗아간 것으로 조사되고 있다.

지금처럼 과학이나 의학이 발달하기 전에는 전염병 발생과 대처에 대한 과학적인 접근은 제한적이었을 것이다. 전염병을 신의 징벌이나 초자연적인 현상 등으로 이해하고 해석하는 등 병의 원인조차 제대로 규명하기 어려웠을 것이다. 하지만 오늘날에는 과학과 의학 기술의 발달로 전염병의 관리뿐만 아니라 치명률도 크게 줄어들었다. 그럼에도 불구하고 지속적으로 찾아오는 전염병과 예측하기 어려운 변이 바이러스의 출현은 현재에도 여전히 인류를 불확실성 속에서 불안하게 하고 있다.

코로나19 팬데믹이 선언된 이후 전 세계 선진국들과 제약사들은 백신 개발과 치료제 연구에 박차를 가했다. 인간의 예측을 번번이 뛰어넘는 전파력과 치사율을 가진 변이 바이러스가 계속 등장하며, 확진자와 사망자 수를 줄이는 것은 쉽지 않다. 그럼에도 불구하고 인류는 과거 수많은 전염병들을 극복했던 것처럼 코로나19 바이러스도 과학과 의학의 발전과 진보를 통해 결국 통제할 수 있게 될 것이다. 코로나19를 겪은 현재의 인류는 과거의 인류가 흑사병을 겪으며 인간성 부활이라는 르네상스 시대를 열었던 것처럼 분명 더 나은 새로운 시대를 열어갈 수 있을 것이다.

이미 우리 인류는 수많은 전염병을 극복하는 과정에서 상하수도 시스템의 도입, 생활 속 보건위생의 강화, 예방접종의 확산, 의료환경의 개선 등 이전 문화에 비해 진일보해 왔다. 마찬가지로 포스트코로나 시대에도 우리 인류의 삶은 새롭게 진화된 사회 모습과 발전된 문화가 새롭게 형성될 것이다. 예상되는 모습은 '어떤 세균이나 바이러스든 아주 짧은 기간에 백신을 만들어낼 수 있게 되면서 전염병과의 전쟁에서 우위를 점하는 바이오 혁명을 이끌어냈다'던지, '개인과 가족의 건강과 안전, 만족과 행복 등이 인간의 삶에 있어 제1의 가치가 되는 사고의 대전환이 이뤄졌다'는 식이 될 수 있을 것이다. 물론 코로나19의 극복 과정에서 인류 공동체가 어떠한 모습과 태도를 보이느냐에 따라 인류 전체가 희망으로 함께 걸어가게 될지 아니면 반목과 아픔으로 고통받는 지역과 대상이 발생하게 될지는 모두 우리 자신에게 달려 있다. 특히, 현세대와 후속세대에게 미래 인류를 위해 어떠한 가치와 의지를 심어줄 것인가에 대한 교육의 역할이 더욱 중요해진 시기다.

유발 하라리의 《사피엔스》로 보는 **포스트 코로나 시대 인류의 중심과제**

1976년 이스라엘에서 태어난 유발 하라리는 2002년 영국 옥스퍼드 대학교에서 중세 전쟁사로 박사학위를 받고, 현재 예루살렘 대학에서 역사학과 교수로 재직하고 있다. 2010년 중반, 자신의 역사적 통찰을 담은 저서 《사피엔스(Sapiens)》를 출간했는데, 이 책이 베스트셀러에 오르면서 기존 역사학계와 대중들 사이에서 큰 관심을 불러일으켰다. 이 책과 함께 유발 하라리는 일약 저명한 역사학자로 등극했고, 그의 저서 《사피엔스》가 해외 45개국으로 출간되면서 전 세계가 그를 주목하기 시작하였다. 하라리는 역사학자면서도 단순한 역사 연구가 아닌 생물학과 역사학 사이의 경계를 넘나들며 폭넓은 연구를 한다는 점에서 기존의 역사학자들과 차이점을 보인다. 그의 남다른 호기심과 통찰력이 명확히 드러난 결과물이 바로 《사피엔스》로, 다음과 같은 질문들과 깊게 연결되어 있다.

- 역사와 생물학의 관계는 무엇인가?
- 호모 사피엔스와 다른 동물들은 본질적으로 무엇이 다른가?
- 역사에 하나의 정의란 진정 존재하는가?
- 역사의 발전에는 방향성이 있는가?
- 역사가 전개되면서 사람들은 정말로 행복해졌는가?

유발 하라리의 《사피엔스》는 이러한 광범위하고도 심오한 질문들에 대한 고민의 흔적들을 담고 있다. 특히 그는 가까운 미래에 인공지능이 인간보다 훨씬 뛰어난 일처리 능력을 발휘하는 초인류 엘리트 집단으로 등장할 수 있다고 하였다. 인공지능이 인간처럼 감정이나 의식은 갖고 있지 않지만, 업무에만 몰두하는 새로운 계층으로 떠올라, 일자리뿐만 아니라 인간의 정체성까지 위협할 수 있다고 경고하였다. 나아가 이러한 위협은 현재 인류의 주요 가치와 규범, 제도들에 대한 붕괴로도 이어질 수 있다고 하였다. 즉 현재 우리가 당연하다고 생각하는 민주주의, 인권, 자유시장과 같은 이념과 제도들을 순식간에 고루한 것으로 만들어버려 후대에는 이것과는 전혀 다른 이념과 제도가 필요해질 수도 있을 것이라고 보았다. 그는 이처럼 급속한 과학 기술의 발전에 따른 사회적·정치적 변혁을 미래 인류가 감당해야 할 중심적인 과제가 될 것으로 보았다. 유발 하라리는 《사피엔스》를 통해 호모 사피엔스라는 종(種)이 지구에서 왜 이렇게 폭발적으로 늘어났는지를 설명한다. 그는 호모 사피엔스의 개체수 증가, 그리고 이들이 지구생태계의 지배종이 될 수 있었던 성공 요인을 인지혁명, 농업혁명, 과학혁명을 중심으로 설명하였다.

첫째, **인지혁명**은 인간이 상상할 수 있는 능력을 갖게 된 것을 의미한다. 인간이 직접 확인하지 못한 것들에 대해 상상하고 이야기할 수 있는 능력은 인지혁명이 있었기 때문으로 보았다. 한 번도 듣지도 보지도 못한 대상에 대한 상상의 이야기가 사람들에게 그 대상에 대한 평판과 인식을 형성하게 되는 것을 의미 있게 해석하였다. 인지혁명을 통한 상상력은 인간 사회가 가족 중심 무리생활을 넘어 부족사회로 들어설 수 있게 하는 계기가 되었다고 하였다.

둘째, **농업혁명**은 부족사회를 구성한 인간의 개체수가 폭발적으로 증가하게 된 것을 의미한다. 기존까지 수렵과 채집에 의존하던 인간이 농업을 시작하면서 한 곳에 정착하였고, 식량이 안정적으로 확보되자 아이를 더 많이 낳아 키우게 되면서 인구가 지속적으로 늘어나면서 다양한 사회제도가 만들어지게 되었다고 보았다. 여기까지는 기존의 역사적 입장과 유사하지만 사회제도 형성을 설명하는 부분은 그만의 시각으로 풀어내고 있다. 그는 사회제도가 만들어지기 위해 쓰인 개념을 종교, 돈, 제국으로 보았다. 종교는 눈에 보이지 않는 신을 상상하는 개념이고, 돈은 신용이라는 상상 위에 만들어진 개념이며, 제국이라는 개념은 서로 같은 국가 안에 같은 제도로 묶여 있다는 상상이다. 바로 이러한 세 가지가 사회제도를 형성하는 데 사용되었다고 하였다.

셋째, **과학혁명**은 인간의 상상하는 능력이 기술의 발전과 함께 폭발적인 진보로 이어진 것을 의미한다. 아주 옛날에는 모르는 것이 있으면 신에게 의존하거나 신이 해결해주지 못하는 것은 굳이 알 필요가 없다고 생각했다. 하지만 인간은 모르는 것들에 대한 궁금증을 해결하기 위해 다양한 상상과 이성적 도전을 계속하였다. 그 결과 인간은 노력하면 모르는 것을 알아낼 수 있다고 하는 이성에 대한 믿음이 생기면서 종교를 넘어, 과학을 발전시키게 되었다고 하였다.

유발 하라리는 이러한 세 가지 성공 요인과 함께 인류가 강해진 요인에 대해 **기술의 발전**과 **인류의 연대**를 제시하였다. 즉 발전된 기술을 지닌 인류 공동체가 연대와 공조의식으로 함께 힘을 모았기 때문에 인류가 현재와 같이 진보할 수 있었다고 하였다. 따라서 지금의 코로나19의 불확실성도 산업혁명을 통한 과학과 의학 기술의 발전과 함께 전 세계적인 연대와 공조의 모습을 보인다면 인류의 지속적인 번영과 발전은 계속될 수 있을 것이다.

IB 교육과 세계시민교육,
인류의 공존과 공영의 길을 모색하다

날로 짙어지는 불확실성 속에서 이미 인류의 지속가능성은 국제사회가 함께 협력하여 실현해야 할 주요 과제로 자리잡았다. 특히 빈곤, 세계평화, 성평등, 기후위기 등의 국제사회의 주요 문제에 대한 공동의 연대의식을 키우는 교육이 진행되고 있다. 여기에서는 이와 관련하여 IB의 글로벌 맥락과 세계시민교육을 중심으로 살펴보려 한다.

IB 교육

IB(International Baccalaureate) 교육은 1968년부터 스위스 제네바에서 UN 등 국제기구 주재원, 외교관, 해외 주재 상사의 자녀들을 위해 개발된 교육과정 및 대입 시험 체제다. 어느 국가에서든 유용한 질 높은 교육을 제공하자는 취지에서 민간 비영리 교육 재단에서 개발한 시스템을 의미한다.

IB에는 4가지 과정이 있다. 초등 과정 PYP(Primary Years Programme), 중등 과정 MYP(Middle Years Programme), 고등 과정 DP(Diploma Programme), 직업 과정 CP(Career-Related Programme)이다. 초등과 중등 과정은 교육과정이 아니라 프레임워크(Framework)만 제공한다. 즉 구조적인 부분만 제공할 뿐, 세부적인 교육내용 등

에 관한 콘텐츠들은 국가별 상황에 맞춰 교육과정을 재구성해 각자 선택적으로 채워가는 방식이다.

실제로 전 세계 대부분의 국가에서 초등교육과 중등교육은 해당 국가의 국가수준 교육과정을 적용한 의무교육을 실시하기 때문에 IB의 초등과 중등 과정은 콘텐츠를 규정하지 않고 프레임워크만 제공하여 각 국가별로 콘텐츠를 직접 넣어서 구성할 수 있도록 하였다.

IB의 중등 과정에 담긴 **글로벌 맥락(Global context)**은 프레임워크의 내용적 기준을 의미한다. 이러한 기준이 글로벌 마인드에 맞게 수업을 구성할 수 있도록 사고의 출발점과 기준점이 되어준다. 그리고 제시되어진 주요 개념(key concepts), 관련 개념(related concepts)을 도구로 하여 각국은 국가수준 교육과정을 설계한다. 즉 프레임워크의 틀 안에서 교육과정을 설계하는 방식이다. 초등과정의 6가지 **융합적(Transdisciplinary) 주제**들은 중등 과정의 글로벌 맥락과 위계적으로 연결되며, 지식을 탐구하고 구성하는 사고의 출발점과 기준점으로서의 역할도 동일하게 지니고 있다.

중등 과정의 글로벌 맥락과 초등 과정의 융합적 주제를 잘 활용한다면 학생들이 주변 국가와 지역의 문제들을 국제적인 맥락에서 이해할 수 있도록 구성할 수 있다. 또한 학생들이 교과영역 학습의 범위를 넘어 그 이상의 가치와 생각을 자유롭게 탐색하고 행동하는 역량을 키울 수 있을 것이다.

IB 초등 과정과 중등 과정의 비교

구분	초등 과정 (PYP)	중등 과정 (MYP)
글로벌 맥락 Global Context	**융합적 주제** (Transdisciplinary) ① 우리는 누구인가? (Who we are) ② 우리가 있는 시간과 공간은 어디인가? (Where we are in place and time) ③ 어떻게 우리 자신을 표현하나? (How we express ourselves) ④ 어떻게 세상은 돌아가나? (How the world works) ⑤ 어떻게 우리를 조직하는가? (How we organize ourselves) ⑥ 지구를 공유하기 (Sharing the planet)	**글로벌 맥락** (Global Context) ① 정체성과 관계 ② 시간과 공간의 방향성 ③ 개인적 문화적 표현 ④ 과학 기술 혁신 ⑤ 세계화와 지속가능성 ⑥ 공정성과 개발
주요 개념 key concepts	① 형태(form) : 어떠한가? ② 기능(function) : 어떻게 작동하나? ③ 인과관계(causation) : 왜 그런가? ④ 변화(change) : 어떻게 변화하나? ⑤ 연결(connection) : 다른 것과 어떻게 연결되나? ⑥ 관점(perspective) : 관점은 무엇인가? ⑦ 책임(responsibility) : 우리의 책임은 무엇인가? ⑧ 성찰(reflection) : 우리가 어떻게 알 수 있는가?	① 심미(aesthetics) ② 변화(change) ③ 의사소통(communication) ④ 공동체(communities) ⑤ 연결(connections) ⑥ 창의성(creativity) ⑦ 문화(culture) ⑧ 발달(development) ⑨ 형태(form) ⑩ 글로벌 상호작용(global interaction) ⑪ 정체성(identity) ⑫ 논리(logic) ⑬ 관점(perspective) ⑭ 관계(relationships) ⑮ 시간, 장소, 공간(time, place and space) · 체제(system)
관련 개념 related concepts	• 교과별로 세부적인 관련 개념 제공(중등은 교과별 12개씩 제시) • 교사들은 관련 개념들을 도구로 하여 수업을 설계 • 관련 개념은 수업 지도안의 탐구 질문을 만들 때 발판으로 작용 • 관련 개념은 교과 간 및 학문 간 학습을 연결시켜줌으로써 교과 영역의 이해를 심화	

세계시민의식과 세계시민교육

세계시민의식(GC: Global Citizenship)은 국가의 경계를 넘어, 인류의 보편적 가치를 강조하고, 주변 국가들과 세계의 상호 연결뿐만 아니라 민족 간의 상호 연결을 전제로 더 큰 공동체에 대한 소속의식을 의미한다. 세계시민의식은 인권, 민주주의, 차별 반대, 다양성 등과 같은 인류 보편적 가치에 기반을 두고 더 나은 세상과 미래를 추구하는 시민의식을 뜻한다.

세계시민교육(GCED: Global Citizenship Education)은 현재 지구상에서 일어나고 있는 다양한 문제와 현상을 다루는 교육을 말한다. 다름과 다양성을 존중하며, 책임감 있는 행동을 통해 전 세계 공동체와 함께할 수 있는 역량 증진을 강조한다. 세계시민교육은 인권교육, 평화교육, 지속가능발전교육, 국제이해교육 등 다양한 교육에서 사용되어온 개념과 방법론 및 이론을 취하는 다면적인 접근법을 활용하고 있다. 각 교육들이 강조하는 세부 내용이나 주제들은 조금씩 다르지만, 기본적으로 '보다 정의롭고 평화로우며 지속가능한 세상'을 만들고자 하는 공통의 목표에 기반하고 있다. 즉 세계시민교육은 보다 정의롭고 평화로우며, 지속가능한 세상을 만드는 데 필요한 학습자의 지식과 기술, 가치와 태도 함양에 목적을 둔 교육이라고 할 수 있다. 기후변화와 코로나19로 인한 전 세계적 위기, 국내외 경제 및 사회 양극화와 갈등의 고조 등 인류 공통의 도전과제 해결을 위해서는 국가 간, 그리고 주변 지역 간의 연대뿐만 아니라 기성세대와 후속세대 간의 소통과 대화를 통한 합의와 공조가 필요하다. 지구의 반대편에서 일어나고 있는 일들도 우리에게 영향을 미치는 것처럼, 현재 우리의 행위가 미래 인류의 모습을 바꾸는 데 영향을 줄 수 있다는 점을 인식해야 한다. 미래 인류가 지속가능한 공존과 공영의 길로 나아가려면 세계시민교육이 제시하는 교육의 길을 우리 모두가 함께 걸어가야 하지 않을까?

02

기후위기, 지구촌 모두의 절박한 현실이 되다!

해마다 세계 곳곳에서 기상이변이 속출하며, 심지어 날로 심화되는 양상이다. 폭염과 한파, 태풍과 해일, 가뭄과 폭우, 폭설 등 기존 기후대에서 이례적이거나, 과격해진 다양한 기상이변 현상이 나타나는 것이다. 우리도 평소 생활 속에서 예전과 사뭇 달라진 날씨를 체감할 정도다. 게다가 이러한 현상은 단순한 날씨 문제에 머무는 것이 아니라 생태계를 위협하는 수준으로 다가오고 있다. 즉 지구상의 많은 곳이 풀 한 포기 자라나기 어려운 사막화된 땅으로 점점 변화하면서 안 그래도 인간들의 난개발로 서식지를 잃어가는 동물들의 삶의 터전이 점점 더 위협받고 있다. 이로 인해 지구상에 동식물들의 개체수 감소와 생물 다양성의 감소가 심각하게 진행되고 있다. 즉 생태계 자체가 망가지고 있는 것이다. 이러한 생태계 파괴는 육지뿐만 아니라 바다의 상황도 크게 다르지 않다. 미역, 다시마 등의 해조류가 점점 사라지며, 바다 생물들의 서식처이자 먹잇감 또한 사라지고 있다. 육지와 마찬가지로 해양 생태계도 무참하게 파괴되고 있다.

환경문제는 이제 동식물 생태계를 넘어 우리 인간 사회에도 점점 더 심각한 피해를 입히며, 막대한 경제적인 손실로 이어지고 있다. 비단 빈곤국이나 농업국가들의 문제를 넘어 선진국들도 직접적인 피해를 입고 있다. 이러한 기후위기의 심화가 산업혁명 이후라는 점을 감안할 때, 인류의 과도한 이기심이 초래한 결과라는 점에서 기후위기는 인류 공동의 책임이며, 함께 힘을 모아 해결해야 할 미룰 수 없는 시급한 과제가 되었다. 기후위기를 외면하고 방치한다면 인류의 생존과 지속성은 더 이상 장담할 수 없다.

기후위기에서 자유로운 **나라는 없다**

2015년 파리기후협약 당시 국가들은 2100년까지 2도를 지구 기온 상승의 마지노선으로 설정했다. 하지만 불과 3년 후인 2018

년 인천에서 열린 제48차 IPCC(Intergovernmental Panel on Climate Change, 기후변화에 관한 정부간 협의체)[1] 총회에서 그 경계를 1.5도로 조정했다. 2도의 상승만으로도 이미 치명적일 것이라는 내용의 〈지구온난화 1.5도〉가 발표되면서다. 2019년 세계적 과학학술잡지 《네이처(NATURE)》에는 돌이킬 수 없는 지구온난화의 티핑 포인트가 1~2도 사이에 있다는 논문이 실렸다. 이러한 자료들에 의하면 지구 온도가 1.5도만 넘어도 기존의 생명체들이 적응하기 어려운 환경의 극심한 변화가 찾아온다는 분석이다.

IPCC의 보고에 따르면, 지구 평균기온이 1.5도 상승하면 약 4억 5,000만 명의 삶이 위태로워질 것이며, 해수면 상승으로 수천만 명이 삶의 터전을 잃게 될 것이라고 분석하였다. 또한 홍수, 가뭄, 폭설, 폭염, 산불 등의 기상이변으로 1억 9,000만 명이 조기 사망하게 될 것으로 추정하였다. 인간뿐만 아니라 식물의 8%, 곤충의 6%, 척추동물의 4%도 기후 지리적 분포 범위의 절반 이상을 잃을 것으로 전망하였다. 만약 지구 평균기온이 2도 이상 상승 시에는 인류가 그 피해를 감당하기 어려운 극한 상황에 직면하게 될 것으로 전망하였다.

IPCC의 과학자들이 가장 두려워하는 시나리오 중 하나는 시베리

1. IPCC는 1988년 세계기상기구(WMO)와 유엔 환경계획(UNEP)이 공동 설립한 국제 협의체이다. 현재 기후위기에 관해 가장 신뢰할 만한 보고서를 발표하는 곳으로 국제사회에서 인정받고 있다.

아 영구 동토층이 녹아내림으로써 무려 수십억 톤의 엄청난 메탄이 누출될 수 있다는 전망이다. 메탄은 이산화탄소보다 30배 강력한 온실가스인데, 만약 메탄이 대량 누출된다면 기온 상승을 가속화하여 최악의 경우 지구상의 모든 생명체를 대멸종으로 몰아넣을 수 있다는 것이다. 게다가 세계기상기구(WMO, World Meteorological Organization) 역시 2026년까지 지구 온도가 1.5도를 돌파할 확률이 40%라고 발표했다. UN도 남극과 북극의 빙하가 급속도로 줄어들고 있으며, 북극의 영구 동토층이 녹기 시작해 메탄가스를 방출하기 시작했다고 경고하고 있다.

IPCC는 1990년 1차 보고서를 낸 이후 2021년 9월까지 6차 보고서를 발표했으며, 그동안 전 세계 기후변화 대응의 분기점 역할을 해왔다. 대표적으로 1992년 유엔기후변화협약, 1997년 교토의정서, 2015년 파리기후변화협정 등 인류의 기후변화 대응에 있어 전 지구적 인식의 변화를 이끌어내는 데 중대한 영향을 미친 것이다. IPCC는 지구 온도 1.5도 상승을 막아내기 위해 2030년까지 탄소 배출량을 반으로 줄이고, 2050년까지 탄소배출 제로를 달성해야 한다는 목표로 제시하였다.

IPCC가 발표한 보고서의 내용을 1차부터 간략하게 들여다보면 다음과 같다. 먼저 1990년 1차 보고서는 "인간이 기후에 영향을 주는 것으로 보인다."고 발표하였다. 즉 추정하는 수준일 뿐 단정하는 단계는 아니었다. 하지만 1995년 2차 보고서에서는 "인간이 지구온난화에 영향을 주고 있다."고 단정하고 있으며, 2001년 3차 보고서에서는 "최근 50년간 인간이 대부분의 지구온난화를 초래했다."고 명확히 밝혔다. 2007년 4차 보고서에서는 "20세기 중반 이후 급격한 지구온난화를 인류가 초래했음이 거의 확실하다."고 발표하였다. 2013년 5차 보고서에서는 "20세기 중반 이후 급격한 지구온난화의 범인은 인간이다"라며 지구온난화의 직접적인 책임의 주체로 인간을 지목하였다.

2021년 6차 보고서에 이르러 드디어 "인간이 산업혁명 이후 지구온난화의 범인이다."라는 메시지를 통해 인간이 지구온난화를 불러일으킨 구체적 시기와 책임을 명시하였다. 이 6차 보고서에 따르면 산업화 이전에 비해 2011~2020년 지구 평균온도가 1.09도 상승한 상태이다. 5차 보고서에서 2003~2012년 0.78도 상승한 결과를 발표한지 10년도 채 안 되는 기간에 무려 0.31도가 올라간 것이다. 이 추세대로라면 기후위기의 마지노선인 1.5도의 도달 시점, 즉 대멸종[2]과 대재앙[3]을 맞이하게 되는 상황은 얼마 남지 않았다.

그나마 얼마라도 가능성이 남아 있는 시간 동안 우리는 인류의 생존 전략을 실행해야 한다. 늦장을 부릴 만한 여유가 인류에게는 사실상 없는 것이다.

2. 대멸종은 지구 역사 속에서 한 종이 도태되고 사라지게 되는 일반적인 멸종이 아니라 길지 않은 시간동안 급격한 변화로 인해 많은 생명체들이 골고루 사라지는 것을 의미한다.

3. 대재앙은 세계 인구의 15%가 사망하거나 세계적으로 국내총생산(GDP)의 50%가 감소하고 그 상태가 10년 이상 지속되는 상태를 의미한다.

전 지구적 연대를 이끌어낸
그레타 툰베리

2003년 스웨덴에서 태어난 그레타 툰베리(Greta Thunberg, 2003~현재)는 8살이 되던 2011년 기후변화에 대해 처음 듣고 난 뒤 기후변화의 심각성에 대해 공부를 시작하였다. 열한 살 때 기후재앙의 현실을 보여주는 영상을 접한 후 몇 달 동안 식음을 전폐하며 기후우울증을 심하게 앓았다. 15세가 되던 2018년 여름 262년 만에 가장 더웠던 스웨덴의 폭염과 산불을 겪으면서 본격적으로 행동에 나섰다. 그해 8월부터 스웨덴 총선이 열리는 9월까지 학교를 결석하고 수도 스톡홀름의 국회의사당 앞에서 기후변화 대책 마련을 촉구하는 1인 시위를 벌였다. 그는 '기후를 위한 학교 파업(school strike for climate)'이라는 피켓을 들고 시위를 벌였고, 총선 이후로도 매주 금요일 학교를 빠지고 시위를 계속해 나갔다. 그런데 이 시위는 나비효과를 일으켰다. 즉 전 세계 학생들의 자발적 동참을 이끌어낸 것이다. 세계적 기후 운동인 '미래를 위한 금요일(Friday for Future)'로 운동이 이어졌다. 그레타 툰베리의 호소에 감화된 전 세계 수백만 명의 학생들이 기후재앙에 반대하며 지금도 매주 금요일 등교를 거부하며 동조 시위를 벌이고 있다.

이후 툰베리는 2019년 1월 다보스 포럼, 9월 UN 기후행동 정상회의에서 연설을 이어가며 전 세계적인 주목을 받았다. 같은 해인

'기후를 위한 학교파업' 시위를 이끈 10대, 그레타 툰베리

스웨덴의 그레타 툰베리는 '기후를 위한 학교파업' 시위를 이끌며 전 세계인에게 기후변화의 심각성을 알리는 데 기여하였다.

2019년 그레타 툰베리는 《타임》이 선정한 올해의 인물로도 선정되며 전 세계 대표적인 환경운동가로 이름을 알리게 되었다.

그레타 툰베리는 2019년 9월 23일 미국 뉴욕에서 열린 UN 기후행동정상회의에 참석하기 위해 대서양을 건너야 했다. 이때 그는 탄소배출이 많은 항공기나 선박 이용을 피하기 위해 태양광 요트를 타고 대서양을 건넜다. 그는 정상회의 연설에서 선진국들의 리더들이 자국의 이익 앞에 오랜 시간 환경문제에 대해 미온적인 태도를 보이며 외면해온 것을 당차게 비판하며, 전 세계에 기후위기의 심각성을 널리 알리는 데 커다란 역할을 하였다.

이미 국제사회가 기후위기의 심각성에 공감하며, 함께 해결하기 위해 노력하고 있는 점은 분명 의미 있는 일이다. 하지만 여전히 환경문제는 국가마다 시급한 과제, 특히 경제성장과 관련된 과제들에 우선순위가 밀리는 등 실천에 이르기까지 너무나 많은 걸림돌이 존재한다. 대표적으로 탄소중립을 실현하기 위한 에너지 사용 문제만 해도 워낙 각국의 이해관계가 복잡하게 얽히면서 저마다 자국의 이익을 우선순위로 두다 보니, 실천에 난항을 겪고 있다. 이날 회의에서 그레타 툰베리는 각국 정상들에게 "세계 지도자들이 온실가스 감축 등 각종 환경 공약을 내세우면서도 실질적 행동은 하지 않고 있다."며 날카롭게 비판했다. 또 그는 "생태계가 무너지고 대멸종 위기가 우리 앞에 다가와 있는데도, 당신들은 돈과 끝없는 경제성장에 관한 이야기만 늘어놓는다."며 목소리를 높였다. "미래세대의 눈이 당신들을 향해 있다"며 "우리를 실망시킨다면 결코 용서하지 않을 것"이라고 엄중히 경고했다. 그레타 툰베리의 연설 중 일부를 소개하면 다음과 같다.

"이건 아닙니다. 저는 여기가 아니라 대서양 건너편 나라에 있는 학교로 돌아가야 합니다. 여러분은 희망을 이야기하기 위해 우리 청년들에게 오셨다고요? 어떻게 감히 그럴 수 있나요? 여러분은 헛된 말로 저의 꿈과 어린 시절을 빼앗았습니다. 사람들이 고통받고 있습니다. 죽어가고 있어요. 생태계 전체가 무너져 내리고 있습니다. 우리는 대멸종의 시작점에 있습니다. 그런데 여러분이 할 수 있는 이야기는 전부 돈과 끝없는 경제성장에 대한 것뿐입니다. 도대체 어떻게 그럴 수 있습니까?

… 중략 …

어떻게 그렇게 계속해서 외면할 수 있나요? 그러고는 이 자리에 와서 충분히 하고 있다고 말할 수 있나요? 해결책이 여전히 아무 곳에도 보이지 않는데요. 여러분은 우리가 하는 말을 듣고 있고 긴급함을 알고 있다고 이야기합니다. 하지만 여러분들이 아무리 슬프고 화가 난다고 해도 저는 그 말을 믿고 싶지 않습니다. 만약 정말로 지금 상황을 이해하는데도 행동하지 않는 거라면 여러분은 악마나 다를 바 없기 때문입니다. 그래서 저는 그렇게는 믿고 싶지 않습니다.

여러분은 우리 세대를 실망시키고 있습니다. 그러나 우리 세대는 여러분이 배신하고 있다는 것을 알기 시작했습니다. 모든 미래 세대의 눈이 여러분을 향해 있습니다. 여러분이 우리를 실망시키는 선택을 한다면 우리는 결코 여러분을 용서하지 않을 것입니다. 변화가 다가오고 있습니다."

지속가능발전교육, **지구생태환경의 지속가능성을 도모하다**

현재 세계에서 기후변화에 가장 취약하다고 판단되는 서부 · 중앙 · 동부 아프리카, 남아시아, 중남미 등의 지역에는 많은 인구가 거주하고 있다. IPCC 6차 보고서에 따르면 전 세계 기후변화 취약층을 33억~36억 명으로 추산하고 있다. 특히 2015년 이후 기후변화 적응 대책이 미비한 지역에서 인구 증가가 더욱 두드러졌다. 하지만 선진국도 기후위기에서 자유롭지 못하다. 예컨대 유럽의 폭우나 미국의 홍수, 수년간 최고 기온을 경신하며 서유럽을 강타한 폭염과 대형 산불 등의 기후변화 피해는 선진국과 개발도상국, 지역과 사람을 가리지 않고 발생하고 있는 상황이다. 앞으로 해수면 상승이 지속되면 해양도시는 물론, 내륙에 위치한 도시들까지도 다양한 기후재앙에 직면하게 될 것이므로, 국경을 따지지 않고 기후문제를 적극적으로 해결하기 위한 국제적 협력이 필요하다. 그동안 성장을 위해 지구의 자원을 아낌없이 사용하고, 환경을 오

기후위기와 기후난민

2015년에 개봉해 흥행한 영화 《내부자들》 속 "모히또에 가서 몰디브 한 잔 해야지?"라는 대사로 더 유명해진 몰디브는 우리나라 사람들에게도 인기 있는 휴양지이다. 마치 설탕처럼 하얗게 펼쳐진 백사장으로 명성이 높다. 몰디브는 1,300여 개의 섬으로 이루어졌는데, 지구온난화로 인한 기후변화로 해수면이 상승하면서 주민 38만 6,000여 명이 기후난민이 될 처지에 놓였다. 즉 기후변화로 인해 삶의 터전을 떠날 수밖에 없는 상황에 놓인 것이다.

남태평양의 섬나라 투발루도 국토가 이미 물에 잠기기 시작했다. 마찬가지로 지구온난화로 인한 해수면이 상승했기 때문이다. 이미 2000년에 국토포기선언을 한 투발루 시내 상점을 가보면 신선한 야채와 과일 대신 장기보존이 가능한 통조림 제품들이 자리를 차지하고 있다.

이처럼 기후위기는 더 이상 미래의 위협이 아니라 현실의 위협인 것이다. 생활의 불편을 넘어 삶의 터전을 포기하게 하고, 나아가 생존 자체를 위협받는 사람들까지 이미 생겨나고 있기 때문이다. 특히 취약국가일수록 기후위기로 인한 타격은 심각하게 나타나는데, 이는 '기후 불평등'의 현실을 잘 보여준다. 하지만 유럽의 폭우나 미국의 홍수피해처럼 기후위기는 결국 선진국도 피해갈 수 없는 전 지구적 문제이다. 지금은 일부 섬나라의 문제로 국한되어 보일지 모르지만, 조만간 우리 모두의 생존이 걸린 문제가 될 것이다. 각국 정부와 국제사회의 협력을 넘어 지금 당장 강력한 실천이 필요한 때이다.

염시켜온 대가가 급속도로 인류의 숨통을 조여오는 것이다. 이제 인류는 지구생태환경의 회복을 위해 협력해야 한다. 하루빨리 전 세계가 머리를 맞대고 대응책을 찾아내야 할 것이다. UN 지속가능발전교육도 그러한 노력의 하나이다.

UN의 SDGs와 SDG4(양질의 교육)

2015년 UN은 전 세계 모든 국가가 2030년까지 달성해야 할 '지속가능발전목표(SDGs, Sustainable Development Goals)'를 선포하였다. 지속가능발전목표는 5대 원칙과 17개 목표로 이루어져 있다. 5대 원칙은 사람(people), 지구(planet), 번영(prosperity), 평화(peace), 파트너십(partnership)이다. 그리고 5대 원칙 위에 수립한 17개 목표는 빈곤 해소를 가장 본질적이고 궁극적인 전 지구적 과제이자 지속가능발전을 위한 필수요건으로 강조하고 있다. 그 외 다른 모든 목표들은 인권의 실현과 양성평등, 모든 여성과 소녀들의 역량 강화를 포함하여 지속가능발전의 세 가지 핵심축인 '환경보존', '경제번영', '사회통합'을 균형 있게 통합하고자 하는 고민을 반영하였다.

17개 목표 중 교육과 관련된 4번째 목표인 'SDG4(양질의 교육)'는 7개의 세부목표 및 3개의 실행목표를 담고 있다. SDG4의 7번째 세부목표가 바로 지속가능발전교육이다. SDG4는 SDGs를 구성하는 일부분일 뿐만 아니라 SDGs 전체의 성공을 좌우하

01	NO POVERTY 빈곤퇴치	10	REDUCED INEQUALITIES 불평등 감소
02	ZERO HUNGER 기아종식	11	SUSTAINABLE CITIES AND COMMUNITIES 지속가능한 도시와 공동체
03	GOOD HEALTH AND WELL-BEING 건강과 웰빙	12	RESPONSIBLE CONSUMPTION AND PRODUCTION 지속가능한 생산과 소비
04	QUAILITY EDUCATION 양질의 교육	13	CLIMATE ACTION 기후변화 대응
05	GENDER EQUALITY 성평등	14	LIFE BELLOW WATER 해양생태계 보존
06	CLEAN WATER AND SANITATION 깨끗한 물과 위생시설	15	LIFE ON LAND 육상 생태계 보호
07	AFFORDABLE AND CLEAN ENERGY 모두를 위한 깨끗한 에너지	16	PEACE, JUSTICE AND STRONG INSTITUTIONS 정의, 평화, 효과적인 제도
08	DECENT WORK AND ECONOMIC GROWTH 양질의 일자리와 경제성장	17	PARTNERSHIP FOR THE GOALS 글로벌 파트너십
09	INDUSTRY INNOVATION AND INFRASTRUCTURE 산업, 혁신, 사회기반시설		

4-1 2030년까지 모든 여아와 남아가 유의미하고 효과적인 학습 성과를 달성하도록 형평성 있는 양질의 초등 및 중등 교육을 무상으로 이수하도록 보장한다.

4-2 2030년까지 모든 여아와 남아가 초등 교육을 사전 준비할 수 있도록 양질의 영 · 유아의 발달, 보육, 취학 전 교육에 대한 접근성을 보장한다.

4-3 2030년까지 모든 여성과 남성에게 적정 가격의 기술 및 직업 교육, 대학을 포함한 3차 교육에 대한 동등한 접근성을 보장한다.

4-4 2030년까지 취업, 양질의 일자리 및 기업가 활동에 '필요한 전문 및 직업 기술을 포함한 관련 기술을 가진 청소년과 성인 수를 대폭 늘린다.

4-5 2030년까지 교육에 대한 성별 격차를 해소하고, '장애인, 선주민, 취약한 상황에 있는 아동을 포함한 모든 취약계층이 모든 수준의 교육 및 직업 훈련에 '동등하게 접근하도록 보장한다.

4-6 2030년까지 모든 청소년과 상당한 비율의 성인 남녀가 문해 및 산술 능력을 갖추도록 한다.

4-7 2030년까지 모든 학습자들에게 지속가능발전, 지속가능한 생활 방식, 인권, 성평등, 평화와 비폭력 문화 확산, 세계시민의식, 문화 다양성 존중 및 지속가능발전을 위한 문화의 기여 등에 대한 교육을 통해 지속가능발전 증진을 위한 필요한 지식과 기술의 습득을 보장한다.

4-A 아동, 장애, 성별을 고려한 교육 시설을 설립 및 개선하고, 모두를 위한 안전하고, 비폭력적이며, 포용적이고 효과적인 학습 환경을 제공한다.

4-B 선진국 및 기타 개발도상국에서 직업훈련, 정보통신기술(ICT), 기술 · 공학 · 과학 프로그램을 포함한 고등 교육을 받을 수 있도록 2020년까지 개도국, 특히 최빈국, 군소도서개발국, 아프리카 국가에 제공되는 장학금의 수를 전세계적으로 대폭 확대한다.

4-C 2030년까지 개발도상국, 특히 최빈국 및 군소도서개발국의 교원 양성을 위해 국제협력 등을 통해 우수한 교원 공급을 대폭 확대한다.

UN 지속가능발전목표(SDGs)와 양질의 교육(SDG4)

초등 및 중등의 무상교육, 유아-초등교육의 동질적 접근, 적정한 기술, 직업 그리고 고등교육, 증진, 경제적 성공에 관련된 기술을 가진 사람들의 양성 등의 내용을 포함하고 있다.

는 요소이다. SDG4의 독립된 목표인 '포용적이고 공평한 양질의 교육 보장 및 모두를 위한 평생학습 기회 증진(Ensure inclusive and equitable quality education and promote lifelong learning opportunities for all)'에 담긴 교육 비전은 다음과 같다.

- 첫째, 그 대상은 '**모두를 위함(for all)**'으로 한다. 이는 소수의 우수한 인재 중심의 교육이 아닌 '누구도 소외되지 않게 한다.'는 SDGs 전체 목표를 반영한 것이다.
- 둘째, '**포용적이고 공평한**' 교육을 추구한다는 정신 역시 SDGs의 기본 정신으로, 그동안 전 세계적으로 발전의 혜택이 소수의 국가, 계층, 민족에게 편중되어 돌아갔음에 대한 반성이다.
- 셋째, '**양질의 교육**' 제공은 교육 기회의 양적 확대뿐만 아니라 교육의 질적 측면 역시 향상시키겠다는 SDG4의 새로운 비전이다.
- 넷째, '**평생학습 기회 증진**'은 청소년뿐만 아니라 성인 남녀의 문해력 및 산술능력을 갖추도록 한다는 비전을 담고 있다.

SDG4는 교육의 수직적 측면과 수평적 측면을 모두 아우르고 있다. 교육의 수직적 측면에서는 취학 전 영유아 교육부터 고등교육까지를, 교육의 수평적 측면에서는 학교 교육뿐만 아니라 평생교육, 직업교육, 지속가능발전을 위한 교육 등 다양한 영역을 포괄하고 있다. 이는 초등교육에 한정하여 개발도상국만을 위한다고 비판받았던 과거와는 달리, 전 세계 국가들이 관심을 기울이는 평생 학습을 선택함으로써 SDG4가 비단 개발도상국만의 이슈가 아닌 선진국을 포함한 전 세계 모든 국가들의 이슈임을 보여준다.

지속가능발전과 지속가능발전교육

지속가능발전(SD, Sustainable Development)은 미래 세대가 자신들의 필요를 충족시킬 수 있는 능력을 훼손하지 않으면서 현재의 필요를 충족시키는 발전을 의미한다. 환경적 · 경제적 · 사회적 이슈는 서로 연결되어 있으며, 환경을 희생시키지 않고도 얼마든지 경제적 · 사회적 발전을 이룰 수 있다는 것을 의미한다. 즉 지속가능발전은 환경과 경제, 사회의 요구 사이에서 균형을 이루는 것을 말한다.

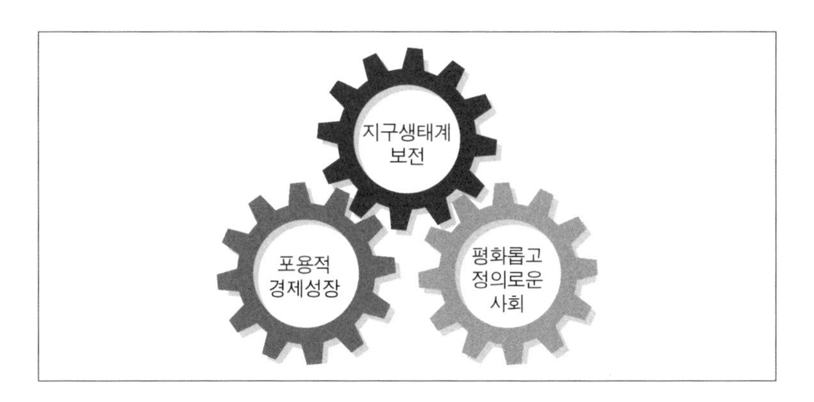

지속가능한발전의 세 가지 핵심축

지구 생태계 보전을 통한 환경 보전, 포용적 경제성장을 통한 경제 번영, 평화롭고 정의로운 사회를 추구하는 사회 통합의 세 가지는 지속가능한발전의 목표들이 궁극적으로 지향하는 바이다.

지속가능발전교육(ESD, Education for Sustainable Development)은 지속가능한 발전을 실현하기 위한 SDG4의 7번째 세부목표로, 1992년 리우 환경정상회의에서 처음 등장하였다. 이후 2002년 제57차 유엔총회에서 지속가능발전교육의 강화와 이행을 전 세계에 요청하였고, UNESCO(유네스코)와 UNCSD(유엔지속가능발전회의)에서 지속가능발전을 위한 행동 실천체계로서 교육, 즉 ESD의 실천을 강조하였다. 이에 따라 UNESCO와 UN 회원국들은 지속가능발전교육과 관련하여 정책적 노력을 다각도로 전개하고 있다.

지속가능발전교육(ESD)은 지속가능한 미래와 사회 변혁을 위해 필요한 가치, 행동, 삶의 방식을 배우는 교육을 지향한다. 특히 현재와 미래의 세대를 아우르는 정의로운 사회 구축, 선진국과 후진국의 격차 해소, 인간과 자연의 형평성과 같은 사회 정의, 경제 정의, 환경 정의의 실현은 지속가능한 미래를 위해 꼭 이루어져야 하며, 이를 위해 사람들의 행동양식의 변화를 강조한다. 즉 인류의 지속가능한 미래와 사회 변혁을 위해 사람들의 행동 양식을 변화시키는 데 가장 효율적이며, 핵심적인 수단을 지속가능발전교육으로 본 것이다. 지속가능발전교육은 인류 생존의 문제에 대한 전 지구적 성찰을 담고 있다는 점에서 미래교육의 비전으로서의 의미와 확장 가능성을 지닌다. 지속가능발전교육은 인류가 지속가능한 미래와 공존공영의 사회로 나아가기 위한 가치와 행동으로 인류의 역량을 집중시키려는 미래교육의 방향이자 방법인 것이다.

03

지구생태환경교육, 생태적 공정교육의 진화

앞에서 우리는 코로나19 팬데믹과 기후위기를 중심으로 국제사회가 함께 해결해야 할 당면과제들을 살펴보았다. 이제 4장을 마무리하며 국제사회의 구체적 공존 방안으로 **연대**를 이야기하려 한다. 즉 코로나19 팬데믹에 국제사회가 연대한 'COVAX Facility 프로젝트'와 기후위기 극복 등을 위해 국제사회가 공조하는 'OECD 2030 프로젝트'를 중심으로 인류 공존과 공영의 방향을 살펴볼 것이다. 기존의 인간 중심이 아닌 지구생태환경 중심의 교육 그리고 개인과 사회의 성공이 아닌 웰빙을 위한 교육의 방향을 소개하였다.

코백스 퍼실리티 프로젝트를 통해 본 **연대와 공조의 중요성**

코로나19 오미크론 변이가 왜 아프리카에서 발생했는지 전 세계적 논쟁이 있었다. 아프리카는 잘 알려졌다시피 지구상에서 가장 가난한 지역이기도 하다. 아프리카 대륙은 인구의 극소수를 제외하면 아이들을 제대로 먹이고 입힐 수 없고, 학교에도 보낼 수 없다. 즉 기아와 질병, 열악한 주거와 일상적 영양실조가 만연할 뿐만 아니라, 많은 아이들이 기본적인 교육 기회마저 박탈당하고 있다. 심지어 아프리카 인구의 40%에 이르는 4억 명이 유엔이 정한 빈곤 기준인 하루 1.9달러(한화 약 2천 원 수준)라는 극빈층 이하로 살아가고 있다. 코로나19 오미크론 변이 바이러스는 바로 이러한 곳에서 생겨났다.

비단 오미크론만이 아니다. 팬데믹 선언 이후 현재까지 코로나19 바이러스는 변이를 거듭하고 있다. 그중 우세종이던 베타, 감마, 델타 그리고 오미크론과 켄타우로스까지 세계보건기구(WHO)가 꼽은 코로나19 주요 변이가 발생한 곳은 거의 대부분 대규모 빈곤 지역이다. 게다가 이들 지역은 백신이 제대로 공급되지 못해 접종률이 매우 낮은 지역이기도 하다. 인도, 브라질, 남아프리카공화국과 남부 아프리카 모두가 그러하다. 알려진 대로 코로나19 바이러스는 RNA 바이러스로, DNA 바이러스와 달리 자기복제를 거듭할수록 변이가 더 발생한다. 인구 수백만 명이 밀집해 사는 곳에서 제대로 된 영양 공급도 어렵고, 위생조차 엉망일수록 바이러스는 더 무섭게 전파된다. 그래서 이들 지역에서 코로나19의 격렬한 유행, 즉 바이러스의 격렬한 자기복제가 발생한 것이다. 그리고 변이가 많이 발생할수록 전파력이 강한 우세 변이종이 발생할 확률도 커진다. 바로 이렇게 우리가 마주한 코로나19 주요 변이들이 발생한 것이다.

2020년 10월에 남아공과 브라질 정부는 코로나19 팬데믹 백신 및 치료제에 대해 특허 등 지식재산권을 유예하자는 제안을 세계보건기구(WHO)에 제출하였다. 만약 이때부터 백신이나 치료제의 특허가 유예됐다면 오미크론 폭증 당시 세계 최빈국 국민 중 1회 이상 백신 접종자가 10%에도 이르지 못하는 사태는 막을 수 있었을 것이라는 주장이다. 그러나 이러한 유예안은 거대 제약사들을 보유한 국가들이 몰려 있는 유럽연합(EU)의 반대로 세계보건기구(WHO)에서 통과되지 못했다. 자국 기업의 이익 앞에 **공동선(the common good)**이 외면당한 것이다. 만약 자국 제약회사의 이윤 보호가 우선이 아니라 팬데믹에 대응하기 위한 인류 공동체의 공존을 우선시했다면 전 인류는 이미 백신 접종을 마쳤을지도 모른다. 전 세계적으로 체계적인 백신 생산과 분배의 의지가 없는 한 코로나19 변이의 끝은 언제일지 알 수 없다.

다행스러운 점은 국제사회가 코백스 퍼실리티(COVAX Facility)

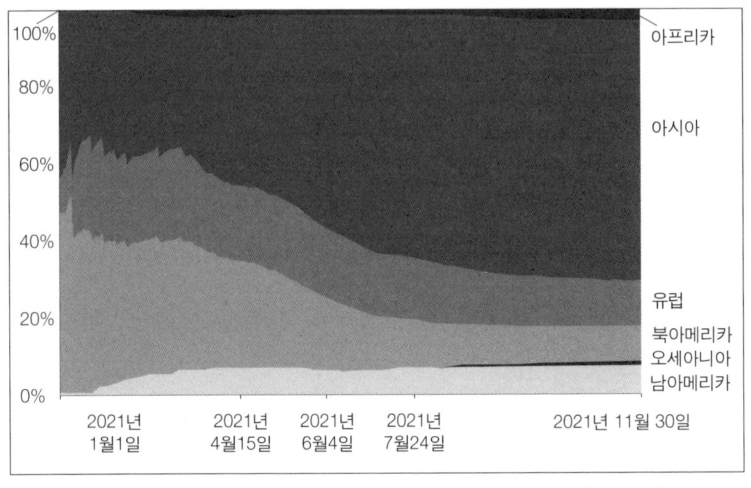

※자료: Our World in Data

백신보급 현황

자료를 보면 알 수 있지만, 백신이 개발된 2021년 1월부터 2021년 11월까지 북미와 유럽, 아시아 선진국에 몰려 있으며, 남미와 아프리카 대륙에는 백신이 거의 보급되지 않은 것으로 나타나고 있다.

라는 프로젝트를 통해 코로나19에 대응하는 공조와 연대의 모습을 보였다는 점이다. 코백스 퍼실리티는 세계보건기구(WHO), 세계백신면역연합(GAVI), 감염병혁신연합(CEPI)이 중심이 되어 운영하는 국제적 백신 공동 구매와 배분을 위한 프로젝트이다. 코로나19 백신을 확보하기 힘든 개발도상국 등을 포함해 전 세계 국가들에게 코로나19 백신을 공정하게 배분하려는 목적으로 설립되었다. 코백스 퍼실리티는 부유하거나 의학이 발달한 국가가 아니더라도 코로나19 백신을 안정적으로 공급받을 수 있도록 하기 위해 세계 모든 국가들이 힘을 모아야 한다는 취지로 설립되었다.

코로나19 팬데믹 선언 초기 마스크 등 방역장비와 코로나19 치료제 확보를 위한 국가 간의 경쟁이 치열했고, 백신 개발 이후에도 백신 선점을 위한 선진국들의 경쟁이 이어지면서, 경제 발전이 더디고 소득수준이 낮은 저개발 국가들은 백신을 확보하지 못한 채 감염 확산과 치명률에 속수무책이었다.

코백스 퍼실리티는 바로 그러한 문제의식에 기반하여 선진국의 투자로 백신을 개발하고, 그 기여율에 따라 개발된 백신을 분배하는 한편, 일정 부분은 백신 확보가 어려운 저개발 국가들에게 지원하자는 취지를 담았다. 이미 자국민을 위한 충분한 백신을 확보한 국가들은 다른 국가들을 위해 백신을 배분할 수 있으며, 이를 통해 모든 국가가 필요한 만큼 백신을 확보하여 코로나19 팬데믹에 공동 대응하고자 한 것이다.

그러나 자금조달 및 선진국들의 과도한 백신 선주문, '백신 공장'으로 불리는 국가들의 수출 금지 등으로 해당 프로젝트가 제기능을 다하지 못하면서 빈곤국들은 원활한 백신 조달에 어려움을 겪을 수밖에 없었다. 이와 대조적으로 선진국들은 4차 이상 접종을 진행하는 상황으로 백신조차 선진국과 빈곤국 간에 빈익빈 부익부 현상이 여실히 드러났다. 세계보건기구(WHO)는 선진국들의 부스터샷 연기를 촉구하기도 했다. 하지만 이러한 빈익빈 부익부 현상은 결국 부메랑이 되어 전 세계인에게 돌아왔다. 실제 팬데믹 상황에서 백신 접종 후 감소 추세로 조금씩 돌아서던 확진자 수가 다시 폭증으로 이어지는 반복적인 상황들은 코로나19 바이러스의 변이 등장과 무관하지 않다. 그리고 확진자 폭증으로까지 이어진 바이러스의 주요 변이가 인도와 남아프리카공화국 등 선진국에 비해 백신 접종률이 매우 낮은 국가들에서 시작된다는 점은 선진국들이 주목해야 할 부분이다. 변이 바이러스는 결국 선진국도 피해갈 수 없다. 인구수를 감안하더라도 누적 확진자 수 세계 1위가 최강국 미국(2022년 8월 기준 9,478만 8,022명)인 점은 굳이 상기할 필요가 없을 것이다. 결국 최선의 코로나19 팬데믹 대응은 지구촌 전체를 생각하는 연대와 공조의식의 발현일 것이다.

그러한 차원에서 학생들에게 나눔과 배려, 연대와 공조 의식을 생활 속에서 체험하며 내재화할 수 있는 다양한 교육적 기회가 주어져야 한다. 인류 공존과 공영을 위한 보편가치를 지향하며 학생들의 삶을 연결짓는 수업, 그리고 인류의 지속가능을 위한 생활태도의 변화를 이끌어내는 교육이 절실히 필요한 시점이다.

Education 2030 프로젝트가 추구하는 **웰빙과 지속의 방향**

한 국가의 국민을 넘어 세계시민으로서의 정체성을 갖고, 우리 모두가 인류와 지구생태환경의 생존과 지속을 위해 함께 힘을 합쳐야 하는 시기다. 교육도 국가 간 경계를 넘어 인류와 지구생태환경을 위해 어떻게 행동해야 할 것인지에 관한 고민이 중요해졌다. 또한 학교 교육을 통해 미래사회가 요구하는 인재를 어떻게 양성할 것인지에 대한 고민도 더해지는 순간이다. 이는 미래 학교 교육의 생존과도 밀접한 관련이 있다. 이와 관련하여 OECD에서는 Education 2030 프로젝트를 통해 그 방향을 찾아가고 있다.

OECD의 교육 프로젝트

OECD(Organization for Economic Cooperation and Development)는 지속적인 교육 프로젝트를 추진하고 있다. 1997년부터 '데세코(DeSeCo, Definition and Selection of Key Competences) 프로젝트'를 통해 학교 교육에 역량을 도입하는 교육개혁을 추진하였다. OECD의 **데세코 프로젝트**가 제안한 핵심역량은 **관계**에 주목하여 우리가 살아가면서 관계를 맺는 대상을 세 가지로 구분하고, 그에 요구되는 역량을 제시하였다. 첫 번째는 **자기 자신과의 관계**다. 내가 누구인지 아는 것에서 출발해 내가 살아가고 있는 세계에서 나의 권리와 의무를 파악하여 이해하고, 이를 토대로 내가 할 수 있는 목표를 정하고 계획을 세워 실천에 옮기는 것을 의미한다. 이때 필요한 역량이 **자율성**이다. 두 번째는 **다른 사람과의 관계**이다. 가족에서부터 학교, 직장, 사회 사람들과의 의사소통, 배려, 공감, 설득, 협동, 협력과 사회참여, 조직소속, 봉사나 기부와 같은 행위를 포함한다. 이러한 사람들과의 만남에서 필요한 역량이 **사회성**이다. 세 번째는 **도구들과의 관계**다. 인류가 만든 유산 중에서 지적 활동에 도움을 주는 컴퓨터, 책, 영화 등 인공적인 도구들로서의 정보와 기술 등이다. 이러한 인공적인 도구들을 변화하는 세계에서 자유롭게 다룰 수 있는 역량이 바로 **도구 사용 역량**이다.

또한 OECD는 2015년부터 데세코 프로젝트의 후속 프로젝트인 'Education 2030'을 통해 학교 현장에 어떻게 학생들의 역량을 증진시켜갈 것인가에 초점을 맞추고 있다. 미래사회에 교육의 대전환이 필요하다는 판단 아래 세 가지 새로운 핵심역량을 제안하였다. 첫 번째, **새로운 가치 창출하기**는 데세코 프로젝트에서 다루지 못한 창의적 사고력 문제를 확장한 것이다. 사고력은 고정관념에서 벗어나 다르게 생각하는 힘을 의미한다. 예컨대 변화에 대한 적응을 넘어, 기존 개념에 대한 융합적·복합적 접근으로 새로운 생각이나 가치를 창출하는 역량이다. 두 번째, **긴장과 갈등 조정하기**는 다른 사람과의 관계에 대한 확장판이다. 이제 사회에서 필요한 역량은 사회성을 갖추는 데 머물지 않고 사회적 변화 속에서 이루어지는 긴장이나 갈등 상황을 극복할 수 있는 능력을 갖춰야 한다는 것이다. 세 번째, **책임감 갖기**는 자기 자신에 대한 행동을 성찰하고 평가하는 것까지 포괄하는 개념이다. 내가 세운 목표가 적절한지, 이를 행동으로 옮겼을 때 어떤 결과를 초래할지에 대한 성찰과 평가가 미래 사회에서 중요한 역량이라고 제안하였다.

DeSeCo 프로젝트와 Education 2030 비교

구분	DeSeCo 프로젝트	Education 2030 프로젝트
추진기간	1997-2003	2015-2030
추진목표	개인•사회의 성공(success) (개인과 사회의 이익)	개인•사회의 웰빙(well-being) (개인과 사회의 보다 나은 방향)
주요역량	핵심(key) 역량	변혁적(transformative) 역량
	① 자율적으로 행동하기 ② 이질 집단과 상호작용하기 ③ 여러 도구를 상호적 사용하기	① 새로운 가치 창출하기 ② 긴장과 갈등 조정하기 ③ 책임감 갖기
학생역할	성찰(reflectiveness)	학생 행위주체성(student agency)

Education 2030 프로젝트가 DeSeCo 프로젝트의 2.0 버전으로도 불리는 것은 1.0 버전과 마찬가지로 인류가 미래 사회를 살아가는 데 필요한 '핵심역량'을 함양하는 교육을 중심으로 교육 비전을 제시하고 있기 때문이다. 그럼에도 불구하고 1.0 버전과 2.0 버전은 그 목표와 역량에 있어 차이를 지닌다. 추진목표, 주요역량, 학생역할 등 모든 부분에서 보여지는 변화의 경향성으로, 개인과 사회의 '성공'에서 '웰빙'으로, 개인적 '자율성'에서 사회적 '책임감'으로, 자신에 대한 '성찰'에서 자신의 행위에 대한 '주체성'에 변화의 초점을 두고 있다. Education 2030 프로젝트의 1주기 사업은 '무엇을 가르칠 것인가'에 대한 주제로 연구가 진행되었고, 그 결과 2019년에 'Education 2030 Framework'을 발표하였다. 현재는 '어떻게 가르칠 것인가'를 주제로 2주기 연구를 진행하고 있다.

SDGs를 위한 웰빙교육

OECD는 학습나침반 도식을 통해 Education 2030이 나아가야 할 방향을 제시하고 있다. 학습 나침반이 지향하는 교육의 최종 목적은 **개인과 사회의 웰빙**이며, 이는 학생들이 자기 주변의 일에 관심을 갖고 책임감 있게 생각하고 참여함으로써 이루어지는 것으로 보았다. 이렇게 자신의 삶에 책임감을 갖고 자기 자신과 사회의 성장에 기여하는 학생의 모습을 '학생의 행위주체성(Student Agency)'이라는 개념으로 제시하였다. 그리고 '협력적 행위주체성(Co-Agency)'이라는 개념을 들어 친구(peers), 교사(teachers), 학부모(parents), 지역사회(communities)를 함께 제시하며 교육공동체의 지원과 협력을 강조하였다.

또한 OECD는 학생들이 개인과 사회의 웰빙(Well-being)을 위해 필요한 **역량(Competences)**으로 지식, 기능, 태도와 가치를 제시하였다. 학생들이 이런 역량을 쌓기 위해 반드시 갖추어야 할 **핵심기초(Core foundations)** 기능으로, 문해력(Literacy), 수리력(Numaracy), 디지털 활용 능력(Digital Literacy), 데이터 활용 능력(Data Literacy), 건강기초(Health Foundation) 등 5가지를 제시하고 있다.

이러한 학생들의 4가지 '역량'과 5가지 '핵심기초' 기능을 바탕으로 사회를 변혁하고 더 나은 미래의 삶을 만들어가는 데 요구되는 핵심역량을 **변혁적 역량(Transformative Competence)**이라 하였다. 변혁적 역량은 앞서 확인한 ① 새로운 가치 창출하기, ② 긴장

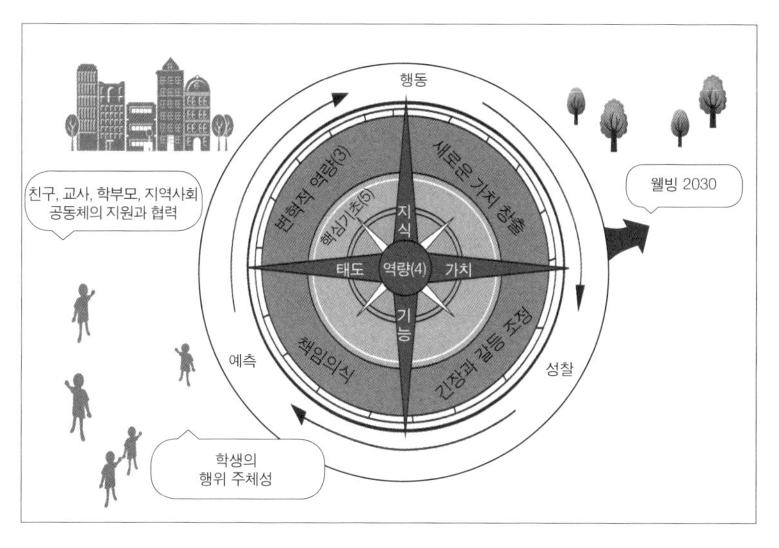

OECD 2030 학습 나침반

OECD는 학생들이 개인과 사회의 웰빙(Well-being)을 위해 필요한 '역량(Competences)'으로 지식, 기능, 태도와 가치를 제시하였다.

과 갈등 조정하기, ③ 책임감 갖기로 구성된다. 이러한 변혁적 역량은 개인과 사회의 웰빙(well-being)을 위해 전 생애에 걸쳐 반복적으로 개발되고 활용되어야 한다는 점에서, 그 성장의 프로세스를 **AAR 사이클**로 표현하고 있다. AAR 사이클이란 학생들이 미래를 예측(Anticipation)하고, 자신이 원하는 미래를 만들기 위해 행동(Action)해야 하며, 그 결과를 성찰(Reflection)하며 계속해서 성장해가는 것을 의미한다. 그러한 전체적인 흐름을 구조화한 것이 OECD Education 2030 Framework이다. OECD Education 2030의 궁극적인 목표인 'Well-Being 2030'은 UN의 'SDGs'와 그 방향성을 같이한다.

OECD Well-being 2030과 UN SDGs와의 연결성

OECD Well-being	UN Sustainable Development Goals
1 Jobs	8 Decent work and economy growth 9 Industry, innovation, and infrastructure
2 Income	1 No poverty 2 Zero hunger 10 Reduce inequalities
3 Housing	1 No poverty 3 Good health and well-being
4 Work-life balance	3 Good health and well-being 5 Gender equality 8 Decent work
5 Safety	16 Peace, justice and strong institutions
6 Life satisfaction	UN SDGs의 모든 목표와 연관됨
7 Health	3 Good health and well-being
8 Civic engagement	5 Gender equality
9 Environment	6 Clean water and sanitation 7 Affordable and clean energy 12 Responsible consumption and production 13 Climate action 14 Life below water 15 Life on Land
10 Education	3 Good health and well-being 4 Quality education 5 Gender equality
11 Community	11 Sustainable cities and communities 17 Partnership for the goals

※자료: OECD, 2018

생태계를 중심에 두는 관점으로의 전환, **지구생태환경교육**

사스, 신종플루, 메르스 등은 모두 인수공통감염병이라는 특징이 있다. 인간 세상과 멀리 떨어진 서식지에 살던 야생동물들의 몸에 있던 바이러스가 우리 인간에게 전염될 가능성이 높아진 데는 무분별한 난개발 속에서 서식지를 잃고 점차 인간의 서식지와 겹쳐지는 야생동물들의 절박한 상황과 무관하지 않다.

지구의 온도가 급격하게 오르기 시작한 것은 산업혁명 이후이다. 공장과 도로를 건설하고, 기호작물 재배 등을 위해 무분별한 개발이 이루어지면서 환경이 파괴되었고, 자연생태계는 큰 변화를 겪어왔다. 육지와 해양을 막론하고 동식물의 개체수 감소는 물론, 생물 종의 다양성 감소가 두드러지는 가운데 그나마 남아 있는 일부 동식물들은 그 개체수마저 감소하여 멸종 위기에 내몰리고 있다. 반면 지구상에서 유일하게 개체수가 폭발적으로 늘어난 것이 바로 우리 인간이다. 전 세계 신종 전염병의 빈번한 출현은 산업혁명 이후 인간 개체수의 급격한 증가와 무분별한 개발로 인한 인간의 거주 영역의 급속한 확장과 맞물려 있다. 동식물들의 서식지가 무자비하게 파괴되고 훼손되면서 바이러스의 숙주인 동물들의 거주 영역이 변화하였다. 인간의 무분별한 개발 속에서 서식지를 잃은 동물들은 어쩔 수 없이 인간의 서식지에 스며들게 되면서 동물과 인간 간의 접점이 확대되는 과정에서 신종 전염병이 발생하는 것으로 분석되고 있다. 예컨대 인간의 산림 벌목, 광산 개발, 목장 조성 등은 직접적으로 동물들의 서식지를 광범위하게 훼손하였고, 화석연료의 무분별한 사용, 축산업의 대규모화 등은 온실가스 배출량을 증가시키며 지구온난화를 더욱 가속화시켰다. 이로 인한 전 세계의 폭염, 가뭄, 산불, 폭우, 빙하 해빙 또한 동식물들의 서식지 파괴와 개체수 감소로 또다시 이어지는 악순환을 초래하고 만 것이다.

결국 모든 문제는 인간에게서 비롯된 것이다. 인간이 지구생태 환경을 아무런 제한이나 제약 없이 그리고 다른 생명체들의 생존

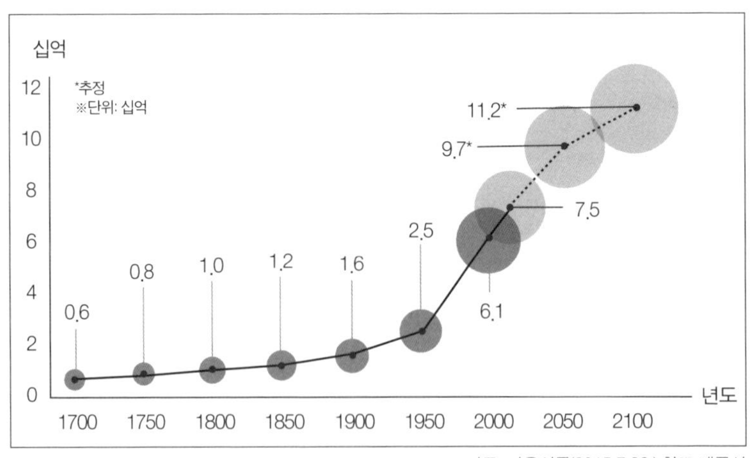

※자료: 서울신문(2015.7.30.) 참조 재구성

전세계 인구증가 추이

육지와 해양을 막론하고, 생물 다양성과 개체수의 감소가 일어나는 가운데, 지구상에서 유일하게 개체수가 증가한 것이 바로 우리 인간이다. 특히 산업혁명 이후 폭발적 증가를 보였다.

권과는 상관없이 인간의 이기심 대로 사용하고 변형하며 고갈시킴으로써 46억 년 넘게 지속되어온 지구생태환경의 자정 시스템이 무너지고 있는 것이다. 46억 년이라는 지구의 기나긴 시간 동안 인간의 개체수는 산업혁명을 계기로 급속히 증가하였다. 1850년 12억 명이었던 인구가 1950년에는 24억 명으로 100년 사이 무려 2배가량 증가한 것이다. 그리고 1972년 40억 명이었던 것이 2022년에는 80억 명으로 50년 만에 또다시 2배가량 증가하였다. 이러한 추세라면 2050년에는 세계인구가 100억 명에 달하며 100년 전에 비해 인구수가 4배 이상 증가할 것으로 전망된다.

인구의 급격한 증가는 이제 지구생태환경에 커다란 위협이 되고 있다. 예를 들어, 우리 몸속에 기생하고 있는 일정 수준의 기생충은 인간의 면역 시스템에서 우리 몸에 큰 해악을 끼치지 않도록 관리될 수 있다. 하지만 그 개체수가 기하급수적으로 증가할 경우 고열과 몸살, 염증으로 인한 합병증 등을 앓게 되고, 조속한 치료를 받지 못하면 자칫 생명까지 위험해질 수도 있다. 마찬가지로 지구에 존재하고 있는 일정 수준의 인간 종은 지구생태환경의 자정 시스템에서 관리될 수 있겠지만, 그 개체수가 기하급수적으로 증가하게 될 경우 자원고갈, 탄소배출, 환경파괴 등이 발생하게 되고 조속한 대처를 하지 못할 경우 지구생태계의 지속성 자체가 위험하게 될 것이다.

지구생태환경교육은 이제 선택이 아닌 필수다. 지금까지 오직

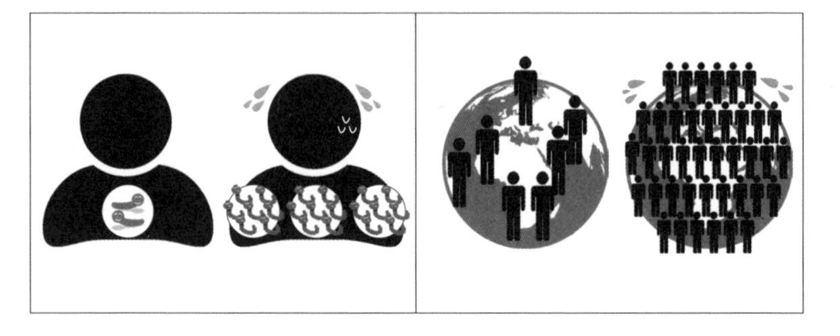

개체수의 증가에 따른 생태환경 지속성의 위협
일정 수준 이상으로 늘어난 기생충은 인간의 면역을 위협할 수 있다. 마찬가지로, 지구에서 개체수가 너무 증가해버린 인간 또한 지구의 자원고갈, 탄소배출 등을 과도하게 일으켜 지구생태계의 지속성을 위협하게 된다.

인간 중심의 관점에서 바라보고 접근해왔던 환경문제는, 앞으로 지구의 생태환경을 중심에 두고 접근하는 방향으로 전환되어야 마땅하다. 즉 UN의 지속가능발전목표에서 추구하는 생물의 다양성 및 멸종위기종 보호, 동식물 서식지 및 생태계 보전, 화석연료 감축 및 신재생에너지 개발 등은 보호, 보전, 개발이라는 인간 중심의 관점에서 바라보고 접근하며 지속가능발전교육을 통해 환경을 개선해 나가고자 하는 방식이었다. 하지만 이제는 여기에서 한 걸음 더 나아가서 지구생태계의 공존, 공영, 지속이라는 지구생태환경 중심으로 관점을 바꿔 바라보고 접근하는 지구생태환경교육으로 전환시켜가야 한다는 것이다.

어쩌면 지구생태환경은 이미 자정작용으로 건강을 회복할 수 있는 시간을 지나쳐 버렸는지도 모른다. 따라서 이제 인류는 국제사회의 연대와 공조를 기반으로 인류와 지구생태환경의 공존, 공영, 지속을 위한 극약처방 차원의 즉각적인 행동에 나서야 한다. 앞서도 언급했던 IPCC 제6차 보고서에서 언급한 것처럼, 무엇보다 우리 인간이 지구생태환경 파괴의 주범으로 지목되고 있는 만큼 한층 더 신속하고 책임 있는 변화의 모습이 요구되는 상황이다.

이러한 방향은 인류의 생존과 지구생태환경의 지속을 위해 교육이 주목해야 할 연대와 공조의식을 함양해야 하는 교육적 과제와도 일치한다. 결국 인류와 지구생태환경을 위한 국제사회의 변화와 교육적 노력은 인류와 환경을 아우르는 생태적 공정교육을 향해 나아가는 길일 것이다.

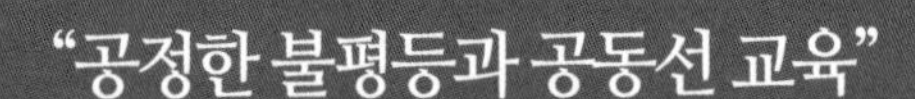

마이클 샌델 교수의 저서 《정의란 무엇인가?》, 《공정하다는 착각》 등이 사회적으로 주목받던 시기와 비슷하게, 제19대, 제20대 대통령의 선출과정에서 가장 주목할 만한 키워드 중 하나가 바로 '공정'과 '정의'였다. 사람들은 늘 공정과 정의를 부르짖기 때문에 불변의 보편적 가치처럼 생각되기도 하지만, 공정과 정의는 고정불변의 가치가 아니며 시대의 흐름에 따라 변화해왔다. 마지막 장에서는 교육이 공정과 정의를 어떻게 바라보는가에 따른 입장으로 자유주의와 공동체주의의 입장에 대해 살펴보려 한다. 특히, 자유평등주의적 정의론을 이야기하는 존 롤스와 공동체주의적 정의론을 이야기하는 마이클 샌델을 중심으로 교육의 공정성에 대해 생각해 보았다. 그리고 한국 사회와 교육의 모습을 세대별로 구분하여 산업화 세대(자유지상주의), 민주화 세대(자유평등주의), 코로나 세대(공동체주의)의 시각에서 세대적 공정교육으로 정리해 보았다. 이를 통해 우리 사회가 더 나은 방향으로 나아가기 위한 교육의 방향성을 공정성과 연결지어 보았다.

5장

세대적 공정교육

01

자유주의 vs 공동체주의, 서로 다르게 해석되는 공정과 정의

이제 마지막 장에서 '공정'과 '정의'에 관한 이야기로 마무리하고자 한다. 수년 전부터 특히 젊은 세대를 중심으로 가장 뜨겁고 또 민감한 키워드 중 하나를 꼽자면 '공정'과 '정의'가 아닐까? 예컨대 수년 전 인천국제공항의 비정규직을 정규직으로 전환하는, 소위 인공국 사태에 대해 우리 사회 청년층은 반발을 넘어 분노했다. 어쩌다 보니 양질의 직장에 취업하는 것이 오늘날 청년들의 현실적인 희망 1순위가 되어버렸다. 이러한 세상에서 밤을 새워 공부하고 또 공부해도 공기업의 좁은 취업문을 뚫기가 하늘의 별 따기가 된 상황에서 정규직에 비해 험

난한 취업 전쟁을 치르지 않은 비정규직의 정규직화는 수많은 취준생들의 분노를 자아내고 말았다. 누군가를 위한 공정이 또 다른 누군가의 눈에는 불공정으로 비친 대표적인 사례일 것이다. 이렇듯 공정은 개인의 입장이나 상황에 따라서도 전혀 다르게 해석될 뿐만 아니라, 학문적 관점에 따라서도 다양하게 해석된다.

공정과 정의를 바라보는 **다양한 관점**

학계에서는 공정과 정의를 어떻게 해석할까? 일단 용어상으로는 유사한 의미를 지니는 공정과 정의를 구분하여 사용하기보다는 혼용하면서 학문적 성격에 맞춰 공정성 연구를 진행해왔다. 예컨대 철학자들은 공정성의 기본원칙과 내용에 관심을 두었고, 경제학자들은 공정성의 사회경제적 관점과 접근 방법에 초점을 두었으며, 심리학자들은 개인의 공정성 인식과 구현에 대한 연구에 집중해온 식이다. 이처럼 공정성의 개념은 연구의 주체와 목적에 따라 공정과 정의의 개념이 혼용되면서 다양하게 해석되어왔다. 학계에서 주목하는 공정과 정의에 관한 주요 관점들은 다음의 4가지 정도로 정리해볼 수 있다.

형식적 공정(formal fairness)은 올바른(good) 규칙을 만들어 일관되게 해석하고 적용하는 것을 의미한다. 정해진 규칙을 모든 사람에게 동일하게 적용하는 형식적 공정은 공정에서 최소한의 조건으로 간주된다. 다만 재화의 분배를 위한 규칙을 제정할 때, 특정 집단의 이익이 개입될 위험성이 있다 보니 때로는 규칙의 제정 의도와 상관없이 선의의 피해자가 발생하기도 한다. 따라서 규칙을 일관되게 적용한다고 해서 공정성이 반드시 확보되는 것은 아니다.

실체적 공정(substantial fairness)은 올바르지 못한(bad) 규칙을 공평하게 적용한다고 해도 그것을 공정하다고 판단할 수는 없는 경우에 해당되는 공정을 의미한다. 예를 들어 유색인들의 가입을 금지하는 백인 사교모임은 올바르지 못한 인종차별적 규칙이지만 그 규칙을 일관되게 누구에게나 동일하게 적용할 수는 있다. 하지만 규칙을 일관되고 동일하게 적용한다고 해서 그 규칙의 공정성이나 정당성이 보장되는 것은 아니라는 뜻이다.

절차적 정의(procedural justice)는 분배가 이루어지기까지의 과정이 얼마나 공정했느냐의 문제를 공정성 연구의 중심주제로 다룬다. 절차적 정의는 대부분 자유주의자들에 의해 기회의 균등으로 해석되기도 한다. 즉 기회가 열려 있으면 정의로 해석하는 것이다. 결과의 평등이나 분배적 평등보다는 기회의 평등이 절차적 정의의 개념에 가깝다. 하지만 기회가 열려 있다고 해서 누구나 접근할 수 있는 것은 아니므로 정의의 실현으로 보기에는 한계가 있다.

분배적 정의(distributive justice)는 개인이 받을 보상이 자신이 기울인 노력과 투자에 비례해야 함을 주장하는 데서 시작되었다. 분배적 정의에 관한 연구는 공정성 관련 연구들의 핵심 주제가 되어왔다. 분배적 정의란 각자가 가진 가치에 비례하는 분배, 즉 각자가 사회에 기여한 바에 비례하도록 자원을 나누는 것이다. 다시 말해, 공적(功績)이 있는 사람들이 그들의 공적에 따라 보상받도록 하는 원칙을 말한다.

이상의 공정과 정의를 바라보는 다양한 관점들을 종합해보면, 형식적 공정과 절차적 정의가 하나의 영역으로, 그리고 실체적 공정과 분배적 정의가 반대의 영역으로 보이는 것 같지만, 앞서 언급했듯이 연구의 주체와 목적에 따라 분명 다르게 해석되는 개념들이다. 본 장에서는 정치철학계에서 구분하고 있는 공정과 정의의 주요 흐름으로 공리주의, 자유주의, 공동체주의 중 자유주의 정의론과 공동체주의 정의론을 중심으로 교육의 공정성과 관련지어 이야기하고자 한다.

자유주의와 공동체주의에서 바라보는 **정의론**

모든 불공정을 해소하는 것을 정의라고 생각하지만, 이는 사실상 실현 불가능한 것이다. 앞서 언급한 인공국 사태에서 볼 수 있는 것처럼 누군가를 위한 정의는 또 다른 이에게는 정반대의 결과로 체감될 수 있기 때문이다. 실제로 정의에 관한 개념도 어디에 초점을 맞추는지에 따라 제각각이다.

정치철학계에서 정의(justice)는 크게 세 가지로 구분된다. 최대 다수의 최대 행복을 추구하는 공리주의 정의론, 개인의 자유와 권리를 최우선하는 자유주의 정의론, 미덕을 키우며 공동선을 추구하는 공동체주의 정의론이다. 여기서는 자유주의 정의론과 공동체주의 정의론에 대해서만 살펴보려 한다.

자유주의 정의론

자유주의 정의론은 다시 자유지상주의와 자유평등주의로 구분된다. 자유지상주의의 대표적 학자들로는 밀턴 프리드만(M. Freedman), 프리드리히 하이에크(F. A. Hayek), 로버트 노직(R. Nozick) 등이며, 자유평등주의를 대표하는 학자들로는 존 롤스(J. Rawls), 로널드 드워킨(R. M. Dwokin) 등이다.

우선 **자유지상주의 정의론**은 기본적으로 개인의 자유와 선택을 다른 그 어떤 가치보다 우선시한다. 프리드만은 평등의 이름으로 자유로운 선택을 제한하는 것은 결코 허용될 수 없으며, 결과적 평등을 자유보다 앞세우는 사회는 결국 평등도 자유도 모두 이루지 못할 것이라고 하였다. 하이에크 역시 인간이 평등을 달성할 수 있다는 생각은 많은 사람들의 착각일 뿐이며, 평등만 강조하다가는 결국 개인의 자유가 잠식되고 말 것이라고 말했다. 이들은 평등적 정의나 분배적 정의가 자유와 양립할 수 없으며, 평등을 실현할 수 있다는 생각은 인간의 착각이라고 하였다.

이러한 자유지상주의 정의론을 체계적으로 정리하여 제시한 로버트 노직은 그의 저서 《무정부, 국가 그리고 유토피아(Anarchy, State, and Utopia)》에서 '소유권 이론'을 제시하였다. 원초적 취득(acquisition)이 정당하게 이루어지고, 그것의 이전(transference)이 정당하게 이루어진 경우에는 소유물에 대한 배타적 권리가 보장되어야 한다는 것이다. 노직의 소유권적 정의론은 결국 평등보다는 개개인의 자유와 권리가 보장되어야 한다는 것이다. 그러나 원초적 취득의 정당성이 역사적인 관점에서 볼 때 과연 타인의 자유와 권리를 침해하지 않고 이루어졌는지, 그리고 이전의 정당성만으로 정의를 담보할 수 있는 것으로 평가할 수 있는지에 관해서는 지속적으로 비판을 받는다.

다음으로, **자유평등주의 정의론**은 평등에 대한 간과는 자유마저 잃을 수 있기 때문에, 자유를 지키기 위해서라도 평등의 문제에 주목해야 한다는 입장이다. 자유평등주의 정의론은 공리주의 정의론이 보여주는 다수를 위한 소수의 희생 문제 그리고 자유지상주의 정의론의 불평등 문제에 대해 비판한다. 자유평등주의의 대표적 학자인 존 롤스는 그의 저서 《정의론(A Theory of Justice)》에서 법이나 제도가 아무리 효율적이라도 그것이 정당하지 못하면

개혁되거나 폐기되어야 한다고 주장하였다. 공리주의 정의론에서 주장하는 것처럼 전체 사회복지라는 명목하에 개인의 자유와 권리가 유린될 경우 그것은 결코 정의로운 것으로 볼 수 없다는 것이다. 자유를 우선시하면서도 평등의 문제를 중요하게 고려해야 한다는 주장이다. 이에 그는 지능, 선천적 장애 여부, 가정환경 등 태어날 때 스스로 결정할 수 없는 부분에서 가장 혜택을 받지 못한 사회적 약자에게 가장 큰 수혜를 통해 권리를 보장해주어야 한다고 강조했다.

그러나 선천적인 재능을 현실화하기 위한 개인의 노력을 평가절하한다는 점, 그리고 소득의 불평등이 여건이나 환경의 결과가 아니라 본인의 자발적인 선택일 경우에는 차등의 원칙이 오히려 불공정을 발생시킬 수 있다는 점 등에서 비판을 받는다.

공동체주의 정의론

공동체주의는 전기와 후기로 구분된다. 먼저 전기 공동체주의는 1950~1960년대 미국 사회의 급속한 성장과 더불어 급진적 자유주의와 개인주의의 확산에 대한 문제점을 인식하면서 미국 전통문화에 담겨 있는 공동체 정신을 재발견하기 위한 움직임이었다. 후기 공동체주의는 1980년대 자유지상주의 이론을 비판하면서 새롭게 등장한 흐름으로 맥킨타이어(J. McIntyre), 에치오니(A. W. Etzioni), 마이클 샌델(Michael J. Sandel), 마이클 왈저(Michael

Walzer) 등이 대표적인 학자들이다.

1990년대에 공동체주의는 전 세계적으로 철학 및 사회과학의 학문 영역은 물론이고 정치 및 경제 분야의 정책 영역 그리고 시민단체 등의 사회운동 영역에 이르기까지 광범위한 영역에 걸쳐 널리 확산되어졌다. 특히 공동체주의의 대표적 학자들의 노력에 힘입어 하나의 공동체주의 운동으로까지 전개되었으며, 그 메시지는 미국에서 유럽으로 건너가 영국 정치인들의 정치관에도 많은 영향을 주었다.

공동체주의 정의론은 맥킨타이어와 마이클 샌델을 중심으로 1982년 자유주의 정의론에 대한 비판을 가하면서 급부상하였다. 특히, 공동체주의는 존 롤스의 자유평등주의가 전제하는 원초적 입장이라는 가상적 상황을 거부하였다. 왜냐하면 원초적 입장은 이론적 근거가 희박한 형이상학적, 혹은 무연고적 자아를 상정하고 있기 때문이다. 인간은 결코 무연고적 존재가 아니며 공동체로부터 분리해서 계약관계로 설명할 수 없다는 이유였다.

공동체주의에서는 공정성 개념을 '좋은 사회'를 지향하는 공동체의 관념과 분리하여 생각할 수 없다는 입장이다. 공동체의 관념으로부터 공정성의 개념이 형성되고, 그를 통해 개인의 공정성에 대한 관념이 영향을 받는다는 것이다. 공동체주의는 공동체가 지향하는 좋은 사회로 나아가기 위해서는 기회의 평등 차원의 절차적 공정성을 넘어 결과적 평등 차원의 분배적 공정성을 포함해야 한다는 입장이다. 예컨대 이들은 사회가 추구하는 공동선에 부합하도록 자원의 배분이 이루어져야 바람직하며, 이것이 곧 공정성의 개념과 연결될 수 있다고 보았다.

공동체주의에서 공정이나 정의의 문제는 개인을 넘어서는 공동선(the common good)이 존재하고, 공동선에 부합하는 자원의 배분이 이루어질 때 그 사회는 정의롭다고 이야기할 수 있다는 것이다. 공동체주의가 명시적으로 분배적 공정성에 대하여 정확한 설명을 제시하고 있지는 않지만, 자유주의에 비해 상대적으로 분배적 공정성에 주목한 점이 눈에 띈다.

02

능력주의 vs 공동선, 불공정을 해소하는 정의란 무엇인가?

앞서 우리는 상황이나 관점에 따라 공정이 어떻게 다르게 해석될 수 있는지 살펴보았다. 여기에서는 정의론을 대표하는 몇몇 학자들의 주장을 들여다보려 한다. 앞서 많은 사람들이 사회를 불공정하게 생각한다고 얘기했다. 그렇다면 불공정의 해소, 즉 사람들은 무엇이 실현되어야 정의로운 상태로 간주할까? 이에 자유주의와 공동체주의의 대표적인 학자인 존 롤스와 마이클 샌델의 관점에서 공정과 정의를 짚어보려 한다. 나아가 자유주의에 기반한 능력주의와 공동체주의가 추구하는 공동선의 개념을 통해 교육의 공정성에 대해서도 이야기하고자 한다.

절차적 정의를 강조한 **존 롤스의 정의론**

존 롤스(John Bordley Rawls, 1921~2002)는 1950년 프린스턴대학교에서 철학 박사학위를 받은 후 코넬대학교, 매사추세츠공과대학교(MIT) 교수를 지냈다. 1962년에는 하버드대학교 철학과 교수가 되었으며, 그 후 동 대학의 명예교수를 지냈다. 롤스는 사회 정의에 대한 자유주의적 입장을 제시하였다. 롤스는 1958년 〈공정으로서의 정의〉라는 논문을 시작으로, 정의의 문제를 다룬 여러 편의 논문을 발표하였다. 1971년에는 이런 연구 결과들을 집대성한 그의 대표작 《정의론(A Theory of Justice)》을 내놓았다. 롤스의 정의론은 당시 주류를 이룬 자유지상주의와는 다르게 경제적 의미에서 평등주의적 사고가 많이 반영되었다. 이 때문에 당시의 학자들과 정치인들 및 대중들에게 매우 강렬한 인상을 주었다.

롤스의 자유평등주의적 주장은 자유지상주의자인 로버트 노직과 공동체주의자인 마이클 샌델 등 수많은 정치철학자들에게 지적 자극을 안겨주었고, 그들을 정의론 논쟁에 뛰어들게 만들었다. 1970년대에는 자유지상주의 진영의 로버트 노직과 '자유지상주의-자유평등주의 논쟁'을 벌였으며, 1980년대에는 공동체주의 진영의 마이클 샌델, 마이클 왈저, 찰스 테일러, 맥킨타이어 등과 '자유주의-공동체주의 논쟁'을 벌이기도 하였다.

존 롤스는 대표작인 《정의론》에서 정의로운 사회를 실현하는 데 필요한 공정한 절차를 만들기 위해 사회 구성원들 간의 합의를 강조하였다. 즉 절차가 공정하면 그 절차에 따른 결과도 공정하다고 본 것이다. 롤스는 공정한 절차에 의해 합의된 것을 정의롭다고 보았다. 바로 이러한 롤스의 정의관을 '공정으로서의 정의', '절차적 정의'라고 이야기한다. 하지만 단 한 명의 예외도 없이 모두가 반대하지 않고 동의할 수 있는 공정한 절차를 만드는 것은 불가능에 가깝다. 인간은 저마다 서로 다른 능력을 가지고 있고, 처한 환경이 다르며, 추구하는 가치와 욕구도 저마다 다르기 때문이다. 그리고 모든 사람은 각자 자신에게 유리한 방식으로 공정한 절차와 정의의 원칙을 세우려고 할 게 뻔하므로 현실에선 이런 공정한 절차에 대한 완벽한 합의가 불가능하다.

이러한 이유로 롤스는 정의의 원칙을 도출하기 위해 원초적 입장(original position)이라는 가상의 상황을 제시하였다. 원초적 입장은 무지의 베일(the veil of ignorance)에 둘러싸여 내가 어떤 사람인지 모르는 상황을 전제로, 최소 수혜자에게 이익이 되는 분배의 원칙에 대한 합의를 이끌어냄으로써, 모든 사람들이 공정하다고 생각할 수 있는 정의의 원칙을 도출하는 것을 의미한다.

원초적 입장에서 정의의 원칙을 합의하는 당사자들은 합리적인 선택을 함에 있어, **최소 극대화의 원칙**에 따르게 된다고 하였다. 최소 극대화의 원칙은 합의 당사자들이 선택할 수 있는 대안들 중에서 최악의 것 중 최선을 보장하는 대안을 선택한다는 것을 의미한다. 왜냐하면 이러한 선택이 원초적 입장인 무지의 베일 속에서 자신이 될 수도 있을 최소 수혜자인 당사자를 가장 안전하게 지켜줄 수 있다고 생각하기 때문이다. 즉 사람들은 자신의 안전한 생존을 위해 반드시 필요한 기본적 자유와 최소한의 사회경제적 조건을 침해받을 만한 모험은 선택하지 않는다는 뜻이다. 다시 말해, 취득 여부가 불확실한 커다란 이익을 위해 자칫 자신을 큰 위험에 빠뜨릴 수 있는 위험한 선택을 하지 않는다는 것이다. 최소극대화의 원칙에 따른다는 것은 비록 최대의 이익은 누리지 못할지언정, 최악의 경우에도 기본적인 삶을 위한 기본 조건은 보장될 수 있는 선택을 의미한다.

롤스는 이러한 원초적 입장에서 합의 당사자들이 정의의 원칙으로 두 개의 원칙에 합의할 것이라고 보았다. 그중 첫째, 제1원칙은 **평등한 자유의 원칙**이다. 이는 자유주의 신념의 핵심을 보여주는 원칙으로, 평등한 시민의 기본적 자유는 희생할 수 없다는 정신을 담고 있다. 둘째, 제2원칙은 제1원칙에 의한 기본적 자유의 실현을 현실적으로 보장하기 위한 것이다. 사회적으로 불리한 처지에 있는 사람들일수록 기본적 자유와 권리를 행사함에 있어 제약을 받을 수 있으므로 이들의 자유 행사가 유명무실하게 되지 않도록 보호하기 위한 것이다. 제2원칙은 두 부분으로 나누어져 있다. 첫번째 부분은 **차등의 원칙**으로 최소 수혜자에게 최대의 이익을 가져다주어야 한다는 것이다. 두 번째 부분은 **기회균등의 원칙**으로 학업과 취업 등의 기회 보장뿐만 아니라 사회적 약자 계층에 생업의 기회도 평등하게 보장되어야 한다는 것이다. 이처럼 존 롤스는 개인의 기본적 자유를 보장하는 한편, 재분배 정책을 통해 사회 정의를 구현해야 한다고 하였다. 최소 수혜자들이 인간답게 살 수 있는 사회야말로 정의로운 사회라고 본 것이다.

기울어진 운동장에서의 능력주의 경쟁은 **공정한 방식일까?**

그럼 이제부터 개인의 자유와 절차적 정의를 강조한 자유주의 정의론 관점에서의 능력주의 교육에 관해 이야기해보기로 하자. 사실 능력주의는 이미 한계를 드러낸 지 오래고, 학령인구마저 급감하는 현 상황에 그리 적합하지 않음에도 최근 다시 능력주의가 주목을 받고 있다. 공정을 실현하려 마련된 장치들이 일부 특권층의 자녀 입시부정 등으로 제도 자체가 왜곡되는 문제들이 반복됨에 따라, 차라리 똑같은 출발점에서 능력에 따라 경쟁하는 것이야말로 공정의 실현이라는 주장이 고개를 들고 있는 것이다.

하지만 이미 누군가에게 유리하도록 명백히 기울어진 운동장에서 오직 능력주의에 의지하는 것이 과연 공정하다고 할 수 있을까? 이에 자유주의 정의론에 기반한 능력주의에서 이야기하는 개인의 자유와 절차적 공정을 중심에 둔 능력주의 교육에서의 공정성을 생각해보자.

사회경제적 불평등

최근 우리나라의 사회갈등이 점점 심각해지고 있다. 앞서 1장에서 보편적 공정교육에 관한 이야기를 하면서 젠더 갈등의 심각성에 대해 다룬 바 있다. 하지만 비단 남녀 간의 문제만이 아니다. 진영, 세대, 학교, 일터 등 사회 전반에 갈등이 심화되고 있다. 이러한 갈등의 저변에 자리하고 있는 것이 바로 불평등이다. 세계불평등 연구소(WIL, World Inequality Lab)는 〈세계 불평등 보고서 2022〉에서 한국의 불평등 실태를 분석하였다.

한국 소득의 불평등을 보면, 2021년 기준 상위 10%가 1인당 1억 7천만 원 정도 벌면서 국가 전체 소득의 46.5%를 가져가는 동안, 하위 50%는 불과 전체 소득의 16.0%에 해당하는 1천 2백만 원 정도를 가져간 것으로 나타났다. 상위 10%와 하위 50%의 격차는 무려 14배로 프랑스의 7배, 영국의 9배, 독일의 10배에 비해 상대적으로 한국의 소득 불평등 격차가 큰 것으로 나타났다. 보고서에서는 한국 경제가 1960~1990년대 사회적 안전망을 구축하지 않은 상황에서 급격하게 성장하다 보니 불평등이 확대되었다고 분석했다. 특히 1990년대 이후 국가 전체 소득에서 상위 10%가 차지하는 비중은 10% 늘어났고, 하위 50%가 차지하는 비중은 5% 줄어들면서 불평등은 더욱 심해졌다고 하였다.

한국 부의 불평등은 소득의 불평등보다 더욱 심각하다. 상위 10%가 보유한 부는 평균 12억 원 정도로 전체 부의 58.5%를 차지하고 있으나, 하위 50%는 평균 2천 3백만 원 정도로 5.6%를 차지했다. 상위 10%와 하위 50%의 격차가 무려 52배에 이르는 셈이다. 그리고 이러한 결과는 2021년 통계청 조사에서도 비슷하게 나타났다. 상위 10%가 가진 집값이 하위 10%의 47배라는 결과가 나왔다. 즉 집을 가진 가구 가운데 상위 10%의 평균 집값은 13억 9백만 원이었고, 하위 10%는 2천 8백만 원으로 나타난 것이다. 두 집단의 격차는 무려 47배에 달했다. 특히 코로나19 팬데믹 기간의 집값 상승 경향을 보면 가격이 높을수록 더 많이 오르며 부의 양극화가 더욱 심해졌다.

부의 불평등은 경제적 문제에 머물지 않는다. 통계청의 〈2021년 사회조사 결과〉에 따르면 소득과 부의 불평등은 가족 간 관계에도 영향을 주었다. 소득과 가족관계는 소득이 높을수록 가까워졌고 소득이 낮을수록 멀어졌다. 소득 600만 원 이상의 고소득층은 가족과 관계가 가까워졌다는 응답이 20.0%를 기록하며, 멀어졌다는 응답 7.4%보다 약 2.7배 높았다. 반면 소득 100만 원 미만의 저소득층은 가족과의 관계가 가까워졌다는 응답이 6.6%로 멀어졌다는 응답 24.3%보다 약 3.5배 낮았다.

가족관계의 친밀도를 살펴보면 소득 300~400만 원 미만의 중산층을 기점으로 나뉘었다. 소득 300만 원 미만부터는 가족관계가 멀어졌다는 응답이 가까워졌다는 응답보다 높게 나타났다. 중산층과 고소득층은 코로나19 상황에서도 안정적인 직장에 다니면서 재택근무가 가능했고, 바깥 활동도 줄어들면서 가족과 함께 보낼 시간이 늘어나면서 자연스럽게 친밀도도 함께 높아진 것으로 분석되었다. 반면 저소득층은 비정규직과 일용직이 대부분인 상황에서 코로나19로 인해 일자리마저 위협받게 되었다. 경제적 수입 감소와 경제적 부담이 가중되면서 생활고로 인한 스트레스가 가족 간의 불화로 이어졌을 것으로 분석되었다.

코로나19가 사회경제적 불평등 심화와 저소득층 가정의 가족관계에 악영향을 주고 있다는 것이 통계로 확인된 것이다. 특히 가난한 사람들을 벼랑 끝 위기로 몰아넣고 있으며, 힘겨운 현실에서 도저히 벗어날 수 없다는 절망과 스트레스로 삶 전반이 점점 더 힘들어지는 악순환에 빠지게 한 것이다.

능력주의와 교육 공정성

이어서 살펴볼 능력주의(Meritocracy)는 1958년 영국 사회학자 마이클 영(Michael Young, 1915~2002)이 쓴 《능력주의의 부상(The Rise of Meritocracy)》에서 처음 사용한 표현이다. 이 작품에 묘사된 미래 영국 사회는 철저하게 성적에 따라 학교와 직장이 정해지는 사회다. 표면적으로 보면 이 사회는 철저히 성적에 따라 일이 분배되기 때문에 매우 합리적인 사회처럼 보인다. 하지만 오직 기존 엘리트 계층 부모만이 높은 성적을 얻는 요령을 알고 있다는 점에서 실은 매우 불합리하고 불공정한 사회다. 가난한 부모에게서 태어난 아이의 미래는 그가 태어난 환경에 완벽히 종속되며, 엘리트 부모들은 자식들을 엘리트 계층에 남아 있게 하기 위해 치열한 경쟁을 지속한다. 마이클 영은 이 작품을 통해 얼핏 합리적이고 공정해 보이는 능력주의 시스템이 어떤 결과를 만들어내는지를 통찰력 있게 지적하였다.

능력주의라는 말 자체는 마이클 영이 만들어내기는 했지만, 능력주의는 역사적으로 그보다 훨씬 오래전부터 뿌리 깊게 자리잡고 있었다. 특히 능력주의는 자본주의와 긴밀히 결합하면서 거의 신화적 수준으로까지 올라서게 되었다. 과거 아주 오랫동안 개인은 부모의 출신에 따라 태어나면서부터 그 신분이 정해졌지만, 자본주의 사회에서는 능력에 따른 신분과 계층 이동이 자유로워졌기 때문에 신분상승을 꿈꾸는 중산층이나 저소득층에서는 능력주의와 자본주의에 대한 기대가 매우 높을 수밖에 없었다. 이는 자본주의 체제가 이전의 다른 체제와는 달리 능력주의를 제도이자 규범으로 받아들이고 활용하였기 때문이다.

능력주의는 자본주의 내부에서 활발하게 작동하면서 체제를 정당화시켰다. 특히 능력주의는 평등까지 잠식하면서 불평등에 대한 분노조차 능력주의를 넘어서지 못하도록 막아버렸다. 능력주의는 분명히 보이지 않는 차별을 기반으로 하고 있지만, 차별로 인식되지 않은 채 오히려 평등, 더 정확히 말하면 공정으로 포장되어 대중에게 인식된 것이다. 학력과 학벌주의를 비판하는 것도 결국에는 개인의 진정한 능력과 실력을 평가해야 한다는 주장으로 덮어져 왔다. 대학입시제도에서 공정성이나 신분 상승의 기회 확대 등을 말하면서 선별고사의 강화를 주장하는 것 또한 그러한 사례다. 상황이 이렇다 보니 능력주의를 벗어나 평등을 이야기하기란 현실적으로 쉽지 않았다.

그동안 학교 교육은 모두에게 보편적 교육권을 보장하기 위한 제도로서 역할을 담당해왔지만, 실제로는 능력주의가 구현되기 위한 핵심적 역할로 작용해온 측면도 없지 않다. 그동안 학교는 단지 기회의 평등만을 제공해온 것이다.

능력주의가 주장하는 교육의 공정성은 학생 모두가 성공의 사다리를 오를 기회의 평등을 가졌느냐 하는 것이지, 각자 가진 사다리의 단과 단이 얼마나 떨어져 있는지, 얼마나 튼튼하고 긴 사다리인지는 문제 삼지 않는다. 오르거나 떨어지거나 모두 학생들의 노력과 재능의 소관으로 보는 것이다. 실제로 능력주의는 불평등 문제를 해결하는 데 적극적이지 않다. 오히려 한편으로는 불평등을 정당화하려 한다. 바로 이러한 점에서 능력주의는 정의로운 사회 구현이나 교육의 공정성과는 거리가 있다.

공동선을 강조한 **마이클 샌델의 정의론**

존 롤스의 자유평등주의적 주장에 기반한 정의론에 이어서 살펴볼 것은 마이클 샌델의 공동체주의적 정의론이다. 마이클 샌델(Michael Joseph Sandel, 1953~현재)은 공동체주의를 대표하는 미국의 정치철학자이다. 그는 영국 옥스퍼드 대학교에서 철학 박사학위를 받은 뒤, 27세의 나이에 미국 하버드대학교의 최연소 교수가 되었다. 현재까지 하버드대학교 교수로 재임하며 『Justice』라는 강좌를 진행하고 있다. 무려 40년 동안 지속되고 있는 그의 강의는 오랫동안 명성을 이어왔고, 이후 이 강의는 《정의란 무엇인가》[1]라는 책으로 출간되면서 우리나라를 포함해 전 세계적인 베스트셀러가 되었다.

마이클 샌델은 존 롤스의 '원초적 입장'이 추상적이며 허구적이라고 비판하였다. 현실의 인간은 저마다 다양한 환경과 상황 속에 놓여 있는 자아인 연고(緣故)적 자아일 수밖에 없다는 것이다. 따라서 판단을 내림에 있어 자신의 학연이나 지연 등 연고에 좌우될 것이므로, 롤스의 무연고적 자아는 현실성이 없다고 비판했다. 또한 롤스의 논리 속에서도 공동체의 인식은 존재한다고 지적하였

1. 한국판 제목이다.

다. 복지란 부유한 사람의 돈을 징수해서 국가권력을 통해 재분배하는 것이기 때문에 자연스럽게 공동체와 연결되어 있으므로 무연고적 자아란 존재할 수 없다는 것이다. 샌델은 기본적으로 자유지상주의의 노직과 자유평등주의의 롤스를 모두 비판하기는 하지만, 복지정책을 옹호한다는 점에서는 롤스식 자유평등주의 관점과 연결되는 지점이 있다.

1980년대 샌델은 자유주의가 주장하는 '선(善, 도덕, 좋음) 없는 정의'의 자유주의를 비판하면서, 정치철학계의 세계적인 논쟁인 '자유주의-공동체주의 논쟁'의 중심에 서게 되었다. 알다시피 샌델은 생존하는 철학자 중 정치철학, 윤리학, 법률학에서 손꼽히는 권위자이며, 현재에도 가장 영향력 있는 정치철학자이자 대중 지식인의 한 사람이다.

마이클 샌델은 자신의 강연 내용을 담은 대표작 《정의란 무엇인가(Justice)》에서 사회가 정의로운지 묻는 것은 우리가 소중히 여기는 것들을 어떻게 분배하는지, 그 분배하는 방식이 어떠한지에 따라 정의에 대한 관점이 달라질 수 있다고 보았다. 그는 특히, 분배 방식에 따라 정의에 대한 해석이 달라진다고 하였다. 이러한 분배 방식을 이해하는 기준으로 '행복, 자유, 미덕'이라는 세 가지 개념을 제시하였다. 즉 행복을 극대화하고, 자유를 존중하며, 미덕을 기르는 행위로 정의를 구분하여 설명한 것이다. 이러한 각각의 입장을 대표하는 것이 바로 공리주의, 자유주의, 공동체주의다. 샌델은 자유주의를 다시 자유지상주의와 자유평등주의로 구분하여, 총 4가지 입장에서 정의론을 이야기하고 있다.

먼저 **공리주의**에서 이야기하는 정의는 공리나 행복 극대화로 최대 다수의 최대 행복을 추구하는 것이다. **자유주의**에서의 정의는 선택의 자유를 존중하는 것이다. 그 선택은 자유시장에서 사람들이 실제로 행하는 선택일 수도 있고(자유지상주의), 원초적으로 평등한 위치에서 행할 법한 선택일 수도 있다(자유평등주의)고 하였다. **공동체주의**에서의 정의란 미덕을 키우고 공동선을 고민하는 것이라고 하였다.

샌델에 의하면 정의는 사회 가치에 관한 여러 개념과 밀접히 연관되어 있기 때문에 정의를 이해하기 위해서는 올바른 분배의 문제뿐만 아니라 올바른 가치 측정의 문제도 함께 다루어야 한다고 보았다. '좋은 삶'은 따로 정의된 것이 있는 게 아니라, 어떤 삶이 '좋은 삶'인지 사회 구성원들이 함께 판단해 나가는 삶이 '좋은 삶'이란 것을 **공동선(the common good)**의 개념을 통해 이야기하고 있다.

결국 마이클 샌델이 생각하는 정의는 사회 구성원들이 함께 추구하는 '공동선'이라는 미덕이 포함되어야 한다는 것이다. 그러한 차원에서 정의를 고민하는 것은 곧 자기 자신은 물론 시민사회를 위한 최선의 삶을 고민하는 것이라고 보았다.

앞서 존 롤스의 자유평등적 정의론의 관점에서 '능력주의' 경쟁교육의 문제점을 들여다보았다. 이제부터는 공동체주의에서 이야기하는 '공동선' 추구의 관점에서 교육을 생각해보려 한다. 특히 공동선을 강조한 마이클 샌델의 관점에서 앞으로 교육 격차와 교육 공정성 문제를 어떻게 해결해야 할지 생각해보기로 하자.

격차 해소가 담보되지 않은 능력주의는 **또 다른 차별을 낳는다**

우리나라에 처음 코로나19 확진자가 나왔을 때만 해도 감염병 유행이 이렇게까지 장기화될 거라고는 누구도 예측하지 못했을 것이다. 팬데믹 초기 우리나라의 1차 확진자 폭증 시기가 마침 3월 신학기의 시작과 맞물리며 유보되던 개학은 결국 사상 초유의 온라인 개학으로 이어졌다. 각 학교 현장은 발 빠르게 온라인수업 시스템을 갖추고 수업 정상화를 위해 노력했지만, 여러 가지 문제점과 한계를 드러냈다.

코로나19 팬데믹과 교육격차

세계보건기구(WHO)의 팬데믹 선언과 함께 세계는 대혼란에 빠졌다. 이는 우리나라도 마찬가지였다. 특히 팬데믹 초반에는 코로나19의 엄청난 전파력과 생각보다 높은 치명률, 그리고 바이러스에 대처할 백신도 개발되기 전이었으며, 제대로 검증되지 않은 온갖

※자료: 유네스코

2020-2021 국가별 등교제한 기간 그래프

코로나19 팬데믹 속에서 세계 각국의 사회적 거리두기 지침이 사회 전반에 적용되었고, 이는 교육 현장도 마찬가지였다. 우리나라도 개학 연기 끝에 온라인 개학이라는 초유의 사태를 맞이했고, 상당 부분 온라인으로 학교 수업이 진행되었다. 갑작스럽게 시작된 온라인수업은 학력 격차의 심화로 이어졌는데, 이는 저학력, 저소득층 자녀일수록 두드러졌다.

가짜뉴스까지 떠돌았기에, 확진자 수가 조금만 늘어나도 사람들은 공포에 휩싸였다.

전 세계 대부분의 학교에서 학생들의 등교 제한이 이루어졌다. 위의 그림에서 정리한 국가별 등교 제한 기간을 보더라도 코로나19 팬데믹 초기인 2020년 상반기에는 거의 모든 국가가 학교 문을 닫았다. 급작스럽게 전환된 비대면수업은 학력 격차를 심화시켰고, 학교 교육 의존도가 높은 저소득 계층 자녀의 학생들일수록 학력 손실은 더욱 심각하였다. 이러한 문제들로 인해 2021년부터 많은 국가들이 정상 등교로 전환하기 시작하였고, 2022년에는 대부분의 국가들이 학교 정상화를 시행하였다.

팬데믹 이후 코로나19로 인한 불규칙한 등교와 등교일수의 차이는 학력 격차와 교육 양극화 현상을 심화시켰다. 이러한 교육격차는 성적의 차이뿐만 아니라 입시 결과에서도 비슷한 양상으로 나타났다. 우선, 성적의 경우 코로나19로 인해 등교일수가 줄어든 학교일수록 성적 중위권 학생들이 줄어든 반면, 상하위권 학생들은 오히려 늘어나는 성적 양극화가 코로나19 팬데믹 이전보다 커진 것으로 조사되었다.

등교일수 감소와 학생의 학업 성취 및 불평등에 관한 연구에 따르면, 등교일수 감소와 함께 기존 성적 상위권 학생들은 등교일수가 감소된 후 오히려 성취도가 높아진 것과 달리 성적 하위권 학생들은 성취도가 더욱 떨어진 것으로 분석되었다. 상위권 학생들에게는 오히려 등교 제한의 시기로 인해 본인 수준에 맞는 공부에 집중하여 학업 성적을 올리는 데 도움이 되는 시간이 되었고, 상위권 학생들의 부모 또한 자녀가 이 기간에 학업에 집중할 수 있도록 더욱 적극적으로 지원을 아끼지 않았을 것으로 분석되었다. 반면 하위권 학생들에게는 등교가 그나마 공부할 수 있는 최소한의 학습 환경이었다. 하지만 코로나19 확산으로 학교를 가지 않게

등교일수에 따른 과목별 상위권 · 중위권 · 하위권 학생의 비율(%)

	국어			수학			영어		
	하위권	중위권	상위권	하위권	중위권	상위권	하위권	중위권	상위권
등교일수 100일 이상	6.0	90.9	4.1	7.1	88.9	4.0	6.2	89.2	4.6
등교일수 100일 미만	8.1	86.9	5.1	9.8	84.8	5.4	8.9	84.3	6.8

※자료: 서울경제(2022.2.22.) 참조

되면서 학업에서 아예 손을 놓아버리고 포기하게 되었다는 분석이다. 아울러 하위권 학생들의 부모인 경우 적극적으로 자녀교육에 관심을 기울여주지도 못했을 것으로 분석되었다.

위의 표에서 정리한 것처럼 과목별 성적을 예로 들어보면, 먼저 영어 성적의 경우 등교수업 100일 미만 학교는 100일 이상인 학교와 비교하여 중위권 학생이 4.9% 줄어들었으나, 하위권은 2.7%, 상위권은 2.2% 늘었다. 또 수학도 영어와 비슷한 양상을 보인다. 수학 성적에서도 중위권은 4.1% 감소한 반면에, 하위권은 2.7%, 상위권은 1.4% 증가함으로써 역시 영어와 마찬가지로 중위권은 감소하고 상하위권 학생이 늘어나며 교육 양극화가 심화된 것으로 나타났다. 2021년 6월 교육부와 한국교육과정평가원이 2020년 국가수준 학업성취도 평가를 분석한 결과에서도 중3은 국어, 영어, 고2는 전 과목에서 기초학력 미달 학생이 전년 대비 늘어났다는 분석 결과를 발표했다. 결과적으로 등교 제한은 학력 격차의 심화와 교육 양극화의 확산을 초래한 셈이다.

입시 결과에서도 코로나19로 인한 학력 격차와 교육 양극화 현상이 상하위권 학생 간 차이로 확인되었다. 2022학년도 대학입시 결과를 보면, 특목고와 일반고 간의 입시 격차가 두드러졌다. 아래 그래프는 2022년 서울대 수시전형 합격자 중 특목고 출신 비율을 정리한 것이다. 그래프에서 볼 수 있듯이 2022학년도 서울대 수시모집 합격자의 절반가량(48.8%)이 과학고, 외국어고, 자사고, 영재고 등 특목고 출신으로 집계되었다. 사회지도층 및 고위공직자 자녀 입시비리로 인해 다시 정시가 확대되고 수시가 축소된 상황에서도 특목고 출신 비중이 더욱 높아진 것으로 나타났다. 일반고 출신 합격자가 48.3%에서 46.7%로 전년 대비 1.6% 줄어든 반

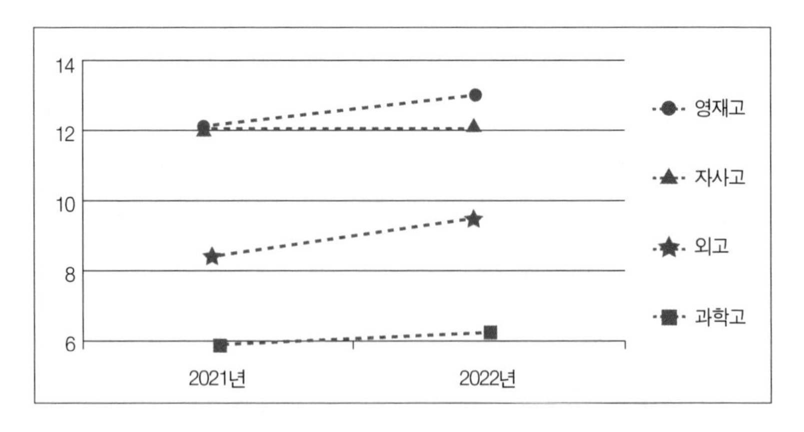

2022년 서울대 수시전형 특목고 합격자 비중

코로나 팬데믹 속에 치러진 2022년 서울대 수시전형에서 특목고 출신 합격자의 비율이 전체적으로 상승한 것을 알 수 있다.

면, 특목고 출신 합격자는 46.6%에서 48.8%로 전년 대비 2.2% 증가한 것으로 각각 나타났다.

2022년 서울대 수시전형을 예로 들어보면, 서울대는 수시로 총 2,391명을 선발했다. 그중 영재고는 12.0%에서 13.1%로, 자사고는 11.9%에서 12.1%로, 외고는 8.6%에서 9.2%로, 과학고는 5.7%에서 6.1%로 합격자 비중이 모두 증가하였다. 통상적으로 수시전형의 경우는 일반고가 과학고, 외국어고, 자사고, 영재고에 비해 내신에서 유리한 것으로 알려져 있다. 하지만 이번 코로나19 여파로 등교 제한 등 정상적인 학사운영이 이뤄지지 않은 것이 일반고 학생들에게 불리하게 작용한 것으로 분석되었다. 결과적으로 등교일수가 수시에서도 일반고에 불리하게 작용한 셈이다. 이러한 결과는 기숙형 학교 중심인 과학고, 외국어고, 자사고, 영재고가 코로나19 팬데믹 상황에서도 팬데믹 이전과 거의 변함없이 정상적 학사운영이 이루어진 데 따른 영향이 컸다고 분석되고 있다.

공동선과 교육 공정성

기울어진 운동장이란 불공정한 환경 속에서 이루어지는 경쟁 상황을 가리키는 표현으로 사용된다. 이 말의 유래는 사실 유럽축구에서 시작되었다. 세계적인 축구 슈퍼스타들이 대거 포진한 시절의 FC바르셀로나의 경기력은 실로 막강했다. 당시 이 팀의 선수들이 너무 월등하게 잘하는 나머지 FC바르셀로나와 경기하는 상대팀

선수들이 마치 운동장이 기울어진 것 같다고 푸념한 데서 생겨난 말이다. 운동장이 한쪽 골대 쪽으로 기울어지면 높은 쪽 골대로 공을 몰아서 골을 넣어야 하는 팀의 선수들은 아무리 열심히 뛰어도 골을 넣기란 어렵기 때문이다.

그런데 교육에서도 이와 비슷한 기울어진 구조가 점점 심해지고 있다. 즉 부모의 경제력이 취약한 저소득층 자녀들일수록 경쟁에서 이길 수 없는 구조가 형성되었다는 뜻이다. 특히 대학수학능력시험은 부모의 경제력에 기반한 사교육에 많은 영향을 받기 때문에 저소득층 가정의 학생들이 아무리 열심히 공부한다고 해도 고액 과외나 수능 전문 족집게 학원에 다니는 학생들의 경쟁 상대가 되기 어렵다. 부모 소득수준과 사교육비 규모, 특목고 진학, 수능성적, 대학입학 비율, 재수 또는 n수생 등 모두 높은 상관관계를 보여주는 많은 연구 결과들을 보더라도 부모의 경제적 수준이 상위계층일수록 대학입시에서 매우 유리한 결과를 보이는 것은 이미 통계적으로도 드러난 명확한 사실이다.

따라서 교육의 공정성을 논의하고 개선하기 위해서는 기울어진 운동장에서 어떻게든 달리는 방법을 고민할 것이 아니라 운동장 자체의 구조적 문제를 우선적으로 개선해야 한다. 이미 운동장 자체가 사회경제적 상위계층의 자녀들에게 유리하도록 기울어져 편향적으로 작용하고 있기 때문이다. 새 운동화나 운동복을 제공하는 식의 국소적 처방에 머물거나 기껏해야 운동장의 기울기를 약

간 조절하려는 시도에 머문다면 교육 공정성을 회복할 수 없을 것이다. 따라서 교육 공정성을 상실한 현재의 운동장을 교육의 공정성을 담아낼 수 있는 새로운 공간으로 재구조화해야 한다. 누군가는 승리하고 또 누군가는 패배하는 기존의 경쟁 관점에서 벗어나야 한다. 즉 치열한 경기장 개념에서 벗어나, 모든 학생이 함께 걷고 향유하는 어울림의 공간인 체육공원의 개념으로 바뀌어야 한다. 누군가는 공원의 운동장에서 이뤄지는 경기에서 뛰는 선수가 될 수도 있고, 누군가는 경기를 기꺼이 즐기고 응원하는 관람자가 될 수도 있다. 또 누군가는 자신의 상황에 맞는 시설이나 기구를 골라서 운동을 할 수 있는 개념으로 바뀌어야 한다.

부모의 사회경제적 능력에서 비롯된 학생 개개인의 능력의 차이를 정당화한다거나 시험 결과에 따른 서열화와 보상이 이루어지는 요소들은 교육 현장에서 최소화되어야 한다. 현재 학교가 사회경제적 상위계층에 매우 유리하게 작용하고 있는 능력주의를 실현시키는 기울어진 운동장으로 작동하고 있는 부분들은 개선해야 마땅하다. 이러한 부분들은 사실상 불공정한 경쟁 조장과 다르지 않기 때문이다. 이러한 교육 불공정 문제를 해결하기 위한 방안으로 공동체주의에서는 다음과 같이 제안하고 있다.

"아무리 하기 싫어도 교육개혁을 해야 한다는 인식에 도달할 때까지, 인식을 가질 수밖에 없도록, 도저히 외면할 수 없는 사실들에 대한 정보 공유와 시민들의 숙의 과정을 치밀하게 진행해야 한다. 누가 봐도 한눈에 알 수 있도록 정보를 쉽게 가공해서 대규모 공론화를 진행하는 등의 노력으로 사회 구성원들이 합의할 수 있는 공동선에 도달해야 한다. 사회 구성원들이 의욕을 가지고 열성을 다할 수 있는 공정한 사회를 만들기 위해서는 기울어진 운동장을 해체하고, 경쟁이 아닌 연대와 공조의 가치를 지닌 교육환경을 만들어가는 것이 학교의 역할과 과제다."

03

공동선 교육, 세대적 공정교육의 진화

다빈치연구소 소장인 미래학자 토마스 프레이(Thomas Frey, 1954~)는 이렇게 말했다.

> "2030년 세계 대학의 절반은 사라질 것이다."

학교의 종말이 머지않았다는 이야기들이 여기저기서 들려온다. 하지만 이러한 때일수록 학교는 생존 고민을 넘어 미래교육을 이끌어갈 당당한 주체가 되기 위해 고민해야 한다. 무엇보다 학교가 공정의 실현에 어떻게 기여할지 더 많은 고민이 필요하다. 이에 미래교육과 공정에 관한 이야기로 이 책을 마무리하고자 한다.

코로나19는 막연한 미래로 여겨지던 것들의 상당 부분을 우리의 현실로 만들었다. 미처 마음의 준비를 하지 못한 상태로 느닷없이 미래를 맞이하게 된 셈이다. 오랜 시간 굳건할 것이라 믿었던 가치 규범들조차 변화의 소용돌이 앞에 크게 흔들렸다. 이렇게 우리는 다 함께 대전환의 시대를 맞이한 것이다. 변화의 물결에 휩쓸려 표류하지 않으려면 달라진 세상에 대한 이해가 반드시 선행되어야 한다. 이미 달라진 세상에서 과거의 잣대를 그대로 들이대려 계속 고집한다면 그 자체로 이미 미래교육과 공정으로부터 점점 더 멀어지는 것이기 때문이다.

산업화, 민주화를 거쳐 **코로나 세대의 등장까지**

근대 이후 우리나라의 정치, 경제, 사회적 변화를 이끌어낸 분기점은 언제일까? 여기서는 크게 산업화 시대와 민주화 시대 그리고 최근의 코로나19 팬데믹 시대로 나눠보려 한다. 그리고 각 시대별 특징과 각 시대를 주도했던 세대들이 주목해온 공정에 관해 들여다봄으로써 시대와 세대에 따라 공정의 개념이 어떻게 변화하고 있는지도 살펴보려 한다.

산업화 세대

우리나라의 산업화 세대는 1960~1980년대를 거치며 국민 대다수가 가난했던 굶주림의 시대에서 벗어나는 디딤돌이 되어주었다. 이들은 한강의 기적으로 불리는 눈부신 경제성장의 주역인 동시에, 1990년대 신자유주의 세계화의 물결 속에서 IMF 경제위기 또한 최전선에서 감당해야 했던 세대이기도 하다. 현재 60대 이상 연령층이 산업화 세대에 해당한다.

산업화 세대를 생각하면 떠오르는 이미지나 키워드는 무엇일까? 아마 경제성장, 성공, 반공, 보수, 억척, 권위주의 등일 것이다. 산업화 세대는 국민의 살림살이가 대체로 넉넉하지 않았던 시절의 경제 상황으로 인해 가족 중 단 한 명, 대부분 장남의 사회경제적 성공과 출세를 목표로 가족 구성원 모두가 희생 아닌 희생으로 치열하게 생활하며 그 한 명의 성공에 온 힘을 보탰다. 이러한 산업화 세대가 살아가던 시대의 교육 환경은 학력고사, 대학본고사, 사법고시 등 상대평가 중심의 경쟁적이고 서열화된 줄 세우기에 의존하는 교육이었다.

2021년 11월 통계청 자료를 보면, 현재 우리 사회의 산업화 세대인 60세 이상 인구는 1,278만 명으로 이들 중 44.8%인 572만 명이 은퇴하지 못한 채 여전히 경제활동에 참여하고 있다. 이는 전체 취업자 2,774만 명의 20%를 차지하는 높은 수치다. 2025년 65세 이상 인구 비율이 20% 이상인 초고령 사회로 진입을 앞둔 상황

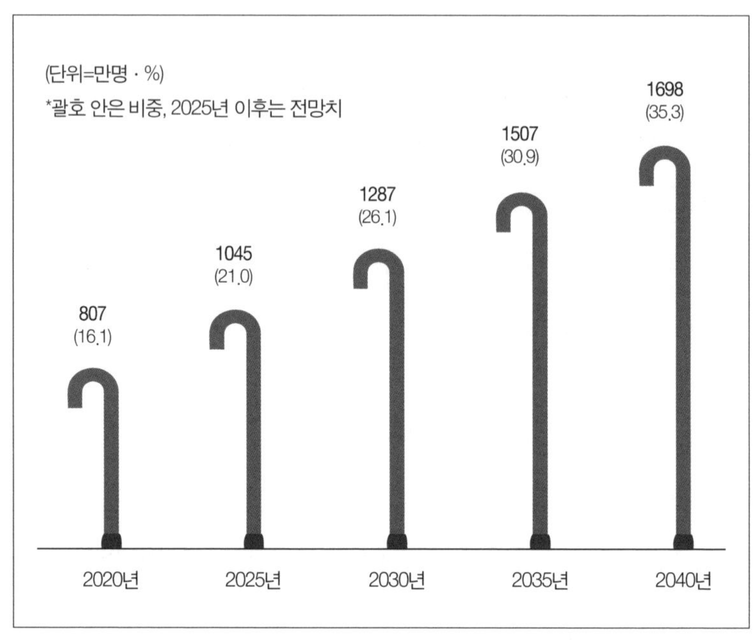

※자료: 통계청

가파르게 폭증하는 우리나라의 고령인구

통계청 발표에 따르면 3년 후 우리나라의 65세 이상 고령인구가 천만 명을 돌파할 것으로 전망된다. 그리고 이러한 상승은 더욱 가파르게 진행될 전망이다.

인 만큼 우리나라에서 일하는 노인의 비율은 앞으로 더욱 높아질 것으로 예상된다.

상황이 이렇다 보니 산업화 세대는 젊어서도, 늙어서도 도무지 손에서 일을 놓을 수 없는 측은한 세대이기도 하다. 이들 산업화 세대가 오랜 기간 일을 놓을 수 없는 이유는 살아온 시대적 환경에서 형성된 세대 특유의 가치관과 생활습관의 영향도 있겠지만, 현실적으로 일을 할 수밖에 없는 두 가지 이유를 간과해서는 안 된다. 첫째는 **생계** 때문이다. 국가에서 주는 연금만으로는 생활을 유지하는 데 턱없이 부족하고, 그동안 버는 대로 자녀들 교육과 부모 세대를 부양하는 데 모두 지출하다 보니 노후 준비를 위해 저축해놓은 돈이 없는 것이다. 게다가 자녀 결혼비용에 그나마 남은 퇴직금과 주택담보 대출까지 모두 사용했기 때문이다. 둘째는 성인이 되어서도 오랜 기간 독립하지 못한 채 부모에게 의지하는 성인 자녀에 대한 **양육** 때문이다. 경기침체로 젊은 층의 취업이 날이 갈수록 심해지며 자녀가 쉽게 자립하지 못하거나 경제적으로 불안정한 상태에 놓여 있기 때문이다. 과거로 보면 은퇴하고도 남을 나이임에도 여전히 경제활동에 뛰어들어 자식을 계속 부양해야 하는 상황인 것이다. 심지어 산업화 세대는 자녀들이 경제적 능력을 갖춰 독립한 후에도 자녀들에게 기댈 수가 없다. 지금의 자녀들은 과거 세대처럼 부모에 대한 부양을 당연시하는 세대가 아니기 때문이다. 고속 경제성장을 이끈 산업화 세대의 억척스럽고 고된 모습은 과거에도, 현재에도, 심지어 미래에도 여전히 일하는 모습으로 이어지고 있다.

민주화 세대

민주화 세대는 1980~1990년대 군사정부의 독재에 맞서 우리나라의 민주화 운동을 이끌었던 주역들과 그들의 이념을 이어가고 있는 세대들을 함께 지칭한다. 민주화 세대가 20~30대 시절에는 부모 세대와 함께 IMF 경제위기를 겪으며, 그 충격을 함께 온몸으로 감내하기도 하였다. 또 이들은 2016~2017년 촛불혁명에 앞장선 세대이기도 하다. 현재는 40~50대 연령층으로 어느덧 우리 사회의 정치, 경제, 사회, 문화의 중심에 자리한 기성세대가 되었다.

민주화 세대를 생각하면 떠오르는 이미지와 단어는 민주, 인권, 평화, 평등, 자주, 투쟁, 진보 등이다. 민주화 세대는 산업화 세대와 마찬가지로 사회경제적 성공을 위해 치열한 경쟁을 거쳤으면서도, 후속세대를 위해 불평등 개선을 몸소 행동으로 실천하였다. 사회 진보와 현실 개선에 앞장선 것이다.

민주화 세대는 부모 세대인 산업화 세대의 헌신적인 지원으로 "개천에서 용 난다."라는 표현으로 대표되는 자수성가와 계층이동이 가장 활발했던 세대기도 하다. 그런 민주화 세대가 사회지도층의 주류로 자리를 잡으면서 교육 개선을 위해 관심을 기울인 방향은 이들이 지향하는 민주나 인권, 평등 등의 가치와도 연결된다. 입학사정관제 도입, 수시제도 확대, 사법고시 폐지, 특목고 폐지, 고교평준화, 고교학점제 등의 교육개혁이 이를 말해준다.

민주화 세대는 우리나라에서 지난 30여 년간 대한민국의 정치, 경제, 사회, 문화 전반을 움직여온 실질적 주체라고 할 수 있으며, 또 의미 있는 사회변화를 일으키는 데 기여한 공로 또한 적지 않다. 하지만 지금에 이르러 민주화 세대도 위기를 자초하며, 이제 사회 중심 세대로서의 역할을 이미 다했다는 비판의 목소리가 들려온다. 무엇보다 이들이 주축이 되어 수립한 정부가 사회 불평등 해소에 공정한 태도를 보이기보다는 내 편에만 관대하거나 기득권 유지를 위해 다소 미온적으로 대처함으로써 과거 정부와 뚜렷하게 차별화된 모습을 보여주지 못한다는 비판이다. 이미 민주화 세대의 상당수가 기득권층에 편입되면서 그동안 수행해온 사회 비판과 개혁의 주체적 역할을 더 이상 기대할 수 없게 된 이유도 있을 것이다. 이러한 점에서 사회 진보와 개혁을 위한 정책과 의지가 크게 약해졌다는 평가도 받는다. 이로 인해 오늘날의 민주화 세대는 진보진영과 보수진영 양쪽의 젊은 세대들로부터 비판과 혁신의 대상으로 여겨지는 모양새다.

연령상 민주화 세대에 속하기는 하지만, 다소 결이 다른 세대가 있다. 과거 20대 시절에 뚜렷한 자기주장과 독특한 개성을 드러내며 X세대라는 이름으로 불리던 70년대생들로, 민주화 세대의 주류에 비해 개인주의적 성향이 강하고 정치적 이념성은 약한 편이다. 이들 X세대는 아날로그와 디지털 세상을 모두 경험하였기에 아날로그와 디지털 양쪽의 감수성을 모두 가졌다고 평가된다. 이들은 디지털 시대를 낯설어하는 산업화 세대와는 달리 빠르게 변화하는 디지털 환경에도 무리 없이 잘 적응하고 있다. 또한 X세대는 오늘날 사회 각 분야에서 중간관리자 역할을 맡고 있다. X세대는 워라밸과 욜로족으로 상징되는 2030의 MZ세대, 그리고 민주화 주역이자 고도 성장기의 공고한 카르텔을 형성한 5060세대 사이에 끼인 세대로서 고충을 호소하기도 한다. 하지만 양쪽의 감수성을 모두 가진 만큼 세대 간의 중재자로서 X세대의 역할에 중요성이 부각되고 있다. 위아래 세대 모두와 같은 시대적 경험을 공유함으로써 윗세대의 고단했던 삶의 정서와 언어를 어느 정도 이해하면서도 스스로가 개성의 상징인 X세대였던 만큼 MZ세대의 자유로운 생각에 대해서도 큰 거부감 없이 공감할 수 있는 부분이 있기 때문이다. 학교 현장에서도 이들 X세대 교사들의 역할에 기대하는 바가 크다.

코로나 세대

코로나 세대는 밀레니얼 세대를 뜻하는 M세대(1980년대 초반~1990년대 초반)와 XYZ의 세대 흐름에 해당되는 Z세대(1990년대 중반~2010년대 중반)를 합친 MZ세대와 코로나19를 경험한 젊은 세대까지 모두 포함하여 부르는 말이다. 어린 시절, 학창 시절, 사회진출 시기를 코로나19 팬데믹 속에서 보낸 청소년, 청년을 모두 아울러 코로나 세대로 간주하기도 한다. 코로나 세대는 우리 사회의 20~30대 연령층을 중심으로 전체 인구의 34%를 차지하고 있다. 코로나 세대를 생각하면 떠오르는 이미지와 단어는 코로나19, 공정, 젠더, 디지로그[2], 메타버스, 영끌, 가상화폐 등이다.

2. 디지털 기술과 아날로그적 요소의 융합

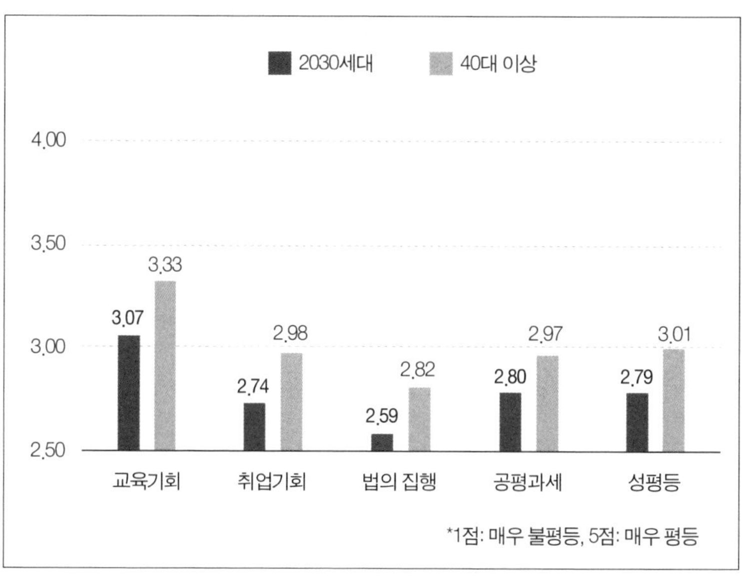

※자료: 경향신문(2022.4.6.) 참조

2030세대와 40대 이상의 공정에 대한 태도

40대 이상에 비해 2030세대가 우리 사회가 공정하지 않다고 바라보는 것을 확인할 수 있다. 5점에 가까울수록 평등하고, 1점에 가까울수록 매우 불평등하다는 것을 의미한다.

특히나 코로나 세대는 '공정'에 매우 민감하다. 코로나 세대는 촛불혁명 이후 기대했던 바와 달리 비상식적인 사회구조적 문제들과 정치권의 모습들이 그리 달라지지 않은 것, 사회경제적 양극화와 불공정 등이 개선되지 않은 채 오히려 지속되고 심화되는 것에 대한 분노와 좌절, 절망을 느꼈다. 인국공 사태, 사회지도층 자녀 입시비리나 성추행, 정치권의 내편 감싸기 등 기성세대가 보인 내로남불식 특권과 반칙, 불공정 모습에 더욱 허탈해진 것이다. 여기에 전 세계적 인플레이션과 금리 인상에 따른 이자율 상승으로 인해 영끌로 구입한 부동산 가격의 폭락 대비 감당할 수 없을 만큼 솟구친 이자 그리고 주가 및 가상화폐 폭락 등으로, 정치뿐만 아니라 경제적 절망과 좌절까지 겹치며 나아갈 힘을 잃고 있다.

코로나 세대는 기성세대들과 달리 특정 이념이나 정당에 대한 관심이나 충성도가 낮은 반면, 자신들과 직결된 문제에 대해서는 매우 예민하고 또 즉각적으로 반응하는 양상을 보인다. 전통적으로 젊은 층일수록 진보성향이 강했던 것과는 달리 요즘 젊은 층은 진보 경향성은 다소 약해지고 반대로 보수 경향성이 다소 높아진 모습을 보인다. 2021년 당시 야당의 당대표 선거에서 30대의 젊은 보수정당 대표를 당선시키는 데 커다란 영향을 미쳤고, 2022년 20대 대통령 선거에서도 대한민국 역사상 처음으로 검찰총장 출신의 후보가 대통령으로 당선되는 데에도 젊은 층, 특히 젊은 남성층의 지지가 적지 않은 역할을 한 것으로 분석되었다. 그중 이대남으로 불리는 젊은 남성 유권자들은 부동산 등 경제적 이슈와 젠더 문제 등의 사회적 이슈들에 대해 자신들의 입장을 강하게 드러내며, 당시 여당에 집단적으로 반발한 것으로 분석되었다. 이와 반대로 이대녀로 불리는 젊은 여성층은 상대적 소외감과 박탈감 속에서 당시 여당 쪽으로 지지가 몰리면서 극심한 성별 대립구도가 나타나기도 했다.

코로나 세대는 성별에 따른 남녀 간의 성향 차이뿐만 아니라 MZ세대 내부적으로도 서로 다른 성향이 존재한다. 즉 M세대와 Z세대는 서로 묶여 있음에도 꽤나 다른 성향을 지니고 있다. 먼저

M세대는 컴퓨터 보급이 급속히 확산되던 시절에 10대 청소년기를 보냈다. 학창 시절 학교 교육과정에 컴퓨터 교육과정이 도입되었고, 블로그, 카페, 미니홈피 등 온라인에서 친구들과 활발히 소통했다. 하지만 이때까지는 스마트폰 보급이 지금처럼 일반화되기 전이라 컴퓨터를 통해 인터넷에 접속해야 하는 시공간적 제약이 있어, 짧은 시간에 최대한 재미있고 다수가 즐기는 대세 콘텐츠를 찾는 경향이 강했다. 스타크래프트, 리니지, 메이플스토리, 리그 오브 레전드 같은 컴퓨터 게임을 PC방에서 즐기는 문화가 인기를 끌었다.

반면 스마트폰 보급이 활성화되던 시기에 태어난 Z세대는 언제 어디서든 스마트폰으로 인터넷을 이용하는 데 익숙하다. 이들은 세상에 태어난 후 늘 스마트폰으로 시공간의 제약 없이 콘텐츠를 즐기며 자랐고, 인스타그램, 틱톡, 유튜브 등 모바일을 기반으로 한 서비스가 Z세대의 놀이와 일상을 차지하게 되었다. 이러한 Z세대는 PC게임 대신 브롤스타즈와 로블록스 등의 모바일 게임을 더 선호하는 경향을 보인다. 또한 일시적인 유행이나 대세를 좇으려 하기보다는 자신만의 취향을 추구하며, 취향과 가치에 부합하는 것들을 소비하는 데 아낌없이 투자하는 모습도 보여준다. 특히 자신과 취향이 비슷한 몇몇 지인들과 같은 취미를 공유하는 데 만족과 재미를 느끼며 생활 속 소소한 일상을 즐기는 문화가 이들에게 관심을 받고 있다.

공정에 민감한 코로나 세대를 위한 **공정교육**

오직 소수의 특권층에 독점되어온 교육의 문이 대중에게 열리며 보편성을 갖게 되었을 때, 교육의 기회는 그 자체로 공정이 되었다. 또 지긋지긋한 가난에서 벗어나 계층 이동이 절실했던 시절에는 교육이 경쟁의 장을 제공했고, 치열한 경쟁에서 살아남은 '개천의 용'은 계층 간 이동에 성공했다. 이때 교육은 기회의 사다리로 표현되었고, 그것이 곧 공정이었다.

하지만 이제는 단지 학교에 다닐 수 있는 것만으로, 치열한 경쟁에 참여할 기회를 갖는 것만으로는 공정한 교육이 이루어지고 있다고 생각하는 사람은 아마 없을 것이다. 누군가에게 분명 유리한 경쟁이 될 수밖에 없는 기울어진 운동장에서는 능력주의 경쟁 방식으로 공정교육이 실현될 수 없기 때문이다. 그렇다면 미래교육은 과연 어떻게 공정의 가치를 실현해야 할까?

사회적 유동성 확대

사회적 유동성(social mobility)이란 특정 사회 내에서 계층 간 이동의 가능성 정도를 의미하는 개념이다. 한 사회의 구성원으로서 개인이 열심히 노력하면 원하는 사회경제적 위치에 다다를 수 있는 기회가 모두에게 공정하게 주어지는 사회일수록 사회적 유동성이 높다고 말할 수 있다.

우리나라는 해방이후 1990년대까지 '능력주의' 중심의 교육이 계층 이동의 사다리 역할을 일정 부분 수행하였다. 그 결과 이때까지만 해도 타고난 가정환경이 비록 열악해도 개인의 능력과 치열한 노력의 결과로 환경적 핸디캡을 극복하는, 소위 '개천의 용'이 탄생했던 것이다. 이러한 개천의 용 스토리는 당시 대중에게 로망이자 환타지였고, 어려운 환경을 노력으로 극복한 개천 출신 용들의 성공과 야망에 대한 이야기는 각종 소설이나 드라마, 영화 등의 단골 소재가 되기도 했다. 개개인의 이런 성공 경험이 쌓이면서 이는 사회적으로 능력주의에 대한 일종의 종교적 믿음으로까지 이어졌고, 개인의 교육적 성취에 따른 차별적 대우를 '공정'으로 인식하게 만들기에 충분했다. 즉 기회만 균등하게 주어진다면 누구든지 노력해서 사회적 계층 이동을 할 수 있다고 어느새 국민 대다수가 믿게 된 것이다.

1990대 후반에서 2010년대에는 신자유주의에 기반한 세계화의 거대한 흐름 속에서 자본이 자본을 낳는, 부의 불균등한 분배가 심화되었고, 사회경제적 불평등이 가속화되었다. 부자는 더 부자가 되고, 가난한 사람은 점점 더 가난에서 벗어나기 어려운 사회시스템이 굳어져 갔지만, 능력주의가 공정하다는 착각 그리고 누구나 노력하면 부자가 될 수 있다는 희망, 기회가 평등하면 재능과 노력에 따라 누구나 높이 올라갈 수 있다는 믿음에 여전히 사로잡힌 사람들은 애써 불평등을 참아왔다. 이 시기는 본격적으로 '재벌'들의 이야기가 영화나 드라마의 소재로 등장했고, 개인의 노력보다는 재벌을 만나 깜짝 신분 상승을 이루는 신데렐라 스토리들이 범람했던 시기이기도 하다.

2010~2020년대에는 능력주의와 신자유주의가 만들어낸 사회가 사회경제적 양극화를 더욱 고착화했다. 사람들은 사회경제적 계층이 이미 굳어져 계층 간 이동이 거의 불가능하다는 공통된 인식을 갖게 되었다. 특히, 능력주의와 신자유주의가 형성한 대학 서열화와 학벌 구조가 견고해진 사회에서 교육은 계층 이동의 사다리 역할이 아니라 오히려 사회경제적 불평등을 고착화시키는 도구가 되었다. 부와 가난이 대물림되는 상황에서 심지어 학력까지 대물림되면서 계층 이동은 더더욱 어려워졌고, 개천의 용도 신데렐라도 더 이상 나오기 힘든 세상이 되었다. 그만큼 경제적 부와 지위는 점점 더 견고해졌고, 그들만의 새로운 카르텔을 형성하게 되었다. 이러한 사회적 분위기는 드라마나 영화의 소재로도 나타났다. 예컨대 상류층 엄마들의 남다른 정보력과 그들만의 상상을 초월하는 교육 네트워크를 꼬집은 드라마들이 자주 등장하는 것에서 엿볼 수 있다. 어린 시절, 심지어 아이들이 태어난 직후 만난 산후조리원 시절부터 공고히 다져진 폐쇄적인 네트워크와 여기에 속하지 못한 채 주변을 맴돌기만 하는 아웃사이더들의 이야기가 그것이다. 교육에 관한 최고급 정보는 이제 아무나 접근할 수 없

는 범접 불가한 영역이 된 것이다.

현재 코로나 세대의 삶이 척박한 것은 바로 이러한 우리 사회의 구조적 문제가 뿌리 깊게 자리하고 있기 때문이다. '금수저', '흙수저'라는 말이 세간에 유행하는 것에서도 알 수 있듯이 부모의 재산, 지위 등의 요인이 개인의 노력이나 재능, 능력으로는 결코 뛰어넘을 수 없는 엄청난 장벽이자 막대한 영향력을 발휘하는 것이다. 집에서 혼자 교과서만 들여다보면서 영어를 공부하는 학생보다 부모의 경제적 지원으로 어릴 때부터 방학마다 어학연수를 다니면서 현지 언어 감각을 익히고, 원어민 강사를 통해 평소에도 언어 감각을 잃지 않도록 도움을 받는 학생의 영어 성적이 당연히 높을 수밖에 없는 것이다. 이러한 사회경제적 불평등 문제 때문에 공정한 경쟁과 사회적 계층 이동은 더욱 어려워지고 말았다.

지금 우리 사회에서 코로나 세대가 그저 열심히 공부만 해서는 엄청난 경쟁을 뚫고 고액 연봉을 받는 좋은 직장에 들어가기는 어렵다. 설사 들어간다고 해도 가정의 경제적 지원이 없다면 서울에 웬만한 집 한 칸 마련하기도 버거운 것이 현실이다. 일부를 제외한 평범한 학생 대다수가 이미 졸업과 동시에 엄청난 학자금 대출 등의 빚을 짊어진 채 사회생활을 시작한다. 심지어 팍팍한 현실에 자연스럽게 결혼, 출산 등 과거에는 당연시되던 것들을 포기하기도 한다. 나아가 이들은 평범한 삶을 살 수 없을 것 같다는 불안감마저 지니고 있다. 정규직 취업, 내 집 마련, 결혼과 출산 등 남들에겐 평범해 보이는 삶에 자신만 이르지 못할 것 같다는 불안감에 위축되는 것이다. 부모 세대보다 가난해진 첫 세대라는 말이 이들의 이런 정서를 잘 표현해준다. 이러한 정서와 사회구조적 문제, 사회경제적 불평등은 부의 분배에 대한 공정성 논의를 좀 더 현실적으로 다룰 수 있게 하였고, 기성세대와의 세대 간 갈등이라는 주제로까지 확대되면서 주택문제, 연금문제 등에 대한 논쟁을 수면위로 떠오르게 하였다.

산업화 세대와 민주화 세대는 코로나 세대에게 더 많은 기회를 주어, 코로나 세대가 기성세대와 대등한 계층으로 사회구성원에 들어갈 수 있도록 사회제도적 환경을 개선시켜주어야 한다. 산업화 세대가 경험했던 눈부신 경제성장과 민주화 세대가 누렸던 활발한 계층 이동까지는 어렵겠지만, 최소한 기성세대가 누리고 있는 자본과 권력을 코로나 세대와 나누어 가질 수 있도록 해야 한다. 그 간격은 교육을 통해 줄여나갈 수 있을 것이다. 사회적 유동성이 확대되는 방향에서 공정한 교육이 실현되도록 노력해야 한다. 그것이 세대적 공정교육으로 나아가는 길일 것이다.

제도와 인식을 넘어 공동선으로

동아시아 지역은 전통적으로 유교 문화를 기반으로 무려 2,000여 년 가까이 **과거(科擧)**라는 시험에 기반한 능력주의 시스템을 유지해왔다. 물론 제도 자체가 신분제에서 완전히 자유로운 것은 아니었지만, 지체 높은 양반 가문에서 태어났다고 해도 과거에 급제하지 못하면 평범한 서생에 만족하며 살아야 했다. 이러한 능력주의는 신분제가 사라진 뒤에 소나 논을 팔아서라도 자식 하나만은 출세하게 만들려는 부모의 희생으로 이어지기도 했다. 이처럼 능력주의는 어제오늘 만들어진 것이 아닌 유교문화권 부모들의 뿌리 깊은 자녀교육 사상으로 거의 종교적 신념에 가까운 것이다. 이러한 동아시아 유교 문화 사회에서 하루아침에 능력주의를 모조리 걷어낸다는 것은 거의 불가능에 가깝다. 차라리 뿌리 깊게 존재하는 능력주의 시스템 속에 **공동선**(the common good)이라는 공정성을 녹여 넣는 것이 훨씬 현실적인 접근이 될 수 있을 것이다.

예컨대 능력주의가 강조하는 절차적 공정성인 기회의 평등은 고정 상수로 두되, 공정의 방향에서 차이의 정도를 완화하는 공동선을 추구하는 것으로 공정교육의 방향을 찾아야 할 것이다.

우리의 놀이 문화 속에는 '깍두기'라는 규칙이 있다. 실력이 뛰어난 친구뿐만 아니라 실력이 부족하거나 몸이 불편해서 놀이를 제대로 할 수 없는 친구에게 깍두기 역할을 줌으로써 놀이에 함께 참여할 수 있도록 배려하는 것이다. 깍두기는 양쪽팀에 다 소속될 수 있다. 설사 그 친구가 점수를 깎아 먹어도, 팀에 해를 끼쳐도 공평하니까 괜찮다. 전체적인 공정을 무너트리지 않고 모두가 함께 참여하여 즐겁게 어울릴 수 있는 창의적인 놀이 규칙이다. 다음 세대를 위한 공정교육의 미래는 깍두기와 같이 모든 세대, 모든 계층이 함께 행복한 삶을 살아가는 모습이어야 할 것이다.

이를 위해서는 획일화된 평등이 아니라 공정에 교육의 초점이 맞춰져야 한다. 평등교육이 아니라 공정교육이 중요한 이유는 평등교육만 주장하다 보면 자칫 **하향 평준화**로 가는 경향이 있기 때문이다. 이와 달리 공정교육은 **상향 평준화**를 지향하는 길이다. 평등교육은 자칫 더 잘할 수 있는 학생들의 의욕을 떨어뜨리는 데 반해 공정교육은 위로 향하는 사다리, 즉 노력과 능력에 기반을 둔 성취를 장려한다는 점에서 핵심적 차이가 있다. 다시 말해 평등을 주장하며 누군가를 끌어내림으로써 불평등을 해소하는 것이 아니라, 각 개인의 역량에 따른 성취와 각자의 성취에 대한 적절한 보상을 약속함으로써 사회 전반의 향상을 도모하는 것이다. 따라서 창의적이고 능력 있는 빌 게이츠나 스티브 잡스 같은 소수의 사람들이 노력과 능력을 최대치로 발휘함으로써 성공할 수 있다는 전제하에 각 분야의 전문가를 우대해주는 사회시스템은 어느 정도 유지되어야 한다.

가장 잘 달리는 사람에게 굳이 속도를 줄여 천천히 달리라고 할 필요는 없다. 가장 잘 달리는 주자는 마음껏 전속력으로 달리게 하되, 다만 그가 얻은 승리의 대가가 전적으로 그에게만 속한 것이 아님을 분명히 할 필요가 있다. 재능 있는 학생이 그 재능을 마음껏 갈고닦도록 하되, 그들이 받는 보상은 공동체 전체와 나눠 가져야 한다는 것이다. 재능 있는 사람들이 재능을 펼치지 못하게 하는 것이 아니라, 그들의 재능이 거둔 성과를 독점하지 못하게 하는 시스템이 필요하다.

미래를 향한 공정교육의 진화

앞서 언급한 존 롤스는 **차등의 원칙**을 통해 대안을 제시하였다. 재능 있는 사람에게 핸디캡을 주는 대안이 아니라, 승자가 남들보다 불운한 사람들과 승리의 성과를 나누는 방법을 제시한 것이다. 그는 차등의 원칙에서 자연적 재능의 분배 상태는 사회의 공동 자산이며, 그 분배에서 비롯되는 편익은 무엇이든 공동체적으로 향유되어야 한다는 합의를 중시하였다. 태어날 때부터 남보다 유리한 능력을 가진 사람은 그가 누구든 가장 불운한 상황에 처한 이들의 조건을 개선하는 한에서 그 행운의 몫을 향유해야 한다고 하였다. 사회는 반드시 자연적 재능의 우연한 배분이 가장 불운한 사람들에게 이로울 수 있게 하는 시스템을 구축해야 한다. 노력하려는 의지 자체도, 그러한 시도도, 그리고 흔히 말하는 자격이라는 것도 유복한 가정과 사회적 환경에서 비롯되기 때문이다.

또한 마이클 샌델도 **조건의 평등**을 통해, 어떤 계층에 속하든 상관없이 모든 사람들이 공공의 삶 속에서 공동선에 대해 깊이 고민하는, 즉 민주주의적 평등의 시각에서 서로를 바라볼 수 있는 방식과 문화를 배울 수 있는 충분한 경험의 기회를 마련해주어야 한다고 하였다. 공공의 삶에 대해서 민주적으로 토론할 수 있는, 그래서 공동체 속 자신과 다른 구성원들을 이해할 수 있는 사회적 역량을 길러줄 수 있는 교육의 필요성을 강조하였다. 그는 계층과 상관없이 사람들이 충분히 접촉하고, 서로 다른 계층의 사람들과 만나서 서로 다른 의견에 관해 나누고 타협함으로써 우리의 다름과 함께 더불어 살아가는 **공동선**(the common good)을 기르는 것이 중요하다고 하였다. 앞으로 우리 사회도 공동체의 합의를 통해 공동선의 가치를 도출하려는 노력이 끊임없이 필요할 것이다.

사회갈등을 감소시키는 데 필요한 요소는 구성원 모두가 공유하는 공동선의 가치를 지향할 때 가능하다. 하지만 안타깝게도 우리 사회에는 아직까지 국민통합을 위한 공동선으로서의 가치가 존재한다고 볼 수 없다. 성장과 자유, 분배와 평등을 주장하는 각자의 입장만 존재할 뿐, 정작 국민통합을 위한 공동선으로서의 가치와 입장은 여전히 불분명하다. 다행스러운 점은 그동안 우리 사회가 정의와 공정에 대한 수많은 담론과 현실적 논의가 이루어져 왔다는 점에서 이제 그 공동선의 가치를 **공정**으로 이야기할 수 있지 않을까 생각해본다.

공동선을 이끌어내기 위해서라도 앞으로의 학교 교육은 반드시 **자유로운 토의토론과 합의의 문화를 활성화하고 정착**시켜 나가야 한다. 학생들이 학교생활에서 접하는 이런저런 사안들에 대해서 치열한 토의토론을 거쳐 집단지성을 발휘해 공동체의 합의에 이르는 방법을 자연스럽게 익혀야 한다는 뜻이다. 물론 각 학교 내에 토의

토론 문화가 하루아침에 자리를 잡을 수 있는 것은 아니다. 특히 우리나라의 학교는 수평적 의사결정을 위한 변화를 시작하기는 했지만, 워낙 오랜 기간 동안 상명하달식 일방적 의사결정에 익숙해져 있다 보니 토의토론을 통한 의사결정 문화가 자리를 잡기까지는 생각보다 더 오랜 시간이 걸릴지도 모른다. 그럼에도 불구하고 학생 개개인의 성장은 물론 학교의 민주적 문화, 그리고 사회 전반의 발전을 위해 자유로운 토의토론과 합의의 문화 정착은 반드시 학교가 책임지고 만들어가야 할 필수 과제이다.

또한 **학교와 지역사회에서 시민교육을 강화**해야 한다. 학생들이 학교에서 자연스럽게 시민의식을 성숙시켜나갈 수 있도록 교육과정을 계획하고 지역사회와 연계한 다양한 교육의 기회도 마련해야 한다. 앞으로의 사회는 나와 다른 생각과 의견을 경청할 수 있는 능력, 나와 다른 생각과 의견도 기꺼이 수용할 수 있는 능력이 요구된다. 만약 상대의 생각과 의견에 동의하기 어렵다면 그저 반대를 위한 반대나 편 가르기 논리에 기반한 맹목적 반대가 아니라 합리적이고 객관적인 비판, 설득, 나아가 대안까지 제시할 수 있어야만 한다. 이러한 역량을 실질적으로 끌어올리고, 민주시민, 세계시민으로서의 감수성을 키우며, 지역사회의 합의 과정에 학생과 시민 누구나 참여할 수 있는 사회적 경험과 기회를 확대시킬 수 있는 교육이 되어야 한다. 학교와 지역사회가 공정교육을 구현하는 중요한 공적 기구가 되어야 한다.

인간에 주목하는 공정한 불평등으로서의 **공동선 교육**

영화 〈죽은 시인의 사회〉는 벌써 개봉한 지 수십 년이 흘렀음에도 여전히 회자된다. 소위 명문대 진학이라는 좁은 문을 뚫기 위한 치열한 경쟁 중심 교육에서 벗어나지 못한 우리나라의 학교 현실과도 맞닿아 있기 때문일 것이다.

이 영화는 높은 아이비리그 진학률을 자랑하는 사립학교에 부임한 색다른 교사 키팅과 학생들의 꿈과 성장 이야기를 담았다. 아이비리그에 진학해 자신들의 부모처럼 의사나 변호사, 정치인 등 사회지도층이 되기 위해 열심히 공부에 매진하는 것을 당연시해온 학생들은 새로 부임한 키팅 선생의 수업이 영 낯설기만 하다. 하지만 키팅은 입시에 매몰되지 않은 자신만의 수업으로 학생들을 성장시킨다. 영화를 보면 한 학생이 키팅에게 왜 교과서에도 나오지 않는 '시(詩)'를 굳이 가르치는지에 대해 의구심을 제기한다. 다시 말해 성적을 올리는 데 직접 관련도 없는 내용에 왜 아까운 수업 시간을 할애하느냐는 질문이다. 이에 키팅은 다음과 같은 취지로 답한다.

> "여러분이 목표하는 의사나 법관, 정치인 등은 모두 고귀한 일인 것은 분명합니다. 다만 이것들은 삶에서 수단과 방법일 뿐, 그 자체로 목적은 아

닙니다. 인생의 목표는 시와 사랑, 예술과 낭만이지요. 이렇듯 삶의 목표가 되는 것들을 인생의 방법을 달성하기 위한 도구로만 사용해서는 안 됩니다."

키팅의 말은 새로운 공정을 실현하기 위해 나아가야 할 우리의 미래교육에 시사하는 바가 매우 크다. 앞서도 언급한 것처럼 학교는 앞으로 공정교육을 구현하는 데 가장 중요한 공적 기구가 되어야 한다. 이를 위해서는 결국 '학벌' 같은 수단이 아니라 '인간' 그 자체에 주목해야 한다. 학생 개개인의 다채로운 성향과 역량을 존중하고 이끌어내는 한편, 이를 공동체의 조화와 발전을 이루도록 하는 것이야말로 공교육의 가장 중요한 사명이자, 새로운 공정교육의 방향일 것이다.

우리는 스포츠 경기에서 공정한 경쟁을 이야기할 때 **페어플레이**라는 용어를 사용하곤 한다. 규칙을 지키면서 정정당당하게 경기를 하는 것이 페어플레이 정신이다. 공정은 규칙을 지키면서 더 많이 노력하면 더 많은 것을 성취할 수 있다는 약속을 의미하며, 이는 평등과 다른 개념이다.

한번 생각해보자. 거의 모든 사람들이 불평등을 싫어하지만, 그렇다고 조건 없는 완전한 평등을 원하지도 않는다. 만약 온갖 시련에도 굴하지 않고 열심히 노력하여 성공한 사람들에게서 그들 몫을 빼앗아 아무런 노력도 하지 않고, 진취적이지도 않은 사람들

평등 공평 정의

중요한 것은 구성원 모두가 운동장을 자유롭게 즐길 수 있는 공정(fairness)하고 정의(Justice)로운 사회를 만드는 것이다. 그림에서는 울타리로 표현됐지만 이런 갈등은 단순히 개인의 키 차이의 문제가 아니라, 1장에서 다룬 남녀간의 젠더 인식(보편성), 2장에서의 인간 개체를 대하는 접근(본질성), 3장에서의 대학 서열화 문제(정치성), 4장에서의 생명에 대한 우선순위(생태성), 5장에서의 세대간 사회경제적 불평등(세대성)의 문제일 수 있다.

에게 무조건 나누라고 강요하면 어떨까? 분명 열심히 노력하여 성공한 사람들에 대한 역차별로 받아들여질 것이다. 그렇다면 모두를 위한 공정한 문제의 해결을 다음 이야기에서 한번 찾아보자.

원래 한 대학 교수가 만든 이미지인데, 이것이 여러 가지 다른 버전으로 변형되어서 돌아다니고 있다. 이 책에서도 변형하여 한번 그려보았다. 왼쪽(256쪽 참조)의 그림들을 살펴보자. 첫 번째 그림이 평등(equality), 두 번째 그림은 공평(equity), 세 번째 그림은 정의(justice)라고 부른다.

누군가는 첫 번째 그림을 보고 평등(equality)한 것이 공정(fairness)하거나 정의(justice)롭지 않다고 할 수 있다. 사회적 약자를 고려하지 않는 평등이 과연 공정하거나 정의로운 것이 맞는가라는 생각일 것이다.

다른 누군가는 두 번째 그림을 보고 공평(equity)한 것이 누군가에게는 불공정(unfairness)한 것이 될 수 있다고 생각할 수 있다. 왜 내 상자를 다른 사람에게 나눠줘야 하고, 내가 가진 것이 많다는 이유로 또는 키가 크다는 이유로 내가 가진 것을 빼앗기거나 다른 사람이 받는 혜택을 나는 받지 못하는 것인가라고 생각할 수 있다는 뜻이다.

마지막 세 번째 그림을 보고 누군가는 정의(justice)라고 생각하겠지만 누군가에게는 불공정(unfairness)으로 다가올 수 있다. 만약 이곳이 유료티켓을 끊어야만 관람할 수 있는 경기장이라면 상자를 딛고 올라서거나 개방형 울타리를 세우거나 아예 허무는 것은 오히려 정의롭지 않은 일이 될 수 있다. 누군가는 경제적 손해와 일자리를 잃게 될 수 있기 때문이다.

여기서 중요한 것은 구성원 모두가 운동장에서 펼쳐지는 경기를 자유롭게 즐길 수 있는 공정(fairness)하고 정의(Justice)로운 사회를 만드는 것이다. 그림에서는 울타리로 표현됐지만, 사회갈등은 훨씬 더 복잡한 양상을 띤다. 즉 서로 다른 이해관계들이 이리저리 섞여 있기 때문에 단순히 개인의 키 차이의 문제처럼 단편적이지 않다는 뜻이다. 예컨대 1장에서 다룬 남녀간의 젠더 인식(보편성), 2장에서의 인간 개체를 대하는 접근(본질성), 3장에서의 대학 서열화 문제(정치성), 4장에서의 생명에 대한 우선순위(생태성), 5장에서의 세대 간 사회경제적 불평등(세대성)의 문제처럼 실로 복잡한 이해관계가 얽혀 있다.

'평등' 그 자체를 '악(惡)'으로 생각하는 사람은 아마 없을 것이다. 대부분의 사람들은 분명 어느 한쪽으로 크게 치우치지 않고 골고루 평등한 사회를 원할 것이다. 하지만 개인차를 전혀 고려하지 않은 무조건적 평등을 원하는 사람도 아마 없을 것이다. 오히려 불평등의 상황을 공정한 자원 배분의 결과로서 인식할 수 있다면 사람들은 어느 정도의 불평등을 기꺼이 감수하며 수용하게 될 것이다.

존 롤스의 차등의 원칙과 마이클 샌델의 조건의 평등처럼 최근의 공정과 정의에 대한 사회적 관심과 논의는 사람들 간의 획일화된 평등보다 누군가 일방적인 불이익을 당하지 않도록 공정의 가치를 보다 합리적인 사회적 가치로 인식하게 만들어주었다. 만약 평등과 공정이라는 두 가치가 충돌할 경우에 사람들은 불공정한 평등(unfair equality)보다는 **공정한 불평등(fair inequality)**을 선택하지 않을까?

우리가 꿈꾸는 좀 더 나은 사회는 우리 사회가 오랜 기간 지녀왔던 능력주의의 절차적 정의, 그리고 자유평등주의의 차등의 원칙과 공동체주의의 조건의 평등을 모두 고려하고 담아내는 공정의 방향이 되어야 할 것이다. 그러한 공정의 방향은 공정한 불평등을 감수하는 **공동선의 가치**를 찾아가는 **공정교육의 구현**을 통해 가능할 거라고 믿는다.

공정은 미래교육을 어떻게 바꾸며, 교육은 공정 사회 실현에 어떻게 기여할 것인가?

공정에 대한 사회적 관심이 어느 때보다 뜨겁고 높은 시기다. 세대를 막론하고 저마다의 공정을 외친다. 각 정치권에서도 공정에서 비교우위를 차지하기 위해 연일 뜨거운 논쟁을 벌인다. 특히 코로나 세대로 불리는 젊은 층은 공정 문제에 있어 그 어느 세대보다 민감하게 반응하며, 위법성 여부와는 별개로 특권이나 편법을 통한 반칙에 대해서도 날카롭게 비판한다.

앞서 살펴봤듯이, 공정은 관점에 따라 또는 시대에 따라서도 얼마든지 달라질 수 있다는 점에서 고정불변의 가치라고 보기에는 어려운 부분이 있다. 오히려 진화하지 않은 채 멈춰 있는 공정은 사람들에게 더 이상 공정으로 여겨지지 않으며, 사람들은 새로운 공정을 갈망하게 된다. 현재 우리 사회에서 공정에 대한 목소리가 이토록 자주 나오는 것은 그만큼 우리 사회가 공정하지 않다는 반증일 수 있다. 또한 공정의 가치가 변화된 시대적 흐름이나 사회구성원들의 요구 및 의식 수준을 제대로 담아내지 못하고 있기 때문이라 볼 수 있다.

따라서 시대적 흐름과 사회구성원들의 향상된 의식 수준과 요구사항을 반영한 공정의 가치가 실현되는 더 나은 사회로의 진화가 필요한 시점이다. 동시에 더 나은 사회로 나아가기 위해 교육이 어떠한 역할을 수행해야 할지에 대한 고민도 필요한 시기이다. 특히, 지난 몇 년간 코로나19 팬데믹, 기후문제, 제4차 산업혁명 등 대전환 속에서 도출된 인류의 보편적 가치와 교육의 방향들 그리고 저출산 고령화 문제, 젠더 및 세대 갈등, 대학 입시비리와 사회경제적 양극화 등의 복잡한 국내 상황 속에 드러난 공정이라는 가치에 대한 논쟁 등을 중심으로 '공정의 진화와 미래교육'이라는 주제로 고민할 수 있었던 것은 시기적으로 매우 의미있는 일이었다.

공정은 교육의 미래를 어떻게 바꾸고, 또 교육은 공정한 사회를 실현하는데 어떻게 기여할 것인가? 필자는 이를 다섯 가지 키워드로 생각해보고자 했다. 첫째 젠더교육을 통한 교육의 보편성 확대,

둘째, 개체중심교육을 통한 교육의 본질 추구, 셋째, 대학서열구조 개선을 통한 교육의 중립성과 공정성 확보, 넷째, 지구생태환경을 중심에 두는 교육으로의 관점 전환, 다섯째, 세대 간 사회적 합의가 이뤄진 가치를 구현해가는 공동선 교육의 추구이다.

앞으로도 나날이 복잡해지고 불확실해질 국내외 상황 속에서 공정에 대한 요구도 한층 더 다양하게 나타날 것이다. 그런 점에서 새로운 공정의 가치를 담아낼 교육의 역할이 그 어느 때보다 중요하다. 미래사회가 추구하는 공정의 가치를 실현하려면 당연히 사회구성원들의 의식도 함께 성숙해져야 한다. 교육, 특히 공교육이 여기에 어떻게 기여할 것인지 고민해야 한다. 이러한 고민은 단지 좀 더 많은 학생을 좋은 대학에 보내는 것보다 훨씬 중대하고 본질적인 고민이다. 개개인이나 특정 집단의 이익에 매몰되지 않고, 인류와 지구생태환경이 다 함께 잘 살아갈 수 있는 공존과 공영의 세상을 만들어가려면 사회적 합의를 통한 공동선의 도출과 책임감 있게 공동선을 실현해 나갈 수 있는 인류 공동체의 의식과 역량이 뒷받침되어야 한다. 사회의 공동선을 도출하고 공동선의 실현을 통해 보다 나은 사회를 이끌어갈 성숙한 시민으로 공동체의 구성원을 키워내는 것, 이것이야말로 교육의 역할이자, 미래교육이 담아내야 할 공정의 가치 아닐까?

〈단행본〉
고광열, 《MZ세대 트렌드 코드》, 밀리언서재, 2021.
기애경·조은아·송영범·김성일·옥진우·한난희, 《전학년 프로젝트 수업으로 교육과정을 다시 디자인하다》, 맘에드림, 2019.
김기현·장근영, 《시험인간》, 생각정원, 2020.
남기업, 《공정국가》, 개마고원, 2010.
박권일·홍세화·채효정·정용주·이유림·이경숙·문종완·김혜진·김혜경·공현, 《능력주의와 불평등》, 교육공동체벗, 2021.
박은봉, 《한국사편지5》, 책과함께어린이, 2010.
박의수·강승규·정영수·강선보, 《교육의 역사와 철학》, 동문사, 2011.
박지향, 《평등을 넘어 공정으로》, 김영사, 2021.
박흥식, 《미완의 개혁가, 마르틴 루터》, 21세기북스, 2017.
배영수, 《서양사 강의》, 한울아카데미, 1996.
서용선, 《혁신교육, 존 듀이에게 묻다》, 살림터, 2012.
송영범, 《포스트 코로나 시대, 학교가 디자인하는 미래교육》, 맘에드림, 2020.
송영범·손경화, 《놀이로 다시 디자인하는 블렌디드 러닝》, 맘에드림, 2021.
송재룡, 《포스트모던 시대와 공동체주의》, 철학과현실사, 2001.
안철수, 《안철수, 우리의 생각이 미래를 만든다》, 21세기북스, 2020.
안효상·김형규, 《어린이를 위한 세계 역사 50장면》, 한솔교육, 2009.
양금희, 《종교개혁과 교육사상》, 한국장로교출판사, 1999.
온정덕·변영임·안나·유수정, 《교실 속으로 간 이해중심 교육과정》, 살림터, 2018.
우석훈, 《너와 나의 사회과학》, 김영사, 2011.
유시민, 《국가란 무엇인가》, 돌베개, 2017.
이준석, 《공정한 경쟁》, 나무옆의자, 2021.
이혜정·이범·김진우·박하식·송재범·하화·홍일영, 《IB를 말한다》, 창비교육, 2019.
조병하, 《마르틴 루터와 개혁 사상의 발전》, 한들출판사, 2003.
주수원, 《폭염의 시대》, 맘에드림, 2019.
채사장, 《시민의 교양》, 웨일북(whalebooks), 2016.
채사장, 《지적 대화를 위한 넓고 얕은 지식》, 한빛비즈, 2019.
최재천·장하준·최재붕·홍기빈·김누리·김경일·정관용, 《코로나 사피엔스》, 인플루엔셜, 2020.

허순봉, 《초등학교 때 꼭 알아야 할 세계사 100》, 예림당, 2017.
KAIST 미래전략연구센터, 《카이스트 미래전략 2021》, 김영사, 2020.

도쿠젠 요시카즈, 《마르틴 루터 성서에 생애를 바친 개혁자》(김진희 옮김), AK커뮤니케이션즈, 2018.
리오타르, 《포스트모던의 조건》(유정완 옮김), 민음사, 2018.
리처드 도킨스, 《이기적 유전자》(홍영남·이상임 옮김), 을유문화사, 2016.
마이클 샌델, 《공정하다는 착각》(함규진 옮김), 와이즈베리, 2020.
마이클 샌델, 《정의란 무엇인가》(이창신 옮김), 김영사, 2009.
마틴 드워킨, 《존 듀이 교육론》(황경숙 옮김), 씨아이알, 2020.
사이먼 말파스, 《포스트모더니즘을 구하라》(윤동구 옮김), 앨피, 2008.
세계환경발전위원회, 《지구의 지속가능한 발전을 향하여 우리 공동의 미래》(조형준·홍성태 옮김), 새물결, 2005.
에라스무스, 《에라스무스 아동교육론》(김성훈 옮김), 인간사랑, 2017.
유발 하라리, 《사피엔스》(조현욱 옮김), 김영사, 2016.
제이슨 생커, 《로봇 시대 일자리의 미래》(유수진 옮김), 미디어 숲, 2021.
제이슨 생커, 《코로나 이후의 세계》(박성현 옮김), 미디어 숲, 2020.
클라우드 슈밥, 《클라우드 슈밥의 제4차 산업혁명》(송경진 옮김), 새로운 현재, 2016.
H. Lynn Ericson, Lois A. Lanning and Rachel French, 《생각하는 교실을 위한 개념 기반 교육과정 및 수업》(온정덕·지영 옮김), 학지사, 2019.
IPCC, 《Global warming of 1.5℃. CH: IPCC》(기상청 옮김), 서울: 기상청, 2018.
OECD(2018.10.23.). 《교육 형평성: 사회적 이동성 제고(Equaity in Ecucation: Breaking Down Barriers to Social Mobility)》.
UNESCO(2018), 《International technical guidance on sexuality education》.

〈논문〉

김성구·박성배, 2007, 〈세계 전문가의 금융소득세제 공평성 인식에 관한 연구〉, 《세무와 회계저널》, 8(2).
김은미, 2021, 〈코로나19 시대 젠더 갈등의 해법〉, 《국제인권보 논단》 2021년 2월호 〈626호〉.
김희삼, 2018, 〈사회이동성과 교육해법〉, 광주과학기술원.
김회용, 2011, 〈공정성 개념 분석과 대학입학사정관 전형의 공정성 확보 방안〉, 《교육사상연

구》 25(1).

송영범, 2019, 〈혁신학교 네 가지 가치에 대한 혁신학교와 일반학교의 차이 및 변화과정 분석〉, 《교육종합연구》 17(1).

송영범, 2020, 〈경기도 초등 혁신학교와 일반학교의 학교혁신풍토의 차이 및 변화과정 분석〉, 《교육문화연구》 26(1).

송영범, 2020, 〈경기도 초등 혁신학교와 일반학교의 교실수업형태의 차이 및 변화과정 분석〉, 《한국교육문제연구소》 38(1).

신규희, 2013, 〈상사의 공정성이 종사원의 침묵 행위와 정서경력몰입에 미치는 영향-호텔 F&B 조직을 중심으로〉, 경희대학교 일반대학원 박사학위논문.

이종수, 2011, 〈지역사회 내의 공정성 제고와 지방정부의 역할〉, 《지방행정연구》 25(1).

조석희·박성익·김명숙, 2006, 〈중학교 수월성교육 정책의 효율적 추진방안〉, 서울: 한국교육개발원.

정원규, 2011, 〈교육의 본래 목적과 공정성의 입장에서 본 대학입시의 문제〉, 《사회와 철학》 21.

차문경·이희태, 2017, 〈소득불평등이 교육비지출을 매개로 소비자의 행복한 삶, 의미 있는 삶에 미치는 영향: 예상된 세대간 계층 유동성의 조절효과를 중심으로〉, 《소비문화연구》 20(3).

한진태·곽대경, 2020, 〈수사경찰의 조직공정성이 조직몰입에 미치는 영향-상사신뢰의 매개효과를 중심으로〉, 《한국경호경비학회》 62.

홍경환, 2003, 〈동양의 의리와 서양의 정의의 비교〉, 《중등교육연구》 53(2).

Amitai Etzioni, 1996, *The New Golden Rule: Community and Morality in a Democratic Society.* New York : Basic Books.

Finn Bowring, 1997, "Communitarianism and Morality : In Search of the Subject", New Left Review, no.222.

Folget, R., & Konovsky, M. A., 1989, Effects of procedural and distributive justice on reactions to pay raise decisions. *Academy of Management Journal*, 32(1), 115-130.

Homans, G. C., 1961, Social Behavior: Its Elementary forms. New York: Harcourt Brace Jovanovich.

Hooker, B., 2005, "Fairness." *Ethical Theory & Moral Practice*. Vol. 8 Issue 4, 329-352.

Ilyya Kuziemko, Jessica Pan, Jenny Shen & Ebonya Washington, 2018, *The Mommy Effect: Do Women Anticipate the Employment Effects of Motherhood?*.

NBER(National Bureau of Economic Research)

Karabel, Jerome, 2006, The chosen: *The hidden history of admission and exclusion at Harvard, Yale, and Prinston.* Boston: Houghton Mifflin Company.

Leventhal, G. S., 1976, "Fairness in Social Relationship." J. W. Thibaut, J. T. Spence, and R. C. Carson(Eds.). Contemporary Topics in *Social Pscychology.* Morristown, Nj: General Learning Press, pp.211-239.

M. Luther, 1524, "An die Ratsherrn aller Städte deutshen Landes, daβ sie christliche Schulen aufrichten und halten sollen", K. E. Nipkow/Fr. Schweitzer, op. cit., 49.

M. Luther, 1530, "Eine Predigt, daβ man Kinder zur Schule halten solle", WA, 30, II, 508-588.

Rawls, J., 1999, A Theory of Justice. Harvard Univ. Press.

Walzer, M., 1983, Spheres of Justice: *A Defenses of Pluralism and Equality.* Basic Books, Inc.

〈기사 및 보도자료〉

강우석, 〈"남극 빙하 계속 녹을 경우, 생태계 균형 붕괴될 수 있어" 경고〉, 《아시아경제》, 2022.5.9.

강인수, 〈대선 주자 최대 화두 '공동' 미래 비전 없으면 무용지물〉, 《매경이코노미》, 2021.8.2.

강진규·정의진, 〈IMF의 경고, "韓, 저출산, 고령화 심각… 부채부담 폭발 경계해야"〉, 《한국경제》, 2021.4.14.

강현숙, 〈코딩교육, 교재도 교사도 없는 까닭〉, 《한겨레》, 2022.4.17.

고재원, 〈모든 나라 기후공약만 지키면 지구 평균기온 상승폭 2도 제한 가능해〉, 《동아사이언스》, 2022.4.14.

고철종, 〈이재명 윤석열표 공정성, 같은 단어 다른 의미〉, 《sbs》, 2021.12.9.

공병설, 〈OECD 2030년대 핵심 교육역량은 새 가치 창조·갈등해소〉, 《연합뉴스》, 2018.2.16.

곽선미, 〈코딩 없이도 앱 '뚝딱', 노코드가 뜬다〉, 《문화일보》, 2022.4.18.

국기연, 〈아이비리그의 입학사정관제〉, 《세계일보》, 2010.1.10.

권영미, 〈끝인 줄 알았는데 또? "더 강한 변이 온다" 국내외 과학자들 경고〉, 《뉴시스》, 2022.3.27.

금준경, 〈가난한 집 아이들이 유튜브 더 오래본다〉, 《미디어오늘》, 2021.1.31.

김경근, 〈수월성교육, 사교육비 경감을 가져올 수 있는가?〉, 《국회토론자료》,2007.

김규남, 〈부자 종부세는 내려주면서 2030 세대에겐 무엇을?〉, 《한겨레21》, 2021.12.11.
김규원, 〈전국에 10개의 서울대를 만들면?〉, 《한겨레21》, 2022.2.28.
김규희(2021.9.19.), 〈"포스트휴먼은 글로벌 IT기업의 운영철학… 우리 삶에 지대한 영향"〉, 《여성신문》, 2021.9.19.
김기윤, 유채연, 송진후, 〈20대 남녀 20인 '새 정부에 바란다', "집값 안정", "통합된 사회"〉, 《동아일보》, 2022.5.11.
김기진, 〈70년대생의 설움 x세대 경제성장 수혜 못 누렸다. 가장 큰 임팩트는 IMF, 코로나〉, 《매경ECONOMY》, 2021.12.1.
김도연, 〈교육평론가 이범이 '능력주의 비판'을 비판한 이유〉, 《미디어오늘》, 2021.7.17.
김동욱, 〈MZ세대는 조직에 '공정'을 바란다〉, 《한국경제》, 2021.12.9.
김민아. 임명묵, 〈"90년대생에게 공정은 가치, 논리보다 감각적, 반사적 반응에 가까워〉, 《경향신문》, 2021.6.12.
김병규, 〈Z세대 5명중 1명 "노력해도 성공못해" 1990년 86세대의 2.5배〉, 《연합뉴스》, 2022.4.28.
김봉구, 〈서울대 수시 축소했더니… 합격자 절반이 '이 학교' 출신들〉, 《한국경제》, 2021.12.18.
김봉수, 〈시신 90% 코로나 검출, 아프리카의 참극은 은폐됐나〉, 《아시아경제》, 2022.3.25.
김상우, 〈이재명의 공정과 윤석열의 공정〉, 《오마이뉴스》, 2021.12.10.
김세로, 〈상위 10% 2억 오르는 동안 하위 10%는 고작 100만원〉, 《MBC뉴스》, 2021.11.16.
김소라, 〈"제발 등록해달라" 지방대 교수님은 아침부터 통화중〉, 《서울신문》, 2021.1.22.
김소연, 〈페스트는 유럽 근대화의 인큐베이터였다〉, 《매경이코노미》, 2021.9.15.
김소희, 〈평등, 공정, 정의는 한 칸씩 옮겨야 한다〉, 《한겨레21》, 2021.7.19.
김수현, 〈보이는 노래, 들리는 춤, 숨은 '장벽' 넘는 그들〉, 《SBS》, 2022.4.2.
김연주·김은경, 〈초중고 학력평가 부활, 외고, 자사고도 되살린다〉, 《조선일보》, 2022.3.16.
김은주, 〈여성 참정권이 걸어온 길〉, 《연합뉴스》, 2017.9.14.
김이석, 〈세계경제를 바꾼 사건들, 시장에 맞섰던 소련의 몰락… 계획경제의 종언을 고하다〉, 《한경사회》, 2013.9.27.
김지연, 〈학교 못 가니 학원, 과외로. 작년 사교육비 23.4조 역대 최대〉, 《연합뉴스》, 2022.3.11.
김정현, 〈코로나 등교 중단에 등교일수 적은 곳, 상하 격차 확대〉, 《뉴시스》, 2022.2.22.
김정현, 〈대학정원 1만6197명 줄인다…고려대 등 96곳 계획 제출〉, 《뉴시스》, 2022.9.15.
김종철, 〈민주화 세대는 실패했다. 청년에게 자리라도 내주자〉, 《한겨레》, 2021.11.13.

김지은, 〈능력 따른 차별이 공정? 공감 안 돼요. 연대의 MZ가 온다〉, 《한겨레》, 2021.7.22.
김천, 〈20~30대 여성 10명 중 7명 "한국사회 여성에 불평등"〉, 《JTBC》, 2022.4.19.
김태훈, 〈거꾸로 가는 교육 형평성〉, 《경향신문》, 2018.11.10.
김판, 〈팬데믹의 비극, 무너지는 가정, 스러지는 아이들〉, 《국민일보》, 2022.3.12.
김학재·전민경·김나경, 〈이념색깔 옅은 MZ… 진보, 보수 떠나 공정에 표 던진다〉, 《파이낸셜뉴스》, 2021.11.16.
김해영, 〈학생부종합전형 이후 교내대회 수상자 4년간 34% 증가. 국회의원실 보도자료〉, 2018.10.14.
김혜주, 〈청소년 코로나 블루 심각... 정신건강 3백만원, 백신이상 5백만원 지원〉, 《KBS》, 2022.1.18.
김현철, 〈인생 성취의 8할은 운, 감사하고 겸손할 이유〉, 《한겨레21》, 2021.7.4.
김현철, 〈우아한 정책이 성평등을 앞당긴다〉, 《한겨레21》, 2021.9.16.
김현철, 〈팬데믹 등교 제한 2년, 이제 성적표를 읽을 시간〉, 《시사IN》, 2022.2.22..
김형자, 〈아마존 vs 스페이스 x, 우주인터넷 경쟁 시동〉, 《주간조선》, 2022.4.16.
김혜주, 〈잇따른 구조조정에 학생들 반발… 학령인구 줄면서 대학가는 진통중〉, 《KBS》, 2021.6.26.
남상훈, 〈공정의 회복 최대 이슈… 사이다 스타일 리더십 선호〉, 《세계일보》, 2021.4.21.
남윤서, 〈사교육 늘었다 응답 43%, 4년새 최고... 줄었다는 5.5%뿐〉, 《중앙일보》, 2021.1.31.
노현섭, 〈부쩍 잦아진 태풍, 호우, "결국 인간이 초래했다" 첫 증명〉, 《서울경제》, 2022.4.29.
녹색방 영화를 좋아하는 북에디터, 〈소년은 왜 중국과의 싸움에 나섰나, 조슈아 웡〉, 《TheJoonAng》, 2019.10.31.
류지민, 〈1970년대생, 누가 낀 세대라 했나… 포용적 리더십으로 세대 간 가교〉, 《매경ECONOMY》, 2021.12.1.).
문가영·김정석, 〈"학생들이 강의실 청소할 지경"… 신입생 끊긴 대학들 허리띠 졸라맸다〉, 《매일경제》, 2021.12.22.
문승관, 〈대입 수시, 정시란?... 전형 의미와 선발 방법은〉, 《이데일리》, 2022.1.8.
문승관, 〈"학생부종합전형 무엇인가요"… 학생부종합전형의 역사①〉, 《이데일리》, 2022.4.2.
박병진, 〈우크라 전쟁은 삐걱대던 탈냉전 시대의 종말 예고하는 것〉, 《세계일보》, 2022.4.20.
박상현, 〈20대가 앵무새처럼 외치는 '공정'은 비어있는 상태〉, 《연합뉴스》, 2022.1.2.
박준이, 〈능력주의식 공정 내건 이준석, 정말 2030의 세대정신일까〉, 《아시아경제》, 2021.6.26.
변진경, 〈교육 복구 시작은 '마이너스 베이스'에서〉, 《시사IN》, 2021.3.1.

서부원, 〈학벌 차별 없다면 누가 밤새워 공부하겠어요?〉, 《오마이뉴스》, 2021.5.27.

서부원, 〈학종의 거짓말? 다시 수능으로 돌아가자는 뜻인가요〉, 《오마이뉴스》, 2022.1.11.

서재희·우한울, 〈당신이 원하는 부동산 정책은? 세대별로 묻다〉, 《KBS》, 2022.2.20.

손병석, 〈평등과 분배에서 엇갈리는 정의론들〉, 《고대신문》, 2014.5.18.

손승욱, 〈부자는 더 부자가 됐다... 선명해진 자산 양극화〉, 《SBS》, 2021.8.18.

송경재, 〈한국, 코로나19 풍토병으로 격하하는 첫 나라 될 것〉, 《파이낸셜뉴스》, 2022.3.31.

송종호, 〈교육이 만사다〉, 《서울경제》, 2022.1.3.

송채경화, 〈20대 대선, MZ세대가 말하다 '공정 그게 뭔데?'〉, 《한겨레》, 2021.12.2.

송현서, 〈35년후, 우리 지구에는 총 몇 명이 살고 있을까?〉, 《서울신문》, 2015.7.30.

신중섭, 〈이념에 휘둘린 획일적 평준화, 기초학력 살릴 공교육 정상화 시급〉, 《서울경제》, 2022.3.17.

신지예, 〈공정이라는 거대한 농담〉, 《미디어오늘》, 2021.6.26.

안정선, 〈누구도 소외되지 않도록, 너 깍두기 할래?〉, 《시사IN》, 2021.8.5.

안제노, 〈궁금해요Q, 코백스 퍼실리티란?〉, 《민주평화통일자문회의》, 2021.6.1.

안하늘·송주용, 〈AI면접관에게 잘 보이는 팁 있나요? 바늘구멍 통과하려는 취준생들〉, 《한국일보》, 2022.2.22.

오세라비, 〈르네상스 인문학 아이콘 '에라스무스'〉, 《리얼뉴스》, 2018.5.22.

오유신, 〈학습격차 불안감이 키운 '사교육'… 코로나 교육 불평등 우려〉, 《조선비즈》, 2021.2.7.

오창민, 〈조희연 서울시 교육감 "올해는 최대한 등교 늘릴 것"〉, 《경향신문》, 2021.3.2.

우경희, 〈최태원 회장은 왜 마이클 샌델을 불렀을까〉, 《머니투데이》, 2021.7.21.

우석균, 〈백신 불평등, 12살에 죽은 은코시 존슨을 기억하라〉, 《한겨레21》, 2022.1.23.

유영규, 〈부스터 샷은 그림의 떡, 선진국 3번 맞을 때 최빈국 0번〉, 《SBS》, 2021.11.20.

유영혁, 〈한국 고령화 속도 일본의 2배.. 연금은 절반 수준〉, 《여성신문》, 2021.11.15.

유영혁, 〈연 10% 청년희망적금 오늘 출시 만19~34세 대상〉, 《여성신문》, 2022.2.21.

윤근혁, 〈왜 교사만 정치기본권 안 주나? 이는 교사 무시〉, 《오마이뉴스》, 2021.7.29.

윤석만, 〈학교의 종말, 다시 '전인교육'의 시대가 온다〉, 《중앙일보》, 2017.9.16.

윤아림, 〈코로나19에도 가사, 돌봄 여전히 여성 몫〉, 《KBS》, 2022.4.19.

윤은별, 〈메타버스 가치? 즐거움 프리미엄 보라〉, 《매경ECONOMY》, 2022.2.28.

윤희웅, 〈20대 보수화는 트렌드인가 일시적 현상인가〉, 《한겨레21》, 2021.11.9.

이규화, 〈윤석열, 노동시장 이중구조 관심… 사회개혁 출발점으로 여기는 듯〉, 《디지털타임스》, 2021.4.29.

이도경, 〈수능 힘싣더니 이준석표 능력주의 뭇매… 착각에 빠진 여권〉, 《국민일보》, 2021.6.29.
이소현, 〈코로나19 이후 가족관계 가까워졌다면?… 당신은 고소득자〉, 《이데일리》, 2021.12.31.
이오성, 〈지구 온도 1.5도 상승해도 되돌릴 기회 있다〉, 《시사IN》, 2021.9.16.
이원재, 〈나는 당신의 공정성이 불안하다〉, 《한겨레》, 2021.6.15.
이인화, 〈어린이가 어른의 스승 되는 메타버스〉, 《신동아》, 2022.1.30.
이성희, 〈서울 떠나는 시민 절반은 2030… 20대는 직업, 30대는 주택 탓〉, 《경향신문》, 2022.4.6.
이정아, 〈'에피데믹'과 '팬데믹', '엔데믹' 차이는 뭘까〉, 《동아사이언스》, 2022.4.10.
이정한, 〈'여자는 집안일' 관념 약해졌지만, 가사시간 남성의 2.5배〉, 《세계일보》, 2022.4.20.
이정환, 〈다르게 생각하면 다른 세상이 보여요〉, 《미디어오늘》, 2021.4.25.
이종승, 〈대치동 사교육 통해 신분상승 고착화, 온 사회가 학벌주의 깨기 위해 나서야〉, 《동아일보》, 2022.3.24.
이지윤, 〈서울 2030세대, 덜 행복해지고 성별간 인식 차이 커졌다〉, 《KBS》, 2022.4.6.
이채은, 〈모두에게 공정한 출발선, 고등학교 무상교육 실행〉, 《교육부 국민서포터즈》, 2019.9.24.
이청솔, 〈누구도 비켜갈 수 없는 환경재앙 '기후난민'〉, 《경향신문》, 2009.12.15.
이하나, 〈'더 나은 세계 재건' 위해 여성 교육 투자 필요하다〉, 《여성신문》, 2021.6.17.
이하나, 〈'구조적 성차별 있다'는 20대 여성 73.4%, 20대 남성은 29.2%뿐〉, 《여성신문》, 2022.4.19.
이하늬, 〈세 살부터 대학 학비 2배 영어학원 다닌 그들… 노력으로 따라갈 수 있나〉, 《경향신문》, 2021.11.10.
이한주, 〈부모 직업 쓰고 합격 '수시 자소서' 없앤다. 모집 10% 사회적 배려대상 선발〉, 《JTBC》, 2022.2.22.
이현수·박용진, 〈'자녀교육은 국민들 역린… 조국 잊어달라니 잊어야〉, 《채널A》, 2021.6.13.
이혜리·강한들·고희진, 〈젊었을 땐 이렇게 살 줄 몰랐다. 복지, 청년문제가 불러낸 老동자〉, 《경향신문》, 2021.12.2.
이호준, 〈정시확대, 학력 전수평가 예고, 정책 뒤집기로 혼란 불가피〉, 《경향신문》, 2022.3.16.
이휘경, 〈한국, 서유럽만큼 부유하지만 소득 불평등 심각〉, 《한국경제TV》, 2021.12.7.
이희조·박동환, 〈3년후 65세 이상 '1000만명', 무서운 속도로 늙는 대한민국〉, 《매일경제》, 2022.4.14.

임재우, 〈행복지수 또 나왔다. 어김없이 핀란드 1위, 그렇다면 한국은?〉, 《한겨레》, 2022.3.19.

장예정·조혜인, 〈공정이 가린 '차별받지 않을 권리'〉, 《한겨레21》, 2021.11.12.

전경구, 〈의무교육단계 미취학, 학업중단학생 학습지원 사업〉, 《교육부국민서포터즈》, 2021.1.8.

전지현, 〈가난한 자는 노동으로 조금 벌고, 부자는 투자임대로 큰돈 번다… 과도한 부 논쟁〉, 《매일경제》, 2021.8.6.

전진영, 〈기울어진 운동장을 바로잡는 '공정경제' 정책을 되돌아보다〉, 《YTN》, 2021.12.7.

전혜원, 〈왜 연금 개혁 공약은 없을까?〉, 《시사IN》, 2022.1.19.

정다운·반진욱·문지민, 〈10대 40대를 왜 묶어, 닮은 듯 다른 MZ세대〉, 《매경이코노미》, 2022.2.18.

정미숙, 〈총균쇠 저자 '2050년, 우리 문명은 이제 30년 남았다'〉, 《한겨레》, 2021.7.22.

정시행, 〈젤렌스키 "민간인 학살 못막는 유엔, 존재 의미있나" 정면비판〉, 《조선일보》, 2022.4.6.

정은혜, 〈대재앙 시계 70년 빨라졌다. 기온 3도 오르면 생길 끔찍한 일〉, 《중앙일보》, 2021.8.1.

정희진, 〈'아이 돈 케어'의 세계〉, 《한겨레21》, 2021.7.21.

조용직, 〈미래인재 뽑을 수능 외 대입 방식 마련돼야〉, 《헤럴드경제》, 2021.12.13.

조춘애, 〈미래교육의 두 가지 방향〉, 《경향신문》, 2021.5.13.

조현숙, 〈60세 넘어도 일하는 '계속고용제' 추진, 사실상 정년연장 우회로〉, 《중앙일보》, 2022.2.10.

조혜원, 〈더 공정하고, 투명하고, 자신 있는 교육 현장의 변화〉, 《교육부국민서포터즈》, 2021.5.21.

조혜정, 〈'꿀 빤 세대론'은 권위주의 향한 향수, 청년이 세력화해 밀어내고 나가야〉, 《한겨레》, 2022.4.23.

주간경향·ESG연구소·(사)ESG코리아·감신대 생명과평화연구소, 〈국가에 의한 육아와 교육, "직장이냐 엄마냐" 양자택일 없는 사회〉, 《주간경향》, 2022.4.15.

전민희, 〈서울대 학종 합격자 스펙 보니, 봉사 139시간, 교내상 30개〉, 《중앙일보》, 2019.9.15.

최만수, 〈교육부, 폐교 대학 청산에 114억 투입〉, 《한국경제》, 2022.3.27.

최승복, 〈수학능력시험 둘로 쪼개자〉, 《오마이뉴스》, 2021.12.8.

최원형, 〈수업일수 채우기 바빴을 뿐, 학력 그 이상을 잃었다〉, 《한겨레》, 2021.1.20.

최유리, 〈지구온도 1.5도 상승 전망, 10년 앞당겨졌다〉, 《한겨레》, 2021.8.9.

한건필, 〈오피크론 사촌들의 전성시대〉, 《코메디닷컴》, 2022.4.16.

한동훈, 〈등교일수 적은 학교, 학업 불평등 정도 더 컸다〉, 《서울경제》, 2022.2.22.
한상균, 〈의료진은 대기중〉, 《연합뉴스》, 2022.3.10.

〈사이트〉

나무위키(2022). 마이클 샌델. https://namu.wiki/w/%EB%A7%88%EC%9D%B4%ED%81%B4%20%EC%83%8C%EB%8D%B8
나무위키(2022). 존 롤스 https://namu.wiki/w/%EC%A1%B4%20%EB%A1%A4%EC%8A%A4
네이버 블로그 기생충(2021.8.16.) https://blog.naver.com/mygomi99/222472673073
네이버 블로그. 왈처의 정의(2021.6.29.) https://blog.naver.com/2bearwater/222414101375
네이버 블로그. 롤스의 정의(2021.6.10.) https://blog.naver.com/2bearwater/222393055653
네이버 블로그 리오타르(2012.9.12.)https://blog.naver.com/ltk20/130146996213
네이버 블로그. 우신예찬(2021.2.25.) https://blog.naver.com/edward4389/222256488398
네이버 블로그 유발 하라리(2022.3.13.) https://blog.naver.com/peace_2000/222671079320
네이버 블로그 정의란 무엇인가(2017.3.28.) https://cafe.naver.com/readingtc/589260
네이버 블로그 정의론(2019.8.23.) https://blog.naver.com/seihwanny/221625507681
네이버 블로그 존 듀이(2022.4.20.) https://blog.naver.com/power3738/222705895502)
네이버 블로그 존 롤스(2021.3.1.) https://blog.naver.com/rnsdnl59/222260719039
네이버 블로그 죽은 시인의 사회(2020.10.11.) https://blog.naver.com/aaofur/222112234965
네이버 블로그 지구 쓰레기(2019.7.13.) https://cafe.naver.com/mtdglobal/28404
네이버 블로그 케인즈(2022.3.11.) https://blog.naver.com/yyyyyyyyyyyj/222669488423
네이버 블로그 평등공평정의(2022.1.24.) https://blog.naver.com/spruce72/222630183381
네이버 블로그 95개조 반박문(2020.7.6.) https://blog.naver.com/a3245560/222022459709
네이버 지식백과(2022). 공산주의
네이버 지식백과(2022). 그레타 툰베리
네이버 지식백과(2022). 마르틴 루터
네이버 지식백과(2022). 수정자본주의
네이버 지식백과(2022). 애덤 스미스
네이버 지식백과(2022). 에라스무스
네이버 지식백과(2022). 자본주의
네이버 지식백과(2022). 존 듀이
네이버 지식백과(2022). 존 롤스

네이버 지식백과(2022). 케인즈
네이버 지식백과(2022). 코백스 퍼실리티
대입정보포털 어디가. https://www.adiga.kr
위키백과(2022). 우신예찬
위키백과(2022). 유발 하라리
통계청. https://kostat.go.kr/portal/korea/index.action
한국대학교육협의회. http://www.kcue.or.kr/
Our World in Data. https://ourworldindata.org/
Sapiens. https://www.snapdeal.com/product/sapiens/659885254259

삶과 교육을 바꾸는

맘에드림 출판사 교육 도서

나의 첫 그림책 토론

책이랑 소풍 가요 지음 / 값 15,000원

토론이나 독서가 어려운 학생들에게 보다 부담 없이 다가갈 수 있는 '그림책 독서토론'을 다룬 이 책은, 실제 교실 수업의 독서 전 활동부터 토론 후 활동까지를 상세히 안내하고 있다. 각 수업마다 다르게 진행한 토론방법의 소개와 함께 수업진행 Q&A, 교사의 생생한 성찰과 조언도 실었다.

나의 첫 과정중심평가

고영희· 윤지영· 이루다· 이성국· 이승미· 정영찬
감수 및 지도_허숙 지음 / 값 16,000원

학생 개인의 성취와 발달에 초점을 둔 과정중심평가를 어떻게 진행해야 할지 구체적 사례를 담은 책. 교사들이 필요로 하는 각 교과의 학년별 사례와 함께 평가지와 후속 지도 방안까지 충실히 소개하고 있다.

나의 첫 교육과정 재구성

민수연 지음 / 값 13,500원

1년 동안 아이들과 교사가 함께 행복한 교실을 만들어 나간 기록들이 담겨 있다. 교육의 본질과 교사의 역할, 교육관과 인간 본성에 관한 철학적 고민부터 구체적 방법론, 아이들의 참여와 기쁨에 이르기까지 교육과 관련된 다양한 요소가 버무려져 마치 한 편의 드라마 같다.

교실 속 유튜브 수업

김해동· 김수진· 김병련 지음 / 값 15,500원

교실에서 이뤄지는 유튜브 수업은 학생들을 단지 미디어 수용자에서 참여자로, 소비자에서 생산자로 자리매김할 기회를 준다. 이 책은 이를 위한 충실한 안내자로서 주제, 유튜브, 스토리, 촬영, 편집, 제작, 홍보에 이르기까지 거의 모든 과정을 다룬다.

그림책과 함께하는 하브루타 수업

김보연 · 유지연 · 조혜선 지음 / 값 19,000원

이 책은 아이들이 모둠을 이루어서 함께 이야기하고, 질문하고, 토론하는 학습방법인 하브루타 수업을 고민하고 실천했던, 여기에 그림책까지 좋아하는 현직 교사 세 명이 함께 쓴 책이다. 이 책에는 하브루타와 그림책을 통해 아이들과 교사가 함께 즐거운 수업을 만들기 위해 소통하고 그것을 통해 성장하는 과정들을 기록이 담겨 있다.

하브루타 수업 디자인

김보연 · 교요나 · 신명 지음 / 값 16,000원

저자들은 이 책에서 하브루타를 하나의 유행이 아니라 시대의 흐름으로 보면서, 하브루타가 문화로 자리 잡아야 한다고 주장한다. 이 책은 질문과 대화가 인간의 모든 지적 활동에서 핵심적인 역할을 한다는 저자들의 믿음을 바탕으로 집필되었다. 아울러 학교생활뿐 아니라 가정에서도 하브루타를 실천하기 위한 재미있고 다양한 방법들을 제시한다.

영어 수업 놀이

가인숙 지음 / 값 21,000원

이 책은 놀이를 매개로 쉽고 재미있게 영어를 가르치는 저자의 풍부한 노하우를 담고 있다. 특히 어떻게 하면 놀이를 가르쳐야 할 핵심내용과 잘 연결시킬지에 초점을 맞춰 수업 놀이를 이야기한다. 수업 계획과 실천에 관한 전체적인 디자인은 물론 파닉스, 말하기, 듣기, 쓰기, 문법 등에 관한 다양한 놀이 활동들을 소개한다.

색카드 놀이 수학

정경혜 지음 / 값 16,500원

몸짓과 색카드로 초등학교 1학년부터 6학년까지 배우는 수와 연산을 익힐 수 있도록 가르치는 방법을 다룬다. 즉, 색카드, 수 놀이, 수 맵, 몸짓 춤, 스토리텔링, 놀이가 결합되어 아이들이 다양한 감각을 통해 몸으로 수학의 개념과 원리를 터득하게 하는 것이다. 놀이처럼 수학을 익히면서 개념과 원리를 터득해나갈 수 있다.